区域现代物流业发展与人才培养研究

邹　非　黄祖奋　耿志强◎著

中国原子能出版社

图书在版编目（CIP）数据

区域现代物流业发展与人才培养研究 / 邹非，黄祖奋，耿志强著 . —北京：中国原子能出版社，2020.10（2025.3重印）

ISBN 978-7-5221-1042-4

Ⅰ. ①区… Ⅱ. ①邹… ②黄… ③耿… Ⅲ. ①区域－物流－经济发展－研究－中国 ②高等学校－物流管理－人才培养－研究－中国 Ⅳ. ① F259.22 ② F252

中国版本图书馆 CIP 数据核字（2020）第 206155 号

区域现代物流业发展与人才培养研究

出版发行 中国原子能出版社（北京市海淀区阜成路 43 号 100048）
责任编辑 张书玉
装帧设计 崔 彤
责任印制 赵 明
印　　刷 北京天恒嘉业印刷有限公司
经　　销 全国新华书店
开　　本 787×1092 1/16
印　　张 14.25
字　　数 300 千字
版　　次 2020 年 10 月第 1 版 2025 年 3 月第 2 次印刷
书　　号 ISBN 978-7-5221-1042-4 **定　　价** 88.00 元

网址: http//www.aep.com.cn **E-mail: atomep123@126.com**
发行电话：010-68452845

前　言

当今时代，组织环境面临众多不确定因素，尤其是人工智能的崛起将彻底改变人类的生产和生活方式，物流业所关注的主题是剧烈环境变化带来的各类挑战。在传统的物流管理中，人们强调的是对人的控制，尽量提高工作效率，进而实现企业的盈利。在新的工作环境中，人们关注的是共享经济，人文关怀，合作共赢，终身学习等，物流产业的工作重点更多的是鼓励，这样才能实现更好的经济绩效和环境绩效。

当前，已经进入智慧物流阶段，人们更加关注整个物流行业的智能化。物流是在空间、时间变化中的商品等物质资料的动态状态。智慧物流是指通过智能硬件、物联网、大数据等智慧化技术与手段，提高物流系统分析决策和智能执行的能力，提升整个物流系统的智能化、自动化水平。面对新的形势，物流业必然面临新的挑战，人才供给是其中关键。

物流业的发展可谓日新月异，其所涉及的领域也非常广阔。本书主要聚焦当前专业－产业链对接，分别对物流企业员工忠诚度、现代绿色冷链物流运营模式、空港物流园区建设、商贸服务型国家物流枢纽建设、物流人才培养、物流企业员工满意度、物流企业诚信体系建设、现代企业管理等内容进行探索，希望能给物流业的更高质量发展提供思路。

本书在编写过程中，参阅了目前已经出版的国内外的许多优秀教材、专著和相关资料，引用了其中一些有关的内容和研究成果，恕不一一详尽说明，仅在参考文献中列出，在此谨向有关作者致以衷心的感谢！

本书是浙江省高等教育“十三五”第二批教学改革课题项目“‘1+X’证书背景下新商科‘三参两融六结合’人才培养模式的探索和实践”（课题编号：jg20190910）的部分成果；浙江东方职业技术学院智慧供应链专业群建设项目部分成果和浙江东方职业技术学院智慧供应链与智能管理特色学科建设项目部分成果；同时是中国物流学会研究课题部分成果。

由于撰写人的水平有限，书中若有疏漏及不当之处，敬请各位读者不吝赐教，以便今后不断学习和提高。

编者

2020 年 8 月 30 日

目　录

第一章　专业－产业对接的理论基础

第一节　研究背景

现代物流业是融合运输、仓储、货代、信息等产业的复合型服务业，是支撑国民经济发展的基础性、战略性产业。物流业在国民经济中占有重要位置，根据2019年温州统计公报[①]，2019年末公路总里程14904公里，其中高速公路512公里，一级公路571公里，二、三级公路1933公里。年末实有公共汽（电）车营运车辆4110辆，年载客量4.42亿人次，年末实有出租车7415辆。2019年末机动车保有量258.4万辆，比上年末增长5.9%；其中汽车保有量235.0万辆，增长7.5%；私人汽车保有量204.1万辆，增长7.4%，其中新能源汽车保有量2.39万辆，比上年末增长135.6%。全年公路和水路完成货物周转量476.2亿吨公里，比上年增长10.3%；旅客周转量89.7亿人公里，下降6.2%。铁路客运量2838.4万人次，增长6.8%；货运量447.6万吨，下降15.6%。航空旅客吞吐量1229.2万人次，增长9.6%；货邮吞吐量8.1万吨，增长1.1%。港口货物吞吐量7540.8万吨，下降8.5%；集装箱吞吐量80.2万标箱，增长19.1%。物流业发展的同时，人才供给问题是一个重要命题。

在“互联网＋”时代，传统的各类专业均面临着诸多挑战。一方面，各专业之间的竞争愈演愈烈。以工商管理类专业为例，该类专业是众多高职院校尤其是财经类院校普遍开设的专业，浙江省专科专业布点数排在前10的专业中工商管理类专业占据了半壁江山，达到5个，分别是排在前4的会计（35个）、市场营销（31个）、电子商务（31个）、物流管理（30个）以及排在第7的工商企业管理（23）。当前，尽管工商管理类专业招生和就业尚无明显衰退迹象，但可以看出，工商管理类专业在招生和就业方面面临的竞争将越来越激烈，在2017年后实行按照专业招生的新制度后将面临更大压力，提升各专业的核心竞争能力刻不容缓。事实上，我院几乎所有专业都面临同样问题。另一方面，很多专业学

① 温州统计局网站 http：//wztjj.wenzhou.gov.cn/art/2020/3/24/art_1243860_42359817.html

生技能难以满足迅速变化的社会需求。以现代服务业为例，该产业囊括了生产性服务业、生活性服务业、农村服务业、海洋服务业等领域，专业涉及面广、职业技能要求高。现代服务业提出更高的挑战，而我们的专业发展却与现代服务业的高要求存在一定差距。再以工商管理类专业为例，该类专业学生大多是面向现代服务业。学生踏入社会以后，从事的工作越来越具体化、基层化、技术化和新型化，对实践技能方面的要求越来越高。然而，目前工商管理类专业培养模式和目标定位存在着职业定位模糊、理论教学过多、实践教学不足等问题。工商管理类专业必须对接产业发展需要，顺应潮流，进行大刀阔斧的改革。

第二节　专业 – 产业对接的理论基础

一、专业 – 产业链的对接和运行机制

产业链是源于产业经济学中的概念，其基本内涵是指以“一业为主”，由市场组织、政府机构和众多企业共生于集聚环境中相互依存、互为作用，不断衍生新的产品或服务、不断衍生和追加价值活动所构成的链式生产（服务）形式。专业链是指服务于相关产业的专业群，专业群的各专业嵌入相应产业，形成“专业 – 产业链”。行业、专业和学业（课程）互相联系，使得高职人才培养“链”和社会需要“链”相互衔接和融通。在整个链条系统里，专业应精准对接新兴产业人才需求，围绕企业生产运营的全过程培养相关人才。本文结合先前学者的研究成果，结合本校实际，提出专业 – 产业链形成机制，如图 1.1 所示。

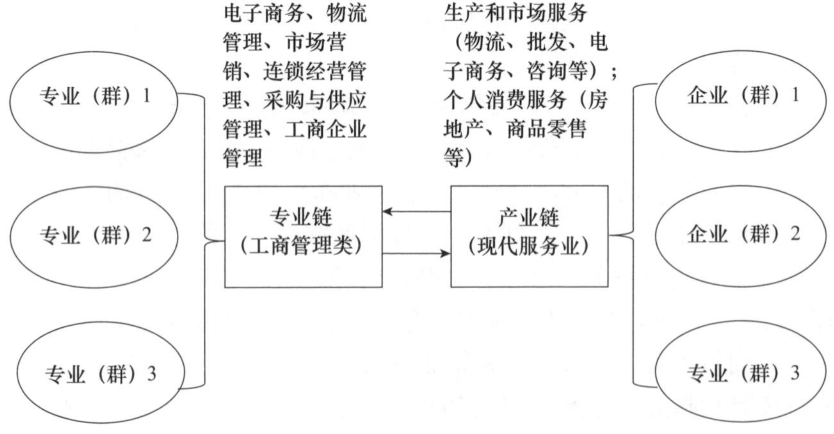

图 1.1　工商管理专业群 – 现代服务业产业链形成机制

二、专业群的构建

在厘清“专业 – 产业链”运行机制基础上，进行专业群的构建。专业群主要是指围绕某一产业领域，结合自身实际，以重点或特色（优势）专业为核心，由若干知识技能基础、职业岗位相近相关专业或专业方向共同组成的集合。专业群建设的目的是整合教育资源，促进资源共享，其建设步骤是首先要确定核心专业，然后从课程、师资、实训等方面入手进行建设。

（1）以重点或者核心专业为引领围绕职业岗位群和工作过程构建“1+N”模式下工商管理专业群。专业群的构建是以 1 个重点或者核心专业为龙头，以企业运营的流程为主线，围绕职业岗位群（生产管理、营销管理、财务管理）和工作过程，确立 N 个相关专业或者方向。

浙江东方职业技术学院工商管理系有工商企业管理、物流管理、市场营销、电子商务、连锁经营管理、采购与供应管理六个专业，都属于现代服务业范畴。通过对以上专业的分析发现，梳理相近相关专业的课程设置、相近的基本技术能力要求、相近的专业课授课教师队伍，形成了两类专业群。物流专业群以工商企业管理为核心专业，N 包含物流管理、采购与供应管理等紧密相关专业。商务专业群以电子商务为核心专业，包括市场营销、连锁经营管理。

（2）基于工作过程和核心岗位构建“素质教育 + 专业平台 + 岗位方向”的专业群课程体系。课程是实现职业教育的抓手，通过课程教学实现专业群的人才培养目标。专业群各专业的课程既有共性也有个性，采用“素质教育 + 专业平台 + 岗位方向”的模式构建课程体系。专业群内的各专业面向的就业岗位群、岗位工作任务、学科基础和职业能力要求相近，因此，课程体系适合采用“素质教育 + 专业平台 + 岗位方向”的模式构建。

（3）专业群师资队伍集群建设。专业群中的“群主”作用非常巨大，可以从专业教研室主任中选拔，也可以是系领导兼任。群主的业务水平要高，有战略眼光，尤其是要肯奉献，有吃苦精神。专业群设若干专业带头人，专业带头人一般由教研室主任兼任，这样做事会比较顺。专业教师要受过一定的科研训练，逻辑要清晰，且要有企业工作经历，满足双师要求。

（4）以实训中心形式组建能共享的实训基地。在互联网 + 时代，信息化理念要时刻把握。同时，建设专业群的实训基地要本着“群”的思想进行建设，各实验室之间既有联系还要有区别，形成专业群实训中心，点、线、面相结合，最好形成资源高度共享的实训基地或者中心。

三、“素质课程 + 专业平台课 + 岗位方向课”的人才培养方案

我们将分三个阶段对人才培养方案进行开发，以工商企业管理专业群为例进行说明，如图 1.2 所示。

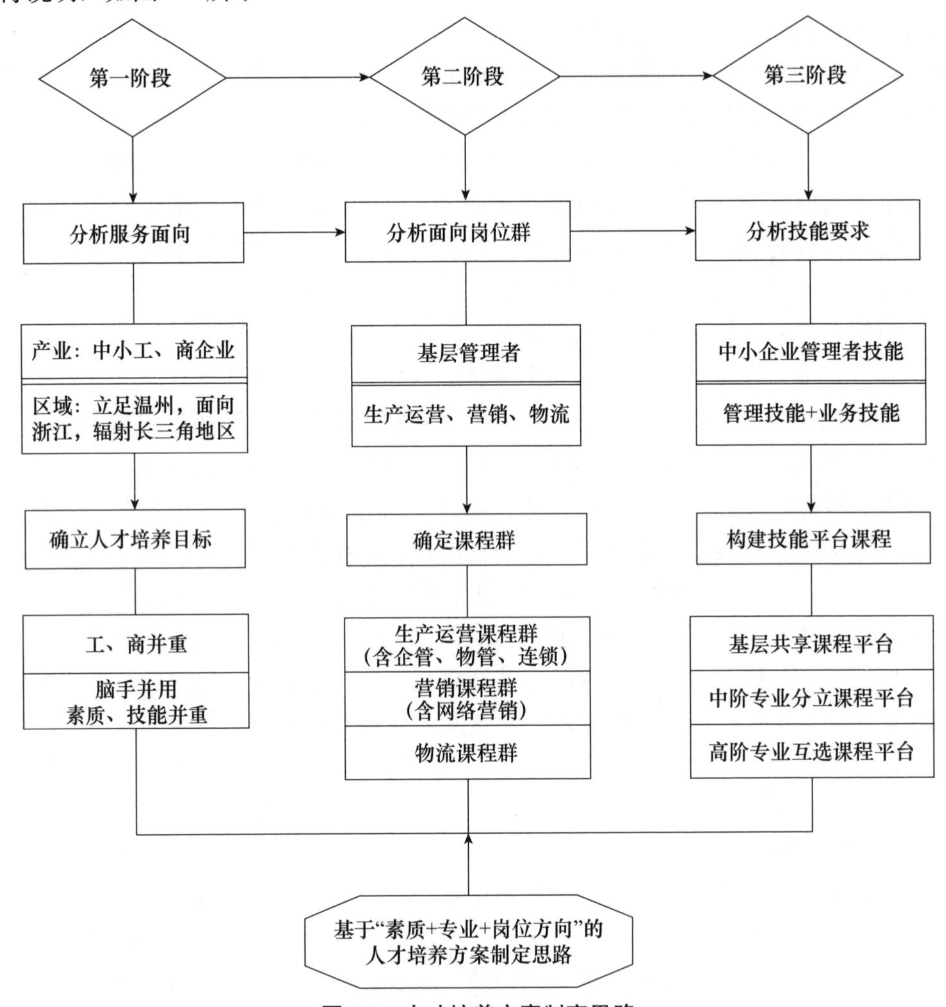

图 1.2　人才培养方案制定思路

第一阶段是各专业分析服务面向的产业，然后确定人才培养目标。在确定培养目标时，要时刻关注产业的需求变化，适合调整人才培养目标。同时，目标的制定要符合 SMART 原则。

明确管理者所需技能（如图 1.3 所示），根据技能情况确定培养目标、课程体系和运行机制。以“脑手并用”为引领，使工商管理专业“硬”起来。从图

1.3 我们可以看出，越是基层岗位，技术技能所占比重越大，这里的技术技能包括管理技能和专业业务技能。因此，着力强化以技术技能为主的人才培养方案刻不容缓。

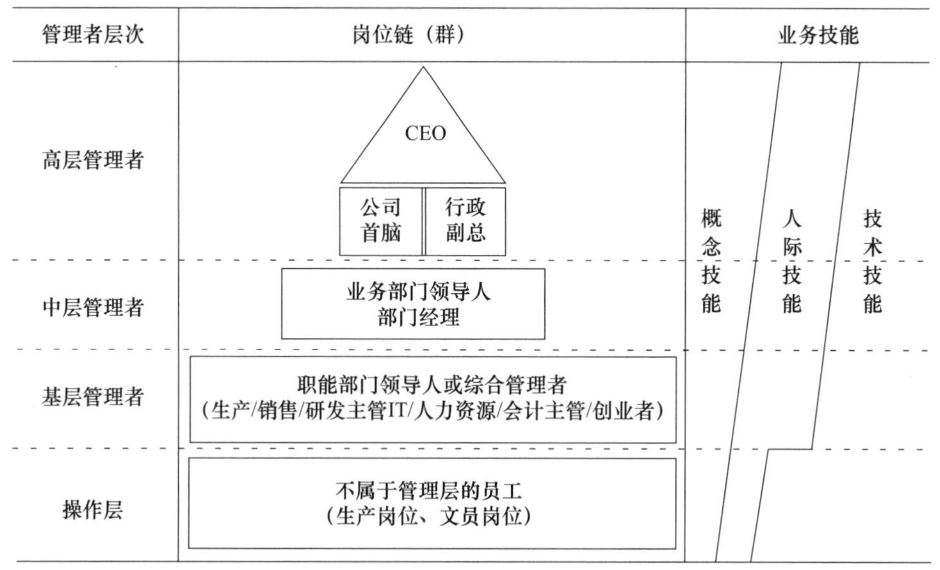

图 1.3　工商管理类专业人才职业迁徙及对应技能内涵

第二阶段是分析各专业的岗位群，确定课程群，课程群按照“素质课程模块＋专业平台课＋岗位方向模块课”进行设置。

第三阶段是分析岗位技能需求，构建技能平台。技能平台的构建要注重专业群内部的互选互通以及适合专业群外部学生选择第二专业。

整个人才培养方案的开发要注重“三个课堂”的协调运行，第一课堂是教学主战场，第二课堂和第三课堂是学生实践的重要阵地，三者互相协调，缺一不可。

下面，介绍一下课程体系的构建。课程体系由“素质课程模块＋专业平台课＋岗位方向课程”组成，其构成过程见图 1.4。

首先，素质课程模块思想道德素质、人文身心素质、职业创新素质、社会能力素质、科研能力素质、文化基础教育等六个内容，分别以必修课和选修课的形式存在。

其次，专业平台课为 10 门左右，具体分 2 大类。一类是专业通识课程（群），约由 5 门课程组织，包括经济学基础、经济法实务、管理学基础、统计实务、会计基础。另一类是专业基础技能课程（群），为 6 门左右，以各专业基础业务技能为主，方便今后学生选择适合自己的岗位。

第三，岗位方向模块课程分两大类方向，两类方向的职业岗位核心课为 5-8 门，主要培养学生毕业后首岗所需要的专业基础理论知识和职业技能。

素质课程模块融合到六个学期分别展开，注重综合能力和可持续发展能力的培养；专业平台课在 2 ～ 4 学期完成，采取集中上课方式；岗位方向课程在第五学期完成。

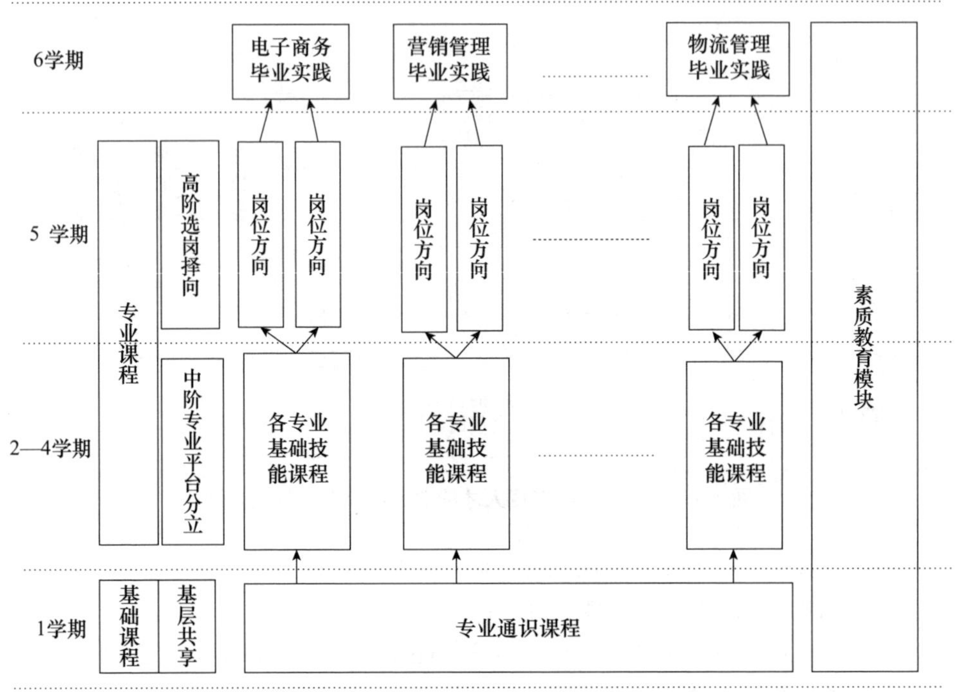

图 1.4 “素质模块 + 专业平台 + 岗位方向”课程体系模型

四、结束语

教育部等三部门联合印发的《制造业人才发展规划指南》要求“促进产业链、岗位链、教学链深度融合”是对产教融合提出的更高和更明确的要求。探索建立专业 - 产业链的对接和运行机制是动态的、长期性的任务，产业结构变化推进社会就业结构和人才结构调整，产业链引发专业链对应演变。针对产业链需要设置专业或专业群，破解专业设置时效、专业建设滞后、专业资源配置失衡等矛盾，使毕业生职业技能和职业能力符合产业发展和职业岗位的变化需要。打通高职相似或相近各专业之间的壁垒，形成专业群，能够进行大类招生，资源共享，从整体上产生“1+1>2”的协同效应，提升各专业与省内同行的竞争能力。利用基于产业链的理论来指导专业群建设，专业群对应的是产业链，可以根据产业发展和市场的变化，适时设计、调整专业数量和专业方向，可以有效地提高专业群的市场适应能力，这对于学院的长远发展将产生重大影响。专业群内各专业依据各自职业特点，在“互联网 +”背景下，按照“素质教育 + 专业平台 + 岗位方向”的理念，科学制订人才培养方案，着重探索现代学徒制，形成各具特色的人才培养模式，最终培养出适应时代要求的技术技能型人才。

参考文献

［1］国务院 . 国务院关于印发服务业发展“十二五”规划的通知（国发〔2012〕62 号）［EB/OL］. http：//www.gov.cn/zwgk/2012-12/12/content_2288778.htm，2012 年 12 月 12 日 15 时 20 分

［2］胡赤弟 . 论区域高等教育中学科—专业—产业链的构建［J］. 教育研究，2009，06：83-88.

［3］邱开金，王立英 . 新一轮高职教育改革的发轫：行业链、专业链与学业链的融通［J］. 职教论坛，2010（21）：4-7.

［4］邱开金 . 精准对接新兴产业人才需求［N］. 中国教育报，2016-11-08（010）.

［5］刘霞 . 基于产业链的高职专业群建设研究［J］. 中国职业技术教育，2012，03：36-40.

［6］教育部，人力资源社会保障部，工业和信息化部 . 制造业人才发展规划指南［EB/OL］.［2017-01-11］. http：//www.moe.edu.cn/srcsite/A07/moe_953/201702/t20170214_296162.html.

第二章　物流企业员工忠诚度研究

第一节　引言

2018 年 12 月 21 日，国家发展改革委与交通运输部联合印发《国家物流枢纽布局和建设规划》，布局建设陆港型、港口型、空港型、商贸服务型、生产服务型和陆上边境口岸型等六种类型国家物流枢纽。温州作为商贸服务型国家物流枢纽承载城市入围全国 127 个国家物流枢纽承载城市之一。物流背后，往往是制造、商贸、人才、金融资源的汇合。人才是各种要素承载的途径。物流企业的人才稳定也就至关重要。本文依托温州市物流标准化技术委员会平台，随机分布挑选十家企业，做问卷调查分析，为发现物流企业员工忠诚度概况和解决相关问题有实际参考作用。

一、研究目的、意义、趋势判断、需求分析及背景阐述

现今，“忠诚”已成为最热门的管理话题之一。第一，企业员工是企业存续发展的基础，员工的忠诚度对企业的经营管理和盈利能力有着直接的影响。因此，国内外专家学者就建立和培养员工的高度忠诚的问题，有了较为广泛深入的研究，但关于物流行业的员工忠诚度的相关研究成果较少。第二，物流企业本身就是发展迅速且人才需求量大的企业，企业之间的人才竞争也十分激烈。当前时代背景下，随着经济体制的改变和人们受教育程度的大幅提高，稳固的职位越来越少，人们的择业要求越来越高，导致员工对企业的忠诚度下降，如何留住人才，提升员工的忠诚度成为企业十分关注的话题。贝克尔于 1960 年提出组织忠诚度，并分析了影响工作忠诚度的因素。W.M. osten 和 J. Azar 发现，改善公司培训计划可以提高员工忠诚度。D. Kemumar 和 N. Shhekhar 研究了印度企业中的员工忠诚度，发现企业文化，灵活的管理体系和激励政策是影响员工忠诚度的主要因素。李艳萍和熊向庆通过问卷调查分析了保险公司核心员工的忠诚度，发现薪金，福利和情感归属对忠诚度影响最大。杜辉、陈琳和李丽华等。通过问卷调

查和访谈发现，工作环境，薪资和福利，个人兴趣，公司培训，个人成就感和团队合作是影响90年代后一代员工忠诚度的主要因素。叶瑶，李永全，胡成良等。通过定性研究方法，发现员工的个人因素，环境观念，人际关系，组织支持和激励因素是影响员工忠诚度的主要因素。

从以上文献分析可以看出，以往的研究主要是通过问卷调查来分析因变量。一些学者从单个因素分析了员工忠诚度，而另一些学者则从多个因素分析了忠诚度。但是影响因素不尽相同，每个影响因素的权重也不统一。其次，大多数学者在分析影响因素时并未考虑员工创新。

二、相关研究成果及文献综述

自上世纪50年代，国外学者们从心理学、管理学等多角度提出了许多激励理论以激发员工的工作热情，提高组织绩效，这正是本研究的理论基础。

需要层次理论是美国心理学家亚伯拉罕·马斯洛的于20世纪40年代提出的，他把人多种多样的需要划分为五个层次：生理需要、安全需要、社交需要、尊重需要和自我实现需要，并按照它们发生的先后次序分为五个等级。

（1）基本内容

①生理需要。这是人类维持自身生存的最基本要求，包括吃、穿、住、休息等需要。如果这些需要得不到满足，人类的生存就成了问题。

②安全需要。这是人类要求保障自身安全、摆脱事业和丧失财产威胁等需要。马斯洛认为当一个人的生理需要得到了一定的满足之后，他就想满足安全的需要。即不仅考虑到目前，而且考虑到今后，考虑自己的身体免遭危险，考虑已获得的基本生理需要及其他的需要不再丧失和被剥夺。

③社交需要。这是指人们希望与别人交往，避免孤独，与同事和睦相处、关系融洽的欲望。

④尊重需要。即希望别人对自己的工作、人品、能力和才干给予承认并给予较高评价。包括内部尊重因素，如自尊、自主和成就；外部尊重因素，如地位、认可和关注。

⑤自我实现的需要。这是最高层次的需要。它是指使人能最大限度地发挥自己的潜能并实现自我期望和抱负欲望。这种需要突出表现为工作胜任感、成就感和对期望与理想的不断追求。

后来，在这五个层次的基础上，补充了求知的需要和求美的需要。

一般而言，生理需要与安全需要属于较低层次的物质方面的需要，而社交需要、尊重需要与自我实现需要属于较高层次的、精神方面的需要。马斯洛认为，人的需要遵循递进规律，在较低层次的需要得到满足之前，较高层次的需要的强度不会很大，更不会成为主导的需要。当低层次的需要获得相对的满足后，下一个较高层次的需要就占据了主导地位，成了驱动行为的主要动力。

（2）需要层次理论的应用

①掌握员工的需要层次，满足不同层次的需要。管理者要了解、掌握职工的需要及其变化发展规律，根据不同层次的需要，采取相应的组织措施，以引导和控制人的行为。

②要满足不同员工的需要。马斯洛的需要层次仅是一般人的要求，实际上每个人的需要并不都是严格地按其顺序由低到高地发展的，还需要具体情况具体分析，因为在不同情况下人们需要的强烈程度是不同的。如经济收入较低的人，对衣食住行方面的需求较强烈，对个人成就不太重视；有些老年人，生理需求和成就需求并不强烈，但避免孤独的需求和得到儿女、社会尊重的需求却很强烈。即使同一人在不同的时候和不同的情况下，需求层次也不一样。对于管理人员来说，了解这些情况是非常重要的，需采取不同的组织措施。

需要层次理论在对提升员工忠诚度的研究时，需要系统的分析员工的不同需要层次，以建议管理者采取具有针对性的激励方式，以满足员工的不同层次的需要，提高他们对企业的忠诚度。在员工忠诚度的管理方面，企业也需要结合员工需要随着职业发展而产生的变化，及时调整相关激励措施。

双因素理论是美国心理学家雷德里克·赫茨伯格在 20 世纪 50 年代后期提出的。通过在匹兹堡地区 11 个商业机构对 200 多位工程师、会计师调查访问，赫茨伯格发现，受访人员举出的不满因素大都与他们的工作环境或工作关系相关；而感到满意的因素，则一般都与工作本身或工作内容相关。他把前者叫做激励因素，后者叫做保健因素。

①保健因素。保健因素是指和工作环境或条件相关的因素。这类因素处理不当或者说这类需要得不到满足，会导致职工的不满，甚至会严重挫伤职工的积极性；反之，这类因素处理得当，能防止工人产生不满情绪，但不能使职工有更高的积极性。由于这类因素带有预防性，只起保持人的积极性、维持工作现状的作用，为此这类因素称为“保健因素”。包括公司政策和行政管理、与监督者的关系、社会保障、人际关系、工作条件、工资、福利、地位等。

②激励因素。激励因素是指和工作内容联系在一起的因素。这类因素的改善，或者使这类需要得到满足，往往能给职工以很大程度上的激励，产生工作的满意感，有利于充分、持久地调动职工的积极性；即使不具备这些因素和条件，也不会引起职工太大的不满意。由于这类因素能够激发人们做出最大的努力，所以称之为激励因素。主要包括：成就、赏识、挑战性的工作、增加的工作责任，以及成长和发展的机会。如果这些因素具备了，就能对人们产生更大的激励。

赫兹伯格认为，激励因素和保健因素的功能完全不同，激励因素是能提高员工满意感的因素，进而提高员工的忠诚度，如晋升机会、个人成长机会等。而保健因素只会降低员工的不满度，不能带来员工对企业的忠诚度。

三、主要研究内容、重点、技术关键和难点分析

（1）主要内容：结合物流企业现状，设计问卷调查并开展调查工作。通过回收的问卷得到相关的研究数据，对调研数据进行信度分析、效度分析、因子分析、回归分析，为物流企业员工忠诚度提升对策提供数据支持。

（2）研究的重点：通过调研，设计物流企业员工忠诚度问卷。

（3）研究的难点：收集高质量调查数据。

四、研究方法及创新点说明

1. *研究方法*

根据调研的目的和内容采用了以下几种方法：

（1）实地走访调研法：通过实地走访 20 家左右有代表性的温州物流企业，与企业总经理、运营部经理和业务主管交流；实地走访温州市物流业相关部门，与相关处室负责人交流。

（2）问卷调查法：设置相应的问卷，在实地走访过程中完成并回收。

（3）电话访谈法：对于温州偏远地区（如苍南县、永嘉县等）的物流企业，采取电话访谈方式进行调研。

2. *创新点说明*

（1）研究内容的创新。通过对相关企业、行业调研，能够充分反映问题本质，使得研究科学合理。

（2）研究视角的创新。从企业视角、行业视角两个视角入手，拓展了研究问题的思路，增加了结果的可信度。

（3）研究方法的创新。实地走访调研法、问卷调查法、电话访谈法多种方法结合，使得调查形式多样，互相佐证，增加说服力。

第二节　基本概念与研究方法

一、员工忠诚度内涵

西方学者柏克（Berker）明确了对员工的首次忠诚度，他在 1960 年提出了

组织承诺理论以阐明忠诚度的含义，柏克指出，随着员工对组织的单方面投资的增加，组织承诺就是员工，因此必须继续停留在组织中的一种心理现象，员工对组织的忠诚更多是由于一些限制因素，例如团体提供高薪报酬，良好的工作环境等，这种理论将等同于组织承诺和员工的忠诚度引起了广泛的公众关注。1991年，迈耶（Meyer）和艾伦（Allen）对员工忠诚度的研究将忠诚度扩展到三个层次：情感忠诚度，持久忠诚度和规范忠诚度。员工忠诚度源于对员工内心对组织行为的认可，而这种认可则源于对工作的热情和承诺。这种认可通常是基于这样一个前提，即员工的目标与组织的目标相一致，以便员工可以提高自己并在组织内体现自己的价值。中国学者在国外研究的基础上进行了研究。通过积极探索学者对员工忠诚度形成了一系列看法。陈平分析了员工愿意留在企业长期工作的原因，员工忠诚度分为“主动忠诚度”和“被动忠诚度”两种类型，“主动忠诚度”指对员工具有强烈的对组织的忠诚感的渴望，这种渴望往往是员工与组织目标高度一致的结果，员工的自我实现要求得到充分满足，因素积极地导致员工对组织的忠诚度与工作本身和员工的发展，“被动忠诚”的员工是指自己不愿意长期留任，而是由于客观因素和约束因素的限制，不得不留在组织中，员工忠诚度是关键组织发展的重要因素。绩效考核目标定向对员工的心理影响不同，从而影响员工对组织的忠诚度。

二、员工忠诚度对组织的影响

（1）员工对组织的高度忠诚有利于组织的生存和发展。高度忠诚的员工具有高尚的品格，有爱心的组织，奉献，创新和进取的精神，对企业的奉献精神以及维护组织利益的特点。一般而言，高度忠诚的员工对组织有深刻的感情，热爱组织，愿意在组织中努力工作，并在组织中树立正面和正面的形象。他们愿意承担组织发展的责任，并为组织的发展提出建议，这在很大程度上将更有效地促进企业的发展。高忠诚度的员工可以提高组织的生产率，提高组织的财务绩效，并增强组织的核心竞争力。

（2）员工对组织的忠诚度低会给组织带来损失。忠诚度低的员工对组织概念的认同感低下，这会因个人利益而损害组织的利益。一方面，员工忠诚度低很可能导致组织的人才流失。一旦无法满足员工的利益，忠诚度低的员工就会选择离职。第一个结果是组织财务费用的增加，例如人力资源管理成本的增加，例如替换人员的招聘，甄选，就业，安置和培训以及职位空缺的损失。其次，它将阻碍组织内部工作的连续性。如果组织不能及时找到替换人员，那么辞职人员的职位空缺肯定会影响组织任务的整个过程。第三，商业秘密的泄漏将降低组织的核心竞争力，最终可能威胁到组织的发展前景。

因子分析是一种用于从变量组中提取公共因子的统计技术。它最初是由英国心理学家斯皮尔曼（C.E. Spearman）提出的。他发现各个学科的学生成绩之间存在一定的相关性。在一个学科中得分较高的学生通常在其他学科中得分较高，因此他推断出是否存在一些潜在的共同因素或某些一般智力条件影响了学生的学习成绩。因子分析可以识别许多变量中隐藏的代表性因子。通过将相同性质的变量包含在一个因子中，可以减少变量的数量，并可以测试变量之间的关系。因子分析的主要目的是描述隐藏变量的潜在变量（潜在变量，潜在因子）。一组测量变量，但不能直接测量。例如，学生的动机，上课的积极参与，家庭作业的完成和课外阅读时间可以用来反映他们的动机。成绩可以反映在期中和期末成绩中。在这里，学习的热情和学习成绩不能直接用一种量度（例如一个问题）来衡量，它们必须用一组量度来衡量，然后将测量结果结合在一起，以便更准确地掌握。换句话说，这些变量不能直接测量。可直接测量的内容可能仅仅是其反映的清单或一部分。在这里，表示和部分是两个不同的概念。表示直接由此隐式变量确定。隐性变量是原因，而表示形式是结果。例如，学习热情是课堂参与（个性化度量）的主要决定因素。

三、小结

本节对员工忠诚度内涵、员工忠诚度对组织的影响相关文献进行了回顾。员工忠诚度是关键组织发展的重要因素，绩效考核目标定向对员工的心理影响不同，从而影响员工对组织的忠诚度。（1）员工对组织的高度忠诚有利于组织的生存和发展。高度忠诚的员工具有高尚的品格，有爱心的组织，奉献，创新和进取的精神，对企业的奉献精神以及维护组织利益的特点。（2）员工对组织的忠诚度低会给组织带来损失。忠诚度低的员工对组织概念的认同感低下，这会因个人利益而损害组织的利益。

第三节　实证分析

一、问卷的设计与实施

本文依托温州市物流标准化技术委员会下发旗下会员物流企业，共计十家物流企业，下发问卷 250 份，实收 236 份，问卷回收率 96%，问卷合格率百分百。本次问卷采用 LIKERT 五分量表，从薪酬制度，工作环境，管理制度，企业文化四个方面设计问卷，具体如表 2.1 所示，被调查人员属性如表 2.2 所示。

表 2.1　调查问卷指标设计

一级指标	二级指标	三级指标
员工忠诚度	薪酬制度	有竞争力的薪酬（X_1），薪酬分配满意（X_2），红利和奖金满意（X_3），付出和回报比合理（X_4），收入和兴趣能力有关（X_5）
	工作环境	工作氛围轻松（X_6），放松娱乐设施满意（X_7），假期安排满意（X_8），上下级等级模糊（X_9），同事协作顺畅（X_{10}）
	管理制度	晋升途径满意（X_{11}），管理制度人性化（X_{12}），信息传递高效（X_{13}），认同管理者（X_{14}），上级可以及时解决下属的问题（X_{15}），
	企业文化	对企业文化认同（X_{16}），自觉维护公司形象（X_{17}），自己的创新有机会实现（X_{18}），工作有满足感（X_{19}），工作是轻松和愉快的（X_{20}）

表 2.2　被调查人员基本描述

个人特质	类别	人数	比例（%）
性别	男	186	78.81%
	女	50	21.19%
职位	一线员工	174	73.73%
	管理人员	42	17.8%
	高级管理人员	16	6.78%
服务时间	0～1 年	196	83.05%
	1～5 年	38	16.1%
	5 年以上	2	0.85%

二、问卷数据分析

问卷的信度与效度。采用 SPSS22，对数据进行信度和效度测试。数据可靠性分析如表 2. 3 所示：

表 2.3　信度和效度检验

CRONBACH	标准项目的 CRONBACH ALPHA	项
0.943	0.946	20

由表 2.3 可知 Cronbach’s α 值为 0.943，信度非常好，说明使用的问卷中各指标有良好的内部一致性。由表 2.4 可知，KMO 值为 0.884>0.5，巴特利特球度数值为 4.547E3，相应的伴随概率为 0，小于显著性水平 0.05。根据 Kaiser 的测量标准，指标的 KMO 值和巴特利特球体值均通过测试，适合进行因子分析。采用主成分分析法，根据配套旋转矩阵（表 2.5）和总方差的解释（表 2.6），全部题项的因子载荷值都在 0.5 之上，总体解释率为 72.863%。根据碎石图的坡

度，选取5个因子作为研究对象

表 2.4　KMO 和 BARTLETT 测试

KMO		0.884
球形巴特利特测试	近似卡方	4.547E3
	df	595
	sig	0.000

表 2.5　旋转后的因子负荷矩阵

	成分				
	1	2	3	4	5
X_1	0.879	0.036	0.130	−0.098	−0.075
X_2	0.835	−0.019	0.145	0.135	0.094
X_3	0.826	0.078	0.457	−0.091	0.023
X_4	0.767	−0.368	−0.073	0.334	0.025
X_5	0.754	0.166	0.353	−0.312	0.209
X_6	0.728	0.425	0.147	−0.076	0.022
X_7	0.728	0.425	0.147	−0.076	0.022
X_8	0.713	−0.162	−0.266	0.430	0.147
X_9	0.713	0.436	0.195	−0.148	0.212
X_{10}	0.655	0.457	0.255	−0.256	−0.217
X_{11}	0.639	0.420	0.152	−0.095	−0.277
X_{12}	0.630	0.099	−0.115	0.616	−0.023
X_{13}	0.569	0.445	0.283	0.001	0.193
X_{14}	0.448	0.327	0.427	−0.419	0.102
X_{15}	0.182	0.835	0.214	0.014	0.119
X_{16}	0.019	0.801	0.204	0.255	0.006
X_{17}	0.041	0.754	0.357	0.099	−0.050
X_{18}	0.103	0.723	0.465	−0.135	−0.154
X_{19}	0.183	0.704	0.288	−0.329	0.283
X_{20}	−0.012	0.632	0.149	−0.083	0.177

表 2.6 解释总方差

成分	特征初始值			提取平方和			旋转和的平方载荷		
	总	方差 /%	累积 /%	总	方差 /%	累积 /%	总	方差 /%	累积 /%
1	13.562	38.750	38.750	13.562	38.750	38.750	8.315	23.758	23.758
2	5.700	16.284	55.034	5.700	16.284	55.034	7.211	20.603	44.362
3	3.318	9.481	64.515	3.318	9.481	64.515	4.897	19.991	63.353
4	1.786	5.103	69.618	1.786	5.103	69.618	3.346	19.560	82.913
5	1.136	3.245	72.863						
6	0.963	2.752	75.615						
7	0.878	2.507	78.123						
8	0.805	2.299	80.422						
9	0.781	2.233	82.654						
10	0.664	1.897	84.551						
11	0.538	1.537	86.088						
12	0.496	1.416	87.504						
13	0.446	1.276	88.780						
14	0.419	1.197	89.977						
15	0.371	1.060	91.037						
16	0.350	1.000	92.037						
17	0.309	0.882	92.919						
18	0.275	0.786	93.705						
19	0.266	0.760	94.465						
20	0.026	0.074	100.00						

通过表 2.6 可以得出，前 4 个因子的总方差贡献率已经达到了 82.913%，对目标的解释度超过 82%，具有很强的代表性，因此选定 4 个公共因子可以对原问题做出较完整解释。根据所包含内容，为 4 个因子命名如下：因子一薪酬制度因素，包括有竞争力的薪酬（X_1），薪酬分配满意（X_2），红利和奖金满意（X_3），付出和回报比合理（X_4），收入和兴趣能力有关（X_5），方差贡献为

23.758%。

因子二工作环境因素，包括工作氛围轻松（X_6），放松娱乐设施满意（X_7），假期安排满意（X_8），上下级等级模糊（X_9），同事协作顺畅（X_{10}），方差贡献率 20.603%。

因子三管理制度因素，包括晋升途径满意（X_{11}），管理制度人性化（X_{12}），信息传递高效（X_{13}），认同管理者（X_{14}），上级可以及时解决下属的问题（X_{15}），方差贡献率为 19.991%。

因子四企业文化因素，对企业文化认同（X_{16}），自觉维护公司形象（X_{17}），自己的创新有机会实现（X_{18}），工作有满足感（X_{19}），工作是轻松和愉快的（X_{20}），方差贡献率为 19.560%。

通过 4 个因子的综合得分计算出其权重。假设因子 Y_i 是第 i 个！“i=1，2，3，4，5 公共因子的权重，λ_i 是旋转后的公共因子贡献率，有$Y_1 = \frac{\lambda_1}{\sum_{I=1}^{N}\lambda_1}$。

经计算得出：Y_1=0.24758，Y_2=0.21603，Y_3=0.14991，Y_4=0.11560。

由此可以得薪酬制度因素较大，权重为 0.24758；工作环境因素其次，权重为 0.21603；管制制度因素所占权重为第三，为 0.14991；企业文化因素权重为第四，为 0.11560

由以上结果可以看出，员工对企业忠诚度影响最大的因素依次为薪酬因素，环境因素，管理因素和文化因素，我们根据研究结果给出一定的管理建议。

三、小结

本节依托温州市物流标准化技术委员会下发旗下会员物流企业，共计十家物流企业，下发问卷 250 份，实收 236 份，问卷回收率 96%。本次问卷采用 LIKERT 五分量表，从薪酬制度，工作环境，管理制度，企业文化四个方面设计问卷。通过因子分析表明，员工对企业忠诚度影响最大的因素依次为薪酬因素，环境因素，管理因素和文化因素。

第四节　管理建议

根据以上分析我们可以发现对员工忠诚度影响最大的因素依次为薪酬因素，环境因素，管理因素和文化因素，我们依次提出相应的管理建议，如图 2.1 所示。

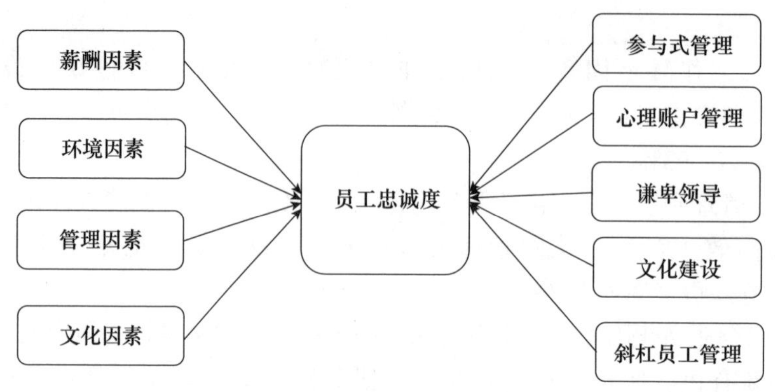

图 2.1 员工忠诚度管理模型

一、员工参与式管理

参与式管理不仅是现代企业日常经营管理的重要措施，而且是人力资源研究领域的热点话题之一。Pare 和 Tremblay 扩展形成了一个五维度的参与式管理模型，该模型被认为包括信息共享，识别，能力发展，公平报酬和组织授权的五个维度。凯西指出，企业越能将知识、信息、报酬和权力整合到参与氛围的构建中，就越能提高员工的忠诚度。Gideon 的研究结果表明，沟通，专业能力和发展机会可以提高员工忠诚度。通过以上研究可以发现，参与式管理是影响员工忠诚度的重要因素。改革开放以来，社会经济飞速发展，随着互联网的迅猛发展而成长的新一代员工的参与需求不断提高，呈现出多样化的特点。仅依靠传统的人力资源管理措施（单一薪金制度）很难适应时代的需求。因此企业领导者要加强参与管理系统的建设，建立包含信息共享，身份识别，授权能力开发，公平报酬和一套实施的系统，有利于全方位，多层次地满足需求。新一代员工的参与，提高其忠诚度水平并节省企业的人力资源成本，保持竞争优势和可持续发展具有重要的战略意义：

（1）公平地薪酬不仅对新一代员工的忠诚度，而且对内部人身份感知的影响也是最大的。公平报酬不仅直接提高了新一代员工的忠诚度，而且通过内部人身份的感知间接影响了新一代员工的忠诚度。这些表明，公平薪酬是参与式管理最重要的方面，它不仅是新一代员工内部认同感的来源基础，而且是增强新一代员工忠诚度的管理基础。新一代员工期望公司提供公平的薪酬，因此企业应特别注意制定公平的薪酬管理流程标准，为新生代员工提供内部权益和外部权益的薪水，福利，同时也应注意男女平等，这样才能真正使参与式管理付诸实践，以提高新一代员工的忠诚度，降低离职率；对于员工而言，薪水不仅是劳动收入，而且在一定程度上反映了他们的价值，能力和地位。它代表了酒店对其工作的认可，甚至象征着个人发展成就和成功。根据亚当斯的社会公平理论，应建立具有内部公平性和外部竞争力的薪酬体系，以确保薪酬政策的公平性并激励员工努力工作。首先，定期研究竞争对手和其他行业的薪资变化，并根据市场上相同或相似职位的薪水标准动态调整公司的薪水水平。其次，内部股权是薪酬策略的首要原则。应将工资分配与工作特征，个人和团队绩效评估联系起来，以确保内部公平，确保每位员工可以同意其工资收入与组织中其他成员的工资相比是公平的，并且他的工资收入与其对组织的贡献相匹配。

（2）信息共享，认可和组织授权是提高新一代员工忠诚度的重要非物质手段。应定期和及时地告知新一代员工客户对产品的满意程度，部门的工作绩效以及企业的未来发展计划，以帮助新一代员工树立“内部人”的身份。新一代员工受到上级领导的各种认可，这不仅是对实质性工资激励的有益补充，而且可以增强他们对“企业重要成员”的价值认识。参与式管理倡导扁平化的组织结构。通过将管理权限下放到基层，企业可以赋予新一代员工足够的权利和责任，使他们有更多的空间和机会发挥主动性和创造力，并帮助新一代员工形成一种作为企业重要成员的责任。因此，企业应加强上述制度的建设和有效实施，有利于提高新一代员工对内部人身份的认识，对员工的忠诚度产生直接和间接的影响，从而降低其离职率。人们日复一日地从事熟悉的工作时，不可避免地会产生无聊感，从而降低了工作效率。工作内容的丰富化意味着员工在工作中被赋予了更多的责任，自主权和控制力，并且通过工作内容和责任水平的基本变化，垂直扩展了工作内容。通过实施部门内部轮岗培训，换岗培训，学员领班制度，部门间交叉培训等，酒店可以丰富员工的工作内容。一方面，可以体现出更高的挑战性和意义工作中的成就感，使员工可以从工作本身中获得动力和成就感，并增强他们对工作的自主权。另一方面，它可以减轻由单调和缺乏刺激引起的心理压力。培训和发展可以帮助员工掌握新知识和技能，帮助他们更好地完成任务，提高他们对新工作环境的适应性和工作竞争力，提高工作满意度，并增强他们的归属感和责任感。

（3）在“互联网 +”时代，信息瞬息万变。从新生代员工的利益出发，企业通过技能培训，顺畅的职业晋升渠道等有效措施，促进新生代员工的能力发展，有利于增强他们的内部认同感和忠诚度。由于大多数新一代员工都迫切需要实现自我价值，因此企业将通过能力发展来满足这一需求，将充分调动他们的工作热情和积极性，以达到提高其忠诚度的目的；以人为本，是科学发展观的核心。企业的经营管理不仅要注重员工的绩效，而且要坚持以人为本的发展理念，注意员工的内部心理变化。内部人的身份感知和组织自尊作为积极的心理资源，在参与式管理和新一代员工的忠诚度之间起着不可或缺的作用。因此，企业领导者应及时了解新一代员工的内部认同感和组织自尊的变化，并相应地调整相应的管理方式，以进一步改善参与性管理，加强新一代员工的忠诚度管理。.

在互联网高度成长的新一代员工开放和自由的环境下，他们的独立意识更强，个性化，在工作场所期望更多的尊重和理解，企业管理人员应鼓励员工参加不同的活动。层次化的管理和决策工作，让员工掌握参与式管理，加强组织与员工的情感联系，增强员工的价值体验，激发员工的价值创造能力。员工参与管理的关键是授权，其中包括赋予员工言论和决策权。企业可以建立一个微信，微博，公共平台，电子邮件等互联网技术的企业交互平台，为员工提供卓越的零距离沟通平台，以代表员工的价值追求和精神追求。彼此之间提高了企业和员工的信任度，以增强员工的价值感和归属感。企业应适当地授予一线员工决策权，让他们在明确相关工作要求后安排自己的工作，并在此过程中为员工提供辅助支持，可以满足员工实现自我的心理需求。因此，参与式管理体现了管理者对员工的信任和能力的认可，有利于培养员工对企业的使命感和认同感，从而增强员工的忠诚度，最终实现经营目标。

二、重视心理账户作用

按照外部机制一般来说，我们认为心理账户包括经济账户和情感账户。经济账户与贸易合同有关，情感账户与关系合同有关。经济账户交易是相对具体的，主要通过货币来衡量合同的内容，非常清晰明了。当组织的经济方面受到侵犯时，这些将记录在财务账户中，从而导致员工忠诚度下降。员工与企业之间的感情记录称为情感账户，该账户着重于情感收入和支出。这主要是针对每个人自己的情感方面做相应的分类，记录和评估。如果组织不重视员工的贡献，不为员工提供相应的支持条件和措施，就会记录员工的情感表述，破坏心理契约，降低员工的忠诚度。因此，从外部看，交易合同会影响经济账户的忠诚度。随着薪资和福利的增加，员工与企业之间的关系将得到显著改善，员工对企业的忠诚度将得到显著提高。情感账户会通过关系合同影响员工对公司的忠诚度。企业在采取多种措施提高员工情感时，应注意情感投入。这时，员工与企业之间的合同类型得以整合，员工对企业的忠诚度也将得到提高。

经济账户和情感账户通过交易合同，关系合同和内部互动影响员工的忠诚度。员工财务账户的余额不可避免地反映在情感账户中，情感账户的记录也会影响财务账户。就这两个账户的比例而言，如果员工的经济账户收入与储蓄账户之间的比例相对较大，那么适当的情感支出将不会对员工对企业的忠诚度产生太大影响。同样，如果公司在情感上更加重视员工，那么员工的财务账目受到的损失也很小。中国社会更加重视人际关系，情感收入可以激发员工与企业之间的忠诚度。管理人员注重员工情感账户的收入和存储，有利于提高员工的组织忠诚度和企业绩效。通过上述分析，得出心理账户，心理契约与员工忠诚度之间的关系，可以构建心理账户对员工忠诚度影响的机理。为了满足该阶段最紧迫的需求，个人设定了该阶段的活动目标，该活动目标形成了心理账户的两个子账户，即经济账户和情感账户，交与之相对应的是交易合同和关系合同。这两种契约最终形成了完整的心理契约整体。这也是心理契约具有内在主观性和动态性的原因。要通过心理契约来管理员工的忠诚度，它必须能够快速响应各种条件和变化。根据员工的各种需求，从经济账户和情感账户，通过跟踪，满意和反馈，影响员工心理契约的主观认知，从而不断提高员工对企业的忠诚度。由此提出以下建议。

1．保障员工经济账户

（1）增加经济账户的收入。薪酬制度要科学合理，要全力提高职工薪酬。但是，这并不是增加工资的完全可选的方法，因为雇员的薪酬制度不仅是工资，而且是月度奖金和浮动工资。因此，建立补偿结构对于建立和完善补偿制度也非常重要。根据心理账户的结构分类，固定工资和基本福利是员工最基本的保证，而奖金和浮动工资和业务共享是绩效考核的直接参考。在这方面，当我们建立薪酬制度时，基本工资和福利待遇相对稳定，但相关的绩效收入将对其产生更大的影响并带来更多的风险。它不仅可以保证员工的稳定收入，而且可以激励他们。

（2）减少经济账户支出企业需要为企业员工带来更舒适的工作环境和条件，并为他们提供各种培训计划和学习平台，以满足他们的学习追求，从而减少日常开支并减少员工的负担；同时，丰富企业合作伙伴的文化建设活动，提供舒适的娱乐场所，增加出差机会等企业文化建设，有利于增强员工的归属感和满意度，也有利于增强员工的忠诚度。

（3）通过建立物质奖励和精神奖励相结合的方式，建立和完善职工信用管理体系，建立职工信用体系，鼓励和表彰职工，提高职工忠诚度。在某些方面，他们在批评信用处罚不佳时，尤其是企业员工的重要地位时，不遵守企业和员工的规章制度，在内容明确的责任上签订劳动合同时，使他们明白忠诚不是足以给企业带来巨大的损失，从而增加企业管理成本，达到提高员工忠诚度的效果。

2．充实员工情感账户

（1）增加员工情感账户的收入当企业开展员工忠诚度建设时，有必要表现出员工的个性，对其进行多方位情感建设，并全面关爱员工－圆的方式。结合企业的实际情况，充分调动员工的积极性，为员工认真提出解决方案和建议，可以借鉴西方国家企业管理人员特殊情感岗位管理方式，有针对性地指导企业员工的心理情绪问题，增加员工在企业中的归属感，从而提高员工的“情感”收入，增强员工忠诚度。

（2）减少员工情感银行账户支出对企业的影响和基于科学的员工沟通机制，在交流机系统的基础上随着企业的不断发展和员工个人的发展，会出现一些矛盾，企业与员工对于改善相关的沟通系统尤为重要，可以通过有效的方式来释放企业员工的情绪。企业领导者必须更加重视员工的情感，关注员工的生活条件，及时与员工沟通解决矛盾，减少员工情感上的损失。

（3）强调员工在中国社会的情感投资是一个人类社会，与物质报酬相比，为员工情感上贴近的本地注册会计师带来了良好的激励和管理效果，因此可以提高员工的忠诚度，对于企业的领导者而言，是尽管如此，最经济，最简单的方法是，许多领导者并没有注意企业员工的管理者的日常护理和关注，而是重视他们的情感投入，增强了员工的信任感和责任感。归属感，对员工与企业之间的关系非常有利，也可以提高员工的忠诚度。

三、谦卑型领导

谦卑型领导。目前，学术界对谦卑领导的解释有三种：宗教观点认为："谦卑领导的本质是向上帝完全开放，领导是出于信仰而不是害怕权力而产生的。"性格观点强调谦卑是对领导者的积极影响。谦虚是领导者的内在美德，而不是模仿行为或后天特质。行为观点认为，谦卑不是天生的，而是领导行为所反映和塑造的，也就是说，谦卑是可以培养的。基于此，本文认为谦虚领导是自下而上的领导方式，体现在领导者愿意承认自己的缺点，欣赏和赞扬员工的优势，谦虚地向下属学习，正确认识自己并积极协调领导者的意愿。下属关系。

谦卑的领导者对员工忠诚度的影响谦卑的领导者可以影响雇员对企业的忠诚度，这不仅是因为他们的自下而上的领导，还因为他们的领导者具有以下行为特征：

（1）正确认识自己并谦虚地接受员工的意见。谦卑的领导者的一个重要特征是"谦卑"，这意味着他们并不傲慢或自卑，对自己有全面的了解，积极承认自己的缺点和不足，并听从下属的意见。研究表明，谦虚的领导者会对员工的组织形象产生积极影响。领导者和员工是企业的不同部分，两者都擅长各自领域。面对相同的问题，领导者无法从不同角度考虑所有方面，因此员工的意见可能会提醒领导者，使决策更加科学。根据社会交流理论，当领导者考虑并采纳员工的意见时，员工会感到被认可并认为对公司有价值。" 90 后"员工大多在一个独生子女的家庭中长大，因为童年时代是父母和长者的重中之重，他们需要这种身份，当谦卑的领导认真听取他们的意见时，他们就会感到自己声音是一个关注点，关注度和身份得到满足后，会得到努力的回报。

（2）认识到员工的优势和表现，并且欣赏和认可员工的优势是谦逊的领导者的特征。当领导者意识到员工的优势时，就会鼓励员工并增强他们对工作的信心。相反，如果领导者不认识员工的优势和绩效，将对员工产生一定的影响，使他们对工作产生消极的对待。谦卑的领导者也公平公正。他们将永远不会从员工那里获得荣誉。相反，他们会称赞和激励员工，尊重员工的表现，并公平，公正地对待每位员工。随着中国教育事业的发展进步，每个人都有优势，谦卑领导员工的赞赏和认可是对他们的极大鼓励，公平地回馈员工的赞誉也使他们感到受到尊重的领导能力，并且他们将努力保持温暖。

（3）与员工一起工作，并愿意为员工提供改进的空间。谦虚的领导者为职业发展提供指导，并愿意与员工合作并成为榜样。领导者的认真勤奋工作将使员工更加尊重领导者，并以领导者为例。另一方面，将所有工作交到员工手中而又不愿意指导他们完成工作的领导者不会保留他们。员工的意识形态使他们不需要领导者的权威，而是领导者的魅力。谦虚的领导者一定会为员工提供发展空间，因此员工愿意跟随他，共同为企业而战。当前，企业应与时俱进，随着文化和创新的发展，为自己的经营理念注入新的活力。此外，随着内部扁平化的发展，应将员工的管理方式从传统的自上而下转换为更合理的自下而上的方式。领导者对企业文化的形成具有重要影响。谦虚的领导者所具有的谦卑特征不是软弱的标志，而是一种个性魅力。有意识地承认自己的缺点的领导者将吸引并保留企业的优秀人才。自下而上的领导也有利于员工与领导者之间关系的良好发展，并可以营造和谐的工作氛围。因此，它将提高员工的认同感和对企业的满意度，从而忠于企业。

四、注重企业文化建设

企业文化体系结构是指企业文化系统中各个元素的时空顺序，主要和次要状态以及组合形式。它分为四个层次：第一层思考，也称为精神层，是企业内部和外部环境的影响所产生的一种精神文化概念。它涵盖了企业的精神，道德，观念，价值观和管理理念，并包含了企业的所有意识形态。同时，它也是企业的灵魂，也是企业文化的核心层。例如，作为世界 500 强企业，华为的企业愿景是“丰富人们的沟通和生活”。对于 90 后的年轻员工，他选择进入华为必须是网络工程专业知识和热爱者，因此华为企业愿景将对其产生一定的影响，可以使其更快更好地融入企业，并结合自身的成长和发展。企业统一起来，因此，年轻员工可以在工作中不断完善和完善自己，实现自我价值。另一个例子是阿里巴巴，这也是一家互联网公司。由马云领导的一支年轻团队正在创造一个又一个的世界奇迹，将“光棍节”变成全球购物狂欢节，引领世界潮流。我想问问哪位员工没有动力在这样的企业工作。这样的员工对企业的忠诚度自然会大大提高。

第二层是系统层，它是企业系统文化的具体体现。它包括三个方面，即领导机制，组织结构和企业管理机制。为了实现自己的发展目标，企业对员工的行为提出了各种各样的约束和限制。它在行为准则中具有很强的作用，在所有企业中都发挥着作用。例如，企业工作执行程序，工厂规章制度及其奖惩评估体系等相关内容。它主要由三个方面组成，即企业领导机制，企业组织结构和企业管理机制。对于年轻的员工来说，大多数人只是离开校园参加社会工作，尤其是90岁以后，他们的天性更加跳跃，更具知觉，强烈的主观性，如果企业无法得到他们的爱戴，他们很可能不会屈服于自己，因此他们选择离开企业。年轻人是企业发展的未来。他们具有更好的活力和创造力，可以为企业带来更好的发展和利益。因此，在制定一些企业制度时，需要更加注重人性化制度的建设，制定有效的激励政策，以增强其工作积极性。

第三层是行为层，这是企业行为文化的具体体现。它是员工在生产，学习和各种娱乐活动过程中形成的一种行为文化。它包括商业运作，教育，人际关系管理和宣传的各个方面。第四层是物理层。器皿文化由产品和为员工创造的各种物质设施组成，是一种以物质形式为主要研究对象的表层企业文化。企业生产的产品和服务是生产和管理的结果，这是其物质文化的主要内容。另外，企业创造的生产环境，企业架构，企业广告，产品包装与设计等是企业物质文化的主要内容。

五、重视斜杠员工

“斜线雇员”来自术语“斜杠青年”，是指不满足的“单一专业”的生活方式，并选择具有多种职业和身份的多元生活人，是多样的生活方式和价值选择的复合体，其特征归纳为三点：一是既指职业多样性，又是跨学科人才；二是具有多种技能，有足够的知识储备，是一种多技能甚至多技能熟练的专业人才；第三，追求更高的需求满足，更低的忠诚度，奔放的自由度，关注付出，关注企业是否能够带来更具挑战性的发展。

有研究指出目标设置对“斜杠员工”忠诚度有显著影响，在制定提升对策时要切实把握好目标设置的“度”。

公司目标和个人目标之间的一致性。在满足他们的个人需求和满足企业发展目标的基础上，设定的目标应该将企业的价值观和目标与个人目标相结合。只需为员工设定目标即可完成任务。当“斜线员工”的个人目标与组织目标高度一致时，他们就会表现出很高的忠诚度。因此，企业可以在制定任务目标时与员工进行沟通和协商。在与员工达成协议后，企业可以通过制定目标责任声明等来获得

“斜杠员工”的目标承诺。（2）目标应具体且可实现。目标设定的两个维度对“斜杠员工”的忠诚度具有显著的积极影响，这表明良好的目标设定可以促进员工对企业的忠诚度并激励员工。在制定目标任务时，企业应将目标水平与员工能力，资历，人格特质，薪资待遇等因素结合起来，以确保所设定的目标是切实可行的，以使员工获得满意的待遇。完成目标，从而起到激励作用。态度忠诚与行为忠诚之间存在正相关关系，态度忠诚可以直接影响员工的行为忠诚。因此，要提高“斜杠员工”的忠诚度，就要认识到他们的归属感和认同感对企业的重要性，要从培养态度忠诚开始。企业要不断加强企业文化建设，培养员工对企业的认同感和归属感。

参考文献

［1］李燕萍，熊向清 . 保险企业核心员工忠诚度的影响因素及与绩效的关系研究——基于抽样调查的实证分析［J］. 保险研究，2017（09）：86-100.

［2］陈明淑，周帅 . 参与式管理对新生代员工忠诚度的影响研究——一个被调节的中介效应模型［J］. 工业技术经济，2018，37（10）：12-18.

［3］陈鹏羽，陈堂 . 快递企业 90 后员工忠诚度研究——基于绵阳地区申通快递的实证分析［J］. 物流科技，2019，42（04）：18-23.

［4］陶建宏，贾盼 . 谦卑型领导视角下“90 后”员工忠诚度研究［J］. 合作经济与科技，2019（10）：107-109.

第三章 温州市现代绿色冷链物流运营模式研究

第一节 引言

一、研究背景

2006年5月，《国家信息化发展战略》提出发展电子商务战略，加速个人信用、标准、认证等建设，发展及完善结算系统，逐步探索层次化和多样化的电商平台。2011年4月，商务部颁布《第三方电子商务交易平台管理规范》，指出要一开制度、规范引导发展，全力保护企业各个人消费者权益。在国家十二五规划中，更是把电子商务确定为战略性新兴产业。在党的十三五规划中更是把消费作为经济发展的三大“引擎”之一，电子商务作为新兴消费的重要的形式，为其进一步发展奠定基础。各行业各企业参与电商的潮流也是必然的选择。生鲜食品是居民正常生活必需品，谁能最好的服务顾客，谁能最大限度地满足顾客，谁就会获得顾客青睐。故生鲜企业发展电子商务是时代和现实的必然要求。

近年来，GDP增速虽有回落，但增量仍为巨大，具体体现为经济的发展和人民生活水平的提高，民众对生鲜类食品的品质和质量要求越来越高，不但要求配送及时，还要产品安全放心，这就为冷链的发展提供机遇。冷链物流是公认的最好的产品保质手段之一，从二十世纪中叶开始在全世界推广开来，是农产品供应链重要的组成元素（袁学国，邹平等，2015）。生鲜产品更是需要低温才能最大限度地保留原品质。生鲜冷链物流主要是指产品从产地到目的地之间的装卸、搬运、运输、流通加工等环节都是在能保留最佳品质的温度下进行，从而把最纯正的产品送到消费者手中，最大限度的满足消费者要求。可见，在未来的生鲜运输中冷链运输将是常态。从欧美国家的发展来看，冷链的发展和农业的发展是同步进行的，冷链旨在保护产品的原品质而兴起，其发展对食品安全和居民的健康息息相关。生鲜作为生活必需品，具有客户粘性强、回购率高的特点，因此生鲜变成现阶段电商企业新的利润增长点，冷链环节作为生鲜保质的重要环节，所以对生鲜电商企业的运营和冷链物流问题的研究尤为必要。

当前，各类生鲜电子商务如雨后春笋一般起来，一号店、我买网、沱沱工社、顺丰优选、京东商超等崭露头角，温州本地的也有婆婆妈妈网等。生鲜企业尽管属于传统制造行业，但在电子商务逐渐成为一种新型的营销渠道的大局势下，电子商务平台逐渐成为传统经营模式的企业用以转型的最佳跳板，使得众多生鲜企业也开始寻求网络平台来拓展销售渠道。面对严峻的形势，有远见的生鲜企业已经开始探索网络销售这种新渠道与新模式，使得企业更易发掘潜在客户，更加高效的制定市场营销计划，与消费者形成有效的互动，极大地增强了市场竞争力。

在我国 80% 以上的生鲜食品是采取常温保存、加工和流通。据统计，常温流通中果蔬损失 20% ～ 30%，粮油 15%、蛋 15%、肉干 3%，加上生鲜食品的等级间隔、运输及加工损耗，每年造成的经济损失约上千亿元。拿蔬菜举例，我国每年有 8000 万吨的果蔬腐烂，总价值近 800 亿元，高居世界榜首，而物流加工是增加产品附加值的一种重要方式。冷链物流是常温物流的不可缺少的补充，也是减少物流运营成本，提高利润的一种重要途径。

生鲜食品的高利润率，被众多电商认为是新的商机所在。因此，不仅是新晋电商，包括京东、亚马逊这样的老牌电商也纷纷上线生鲜频道，希望在生鲜食品 B2C 市场里分得一杯羹。然而并非每个生鲜电商都具备强大的配送能力和完善的供应链体系，“储存难、配送难、赢利难”已成为生鲜电商发展的三大难题，特别是冷链物流方面的短板，让垂直类生鲜电商进军 B2C 市场显得阻碍重重。

冷链物流在物流产值总量的比重呈现逐年递增趋势。冷链物流适应的范围为初级农产品、加工食品、特殊商品。这些物品共性既是保质期相对短，耗能大，需要加速物品流转速度等特点，电子商务平台的利用是在满足冷链物流特点条件下，建立和完善冷链物流。

生鲜企业在搭建电子商务平台的过程中也会受到诸多因素的制约，这也是生鲜企业踏入网络销售所必须冲破的围栅。目前，生鲜企业利用电子商务平台进行产品销售尚不成熟，具有实践价值的理论文献为数不多，与现实中企业的发展速度也不匹配。

二、研究目的和研究意义

生鲜产品质量难以保证，用户体验不尽如人意日益严峻的食品安全问题让消费者对在网上购买生鲜产品抱谨慎态度，同时生鲜产品相较于可长期保存的密封食品，其特殊属性给电商提出新要求。生鲜产品生产周期长，并且产量和品质受自然影响比较明显。生鲜产品从生产到物流都存在安全风险，我国的生鲜产品生产的经营规模不高，安全生产监测困难，产品溯源认证才刚起步，第三方权威食品安全认证体系不健全，直接影响生鲜品质和认可度。物流不规范，产品在物流途中变质，产生安全风险。生鲜贵在新鲜，虽然生鲜电商做到点击鼠标即可购买生鲜，但大多数人对购物体验却不能满意，包括产品质量不好，有些商品配送周期太长，还有就是配送点较少，网民想买却无法配送，配送网络亟待完善。

生鲜食品是老百姓的生活刚性需求品，市场潜力巨大。相对于某些已经过度竞争的品类，生鲜的利润非常可观。但是，在众多企业蜂拥而入之后，发现想要盈利十分艰难。电商盈利难除了货源的质量控制成本，更多的是物流成本。生鲜产品受环境、温度影响较大，需要严格的全程冷链控制，然而当前冷链物流比普通物流的成本要高出数倍。冷链物流投资巨大，能耗成本高，直接制约生鲜电商的发展。因此，对生鲜电商企业的运营问题做研究有很好的现实意义。

本研究以温州菜篮子公司为例，将现代化的营销模式与传统营销模式进行整合，探索针对生鲜企业开展电子商务平台的具体方法与策略，针对冷链物流企业作业难度大和“最后一公里”难题提出破解思路，力求丰富生鲜企业开展电子商务的理论体系，同时，提出“绿色冷链物流”的新思路。通过对实践中的温州菜篮子公司案例进行研究和分析，总结出一套具有实际意义的生鲜电子商务销售体系和绿色冷链物流配送路径，为同类企业开展电子商务平台的建设提供有价值的参考与借鉴，最终为使温州人民吃上绿色、放心的生鲜食品做出贡献。

本文首先分析了当前电子商务的发展状况以及生鲜冷链物流在实际运作中存在的问题，最后，以温州菜篮子集团为例，分析其在电子商务运营的营销模式、在生鲜配送“最后一公里”方面的实践经验，旨在为其他生鲜企业提供借鉴。

三、小结

消费作为经济发展的三大“引擎”之一，电子商务作为新兴消费的重要的形式，为其进一步发展奠定基础。生鲜企业发展电子商务是时代和现实的必然要求。研究此类企业的运营有理论和实际需求。

第二节　研究综述

由于生鲜商品的特殊性，即不易保存，季节性强等，以电子商务技术在网上出售生鲜的模式很晚才出现。世界上第一个开展网 B2C 生鲜售卖的美国 Webvan 公司于 2000 年成立，在 1 年多时间里，消耗 7.1 亿美元，却只换得几十万美元营业额，导致迅速破产。在它之后，2002 年 7 月，纽约生鲜配送公司 freasgdirc 在纽约长岛开张，从事食品供应链运作，发展迅速。其只锁定纽约城小市场，但是经过 4 年亏损期，于 2006 年才开始盈利。而研究网上生鲜食品销售的很少，几乎没有。从 20 世纪 30 年代，西方欧美等一些发达国家开始初步建立起生鲜农产品物流系统，而我国生鲜农产品冷链物流于上世纪 80 年代才兴起，虽然发展迅速，尤其 90 年代后在冷冻食品如冻品海鲜、水饺、汤圆以及冷藏食品如蔬菜瓜果等冷链物流发展迅猛，但整体而言，我国生鲜农产品冷链物流系统尚未形成严格意义上的完整而独立的冷链体系。

生鲜食品冷链物流研究在国外较为成熟，而目前国内，对生鲜食品冷链物流的研究才刚刚起步，比较基础。甚至文献中研究的对象出现很多称谓，比如农产品、生鲜食品、生鲜农产品等都只是近似，并不完全统一。从研究内容上来看，我国目前对生鲜食品冷链物流研究主要集中在对我国生鲜食品冷链物流现状、政策、发展、质量控制、存在的问题和措施建议上。

一、生鲜电商企业研究

据初步统计，生鲜电商企业相关研究中案例研究较少，相关新闻报道占多数。历岩和王高飞基于食品问题频发的背景指出，生鲜电商成为 2012 年行业的热点，但生鲜电商发展受到了地域、人群、品类等的限制。肖芳将电商企业生鲜产品运营模式分为四种，即综合型电商（平台争天下）、垂直电商、物流企业、线下超市。崔婧认为，对电商企业而言，大电商有可供利用的资源，而中小型垂直类电商由于可用资源缺乏，要生存必须走差异化道路，只有依靠自身独特的价值才能生存。有研究对美国创新在线农产品销售平台鲜美购（Farmigo）和美国有机食品超市全食超市（Whole Foods Market）这两大生鲜电商进行了介绍，并分析了美国全食超市目前启动的 O2O 运营模式：顾客通过应用程序（APP）选择美味食谱，生成购物清单，然后再通过手机搜索一家距离自己最近的全食超市购物。净海鹰认为，电商企业生鲜产品的 O2O 运营模式将大行其道。黄湘民和刘大成从消费需求、物流市场供给、消费结构和产业链现状分析我国农产品物流的巨大发展潜力。两位学者认为当前农产品物流面临的主要挑战是物流成本过高、农产品物流设施与技术落后、农产品集贸批发市场的物流系统规划设计不良、农产品信息体系不健全、物流专业化和社会化程度较低、地方保护主义体制构成束缚，并针对这些问题提出系统构建、产业集成、发展生鲜物流、建立一体化冷链技术体系、信息集成平台等建议。

二、生鲜电商运营研究

国外对生鲜农产品电商运营的研究较早的是美国和欧盟的一些发达国家，20 世纪 70 年代，美国对生鲜农产品进行系统的研究和实践，形成遍布全球的生高度专业化、区域化、规模化，生鲜农产品电子商务贸易网络。Poole 对生鲜农产品电子商务进行了基础性的研究，认为生鲜农产品电子商务的发展不仅方便产业的协调，提高市场透明度，同时可以促进信息的流动。Wen 通过对生鲜农产品电子商务模式的比较分析，构建了一个基于知识的生鲜农产品销售智能电子系统，同时，他创造性地提出了一个基于知识管理的新型的生鲜农产品模式。Ruiz Garcia 等通过研究生鲜农产品供应链中货物的查询与跟踪问题，他们发现基于网络的数据处理将会大大地提高生鲜农产品物流的查询与跟踪。

国内电子商务起步比国际晚，但是发展迅速。学者对这方面的理论研究也逐渐增多。李小飞通过大量的实证分析，对生鲜农产品配送组织模式进行了深入的研究；王红玲、郑纲、何剑锋建立了生鲜农产品配送路径优化模型；徐克提出了发展 B2C 模式的电子商务模式；此外，麻茵萍、韩晓莉、邹辉霞、何飞、黄宇红等学者也从不同角度论文论证分析我国农产品电子商务的发展方向和模式。

比较国内外生鲜农产品电子商务研究和发展的现状可以看出，国外专家学者对生鲜农产品电子商务的内涵和基础性研究已经非常透彻，对生鲜农产品电子商务运作模式的研究已经非常深入，对生鲜农产品电子商务环境下的供应链管理理论的研究比较是生鲜农产品物流理论创新的突破口。但从国内研究和实践看：研究农产品电子商务较多，研究生鲜农产品电子商务的比较少，对蔬果类生鲜农产品电子商务进行系统研究更少。对我国缺少蔬果类准的条件下发展蔬果类生鲜农产品的电商运行模式研究的更是鲜有所见。

三、生鲜企业供应链、物流问题研究

刘春全从消费者研究着手，运用探索性因子分析、多元回归分析等计量方法，分析影响消费者对超市生鲜供应链终端提供物满意度的各种因素，找出消费者感知的不足，再围绕上述不足追溯武汉市超市生鲜供应链存在的各种问题，最后结合武汉市实际，提出相应的改进策略；赵立娥从运输成本、仓储成本、惩罚成本与物流管理费用四个方面分析冷链物流成本，并建立成本优化模型，认为国家应通过制定农产品冷链物流法律法规和标准、提供精益物流服务、建立一体化农产品冷链物流模式及加大冷链物流技术和设备研发力度等措施，优化生鲜农产品冷链系统的成本；洪岚分析了我国生鲜农产品冷链投资不足，从需求方面和供给两个方面来看，提出政府政策支持应倾向产地市场和产业集中度低的生鲜农产品流通行业，鼓励主产区龙头企业与协会积极进行产销紧密垂直合作的冷链运作，促进生鲜农产品产业化发展；通过财政补贴主产区冷链保鲜技术所要求的基础设施投入；支持生鲜农产品标准化生产和保鲜技术集成示范化研究、推广与规范；加强生鲜农产品冷链信息化系统建设。农产品冷链物流模式相关研究主要集中在农产品冷链物流模式的基本理论方面。缪小红、周新年、巫志龙等针对冷链物流特点，从建立完整的食品冷链物流体系、完善硬件基础设施建设、保障食品安全等方面提出了生鲜食品冷链物流对策。杨光华、林朝朋、谢小良根据现有生鲜农产品物流模式，结合国内实际情况，提出了区域内生鲜农产品冷链物流模式和跨区域生鲜农产品冷链物流模式，并提出了发展生鲜农产品冷链物流的相关对策和建议。袁清根据我国实际，指出了现阶段我国生鲜农产品冷链物流发展存在的关键问题，并基于冷链流通标准化建设视角提出了促进我国生鲜农产品冷链物流标准化建设的若干建议。

eabad 验证了基于 frid 智能标签开发的实时监测系统具有的可追溯性和在食品 cold chain 中的应用。该系统对于传统的可追溯性提出了重要的改进并结合工具温度数据采集器一起使用；能用更多的存储器，实现可重用性、且不需要人参与，不需要阅读标签就能见，可同时阅读许多标签并能抵抗湿度的环境；Joseph 回顾了供应链设计策略，以某一特定类型的易腐生鲜品瓜、甜玉米为例，计算该产品的边际的时间价值（MVT）即速率随着时间的失去在产品供应链中失去的价值，证明了适当的模型来减少供应链中失去的价值是一种混合的响应模型，要求跨链做小协调就能实现价值最大化。David 在演示了一个食品零售供应链大量的需求倾向错位而形成供需矛盾时，得出零售环境下推广活动创造了许多不确定性，并提出更多的合作、信息共享和联合计划对提高食品零售供应链运作的效率和效能至关重要。王艳、喻晔认为，我国应结合自身农产品经济发展现状及长期以来形成的流通格局，从供应链长度、流通结构、营销渠道组织及市场运行等方面入手探讨如何完善自身农产品物流模式。综上所述，目前有关生鲜电商企业、生鲜农产品物流模式、农产品冷链物流模式及农产品物流模式优化等方面的研究已经取得了一定的进展。杨光华、林朝朋等结合国内实际，提出了区域内生鲜农产品冷链物流模式。郑颖杰、刘燕妮基于电子商务的农产品物流提出了电子商务平台下的第三方物流模式。以上两个方面的研究对我们具有很大的启发。鉴于目前电商企业生鲜产品物流模式相关研究较少，相关资料亦多为新闻报道，本文对电商企业生鲜产品物流模式进行研究，提出了“第三方物流 + 消费者自提 / 第三方配送”的新型物流模式，有利于丰富电商企业生鲜产品物流模式相关研究，对创新电商企业生鲜产品物流模式、提升生鲜产品物流效率与效益具有十分重要的现实意义。

四、小结

综上所述，国内外专家学者针对电子商务，配送物流、生鲜农产品物流、冷链物流，生鲜农产品冷链物流，供应链包括农产品供应链、冷链以及供应链管理、农产品供应链管理等研究已经相当丰富和成熟，其中多数学者用实证分析、少数学者用规范分析从理论推导，或从实践中分析总结，就某一相关的具体问题、现象或某一交叉问题提出许多既具有理论高度又具有实际应用意义的理论和方法，很值得学习和借鉴。但就电子商务运营与生鲜农产品冷链物流结合在一起研究还很少，而针对某一基于此模式的企业的实际运营研究还没有。故本文以温州菜篮子集团为例，分析其在电子商务运营的营销模式、在生鲜配送“最后一公里”方面的实践经验，旨在为其他生鲜企业提供借鉴。

第三节 生鲜电商企业运营现状

一、电商平台搭建问题

电商作为一种新兴的经济形态，是经济信息化、市场化、全球化的产物，正加速与实体经济结合，与民众的日常生活、消费等息息相关。电商正在成为引领经济社会发展进步的一种重要力量，大力发展电子商务成为世界各国提高竞争力，枪战发展先机的战略举措（聂林海，2014）.2013 年，我国电商交易总额超过 10 万亿元，其中网络零售额超过 1.85 万亿元，占社会消费品零售总额的 8%。越来越多的企业和行业投身电商市场，继而自建电商平台还是搭载第三方平台是首要解决的问题。娄策群和刘英（2010）的研究指出，搭载第三方平台是开展电商的重要途径，区域经济水平和企业规模以及资本回报率对选择发展电商的方式有一定的影响。因此，企业应将自身财务因素、区域经济水平和发展战略等因素综合考虑，选择最优方案。

二、电商营销问题

营销是创造、沟通、传递、交换对顾客、客户、合作伙伴和整个社会具有价值的提供物的一系列活动、组织、制度和过程（于洪彦，刘金星，2010）。营销活动是企业价值链上的重要环节，但电商平台的营销和传统的营销又有区别，重点体现在：

第一，传统营销是一个有地域局限的市场空间，地域局限会造成信息的不对称，会影响一个地方的物价水平 .

第二，传统营销的口碑是看不见的，但是电商用户口碑可视化，是可被记录的，谁都可以查到。

第三，传统营销基本是一手交钱一手交货，交易基本完成。但是在网上，顾客交完钱，才意味着真正的交易刚刚完成，万里长征刚刚迈出第一步，另外传统营销用户关系单项，互动性差，是一个单项的沟通关系，电子商务是可真正互动的关系，像微博营销，利用互动性来提高商品的售出率。

电子商务时代如何选择自己的影响方式呢？这是一个问题。

三、冷链物流问题

我国的冷链物流产业经过几十年的发展，已经取得很大进步，但与国外相比还有不小的距离，存在一系列的问题制约了冷链物流的发展。

1. 社会对冷链物流的认知不足。主要有由以下几点造成：第一，以前的生活水平较低，还没有让消费者关注食品品质的阶段；第二，我国的饮食习惯主要是煮、炸、蒸、煎，所以对新鲜食材的品质要求不高；第三，相对于食品品质我们更关心的是食品安全；第四，在我们的观念里认为只有冷饮才需要冷链，其他基本不需要。

2. 冷链环节太多，物流成本高。在我国，由于流通环节过多，造成冷链成本占比物品成本的 50% 甚至更高，消费者更关心的是物品的价格，所有经销商不愿意使用冷链运输，这种现象制约了冷链物流的健康发展，同时，各个环节之间信息流通不顺畅，直接影响运作效率。

3. 制冷技术偏低，技术创新不足。“国家投入少，政府关注少”，冷链产业投资高，资本回报率低，回报期长，影响了制冷技术的发展和资本的投入。

4. “最后一公里问题”始终没有解决好，影响了消费者的体验。

5. 相关专业人才缺乏，从业人员很少经过了系统的学习培训，理论知识更新少，管理效率低。

6. 冷链物流设施少。我国牛奶、水果等产品绝大多数都未通过冷链运输，欧美国家绝大多数都是通过冷链运输，我国冷藏车辆只有 3 万辆左右，美国有十六万辆，日本 6 万辆。由此可见我们的冷链设备人均占有量远远落后于欧美日发达国家。

四、小结

对目前的生鲜电商运营问题做了简要的分析与总结。主要问题为电商平台的搭建问题、电商的营销问题、生鲜配送问题、冷链物流问题等。因此，对这些问题寻找解决本法对生鲜电商的运营有指导和借鉴作用。

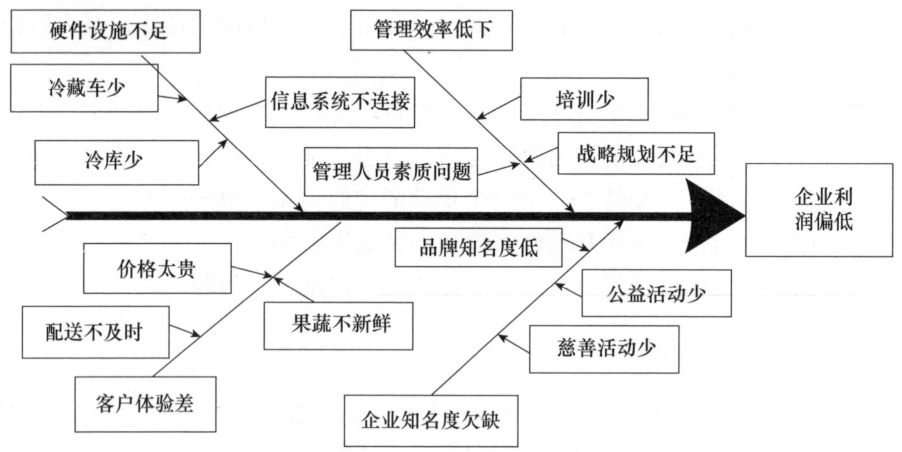

图 3.1 生鲜电商企业冷链物流运营现状鱼骨图

第四节 案例研究

一、案例企业选择

本文在兼具案例数据可获得性、案例典型性、调研便利性三个因素的基础上，最终选择温州菜篮子集团作为案例样本。第一，菜篮子集团地处温州，与 1998 年成立，隶属于温州现代服务业集团，集团管理层稳定，保证案例数据的可获得性；第二，菜篮子集团是温州地区最大的生鲜企业，拥有该地区最大的冷链设备和冷链基地；第三，公司总部与调研组成员同处一个地区，方便了资料的获取。

二、案例分析

（一）确定发展战略，把握发展机遇

在温州市“电商换市”的快车道上，现代集团作为引领温州服务业发展的国资龙头企业，抢抓机遇，发力驱动“电商引擎”，力促电商板块起航，加快推进企业转型升级。集团将电子商务板块作为企业“十二五”时期的重点发展规划，并提出打造国企“电商标杆”，积极推动传统商业模式创新，探索“电商换市”营销之道，推进网上网下市场融合发展。

通过线下销售、服务与线上推广结合，消费者可以实现线上来筛选需求，在线预订、结算，线下交易、消费的购物模式。这种线下商务与互联网结合的新模式，解决了传统行业的电子商务化问题。现代集团所属菜篮子集团经营配送有限公司作为温州唯一一家具规模、上实力的国资配送企业，一直是温州配送领域的先行者。经过多年经营，拥有大量稳定的客户资源，其可靠的市场成熟度将对网上配送平台电商素质的形成提供有力保障。

菜篮子配送网上商城根据客户需求进行精细化细分定位推出水果配送服务，主要针对学校、医院、企事业单位等客户食堂需求，分类包装配送到位，为客户提供价格比超市更优惠与服务更便捷的采购体验。下阶段，配送网上商城将推出“家庭配送中心”。同时，在整个网上销售与线下配送服务过程中，将严格跟进菜篮子食品安全检测与食品追溯系统，确保每位顾客在商城健康、安全、放心购物。

现代菜篮子电商平台前期定位城市上班白领及双职工家庭。市民可提前一天通过网站或微信平台选购下单，然后到就近的生鲜自提站或生鲜体验馆取货。所有订购的商品均由菜篮子集团从源头市场统一进行采购、检测、分拣，再由专业冷藏车配送，全程冷链保鲜，最大限度地保证产品质量的同时实现“农批市场直达社区”的流通新模式，省去中间环节，更显便捷和实惠。

（二）自建电商平台，抢占主动地位

温州菜篮子集团承担着温州市蔬菜、水果、猪肉、水产品等菜篮子商品的供应服务工作，多年来秉承“天天丰富，日日放心”的经营宗旨，致力于打造丰富、放心、优质的农批、农贸市场平台。菜篮子集团以温州市创建时尚之都、智慧城市为契机创新经营模式，开通现代菜篮子网上商城和移动微信端商城等线上平台，为市民采购菜篮子商品提供新的选择和便利。

在商城经营模式的长线规划上，菜篮子网上商城将探索谋划“自营”的模式，引进有实力、有保证的网店商户，建立电商基地，打造现代菜篮子精品“电子超市”，将线上线下的互动体验真正融入市民的日常生活。

现代集团菜篮子网上配送平台的推出，将给温州市民带来一种新的生活方式，使足不出户“鼠标买菜”变成现实。

菜篮子集团自2016年起便从批发、零售、网络等方面着力构建全方位的“菜篮子惠民工程服务网”。目的旨在运用企业丰富的批发市场资源，合理引导物价，为客商、网民、居民等不同层次的人群提供便利和实惠。“平价菜进社区”项目作为零售环节的惠民工程，今年的发展势头良好。该工程自实施以来坚持“保本微利经营”，产品新鲜、优质，受到市民广泛好评。

（三）发展供应链金融，扩增冷链基础设施

水果、蔬菜在运输和销售过程中属于易耗品，据不完全统计，腐烂率高达30%。为了降低损耗率，提高农产品新鲜度，必须完善冷链产业配套工程。

2017年，现代集团召开冷链项目贷款现场调研会。国家开发银行浙江省分行调研组参会，调研组非常看好冷链项目的发展前景，并就该项目贷款如何落到实处等一系列问题展开讨论。南品仁详细介绍冷链项目的规划、投资进度及项目资本金到位等情况，并对该项目的财务效益进行具体分析。下一步，集团财务部将根据调研组的要求补充各项资料，全力配合国开行的调研、评审等工作，加快推进冷链项目贷款审批进度。

近年来，菜篮子农副市场致力于保障民生供应体系建设，大力发展冷链新兴产业，提高冷链配套服务能力，分别在蔬菜区和水果区建设冷链食品专营区，建有低温库、冷藏库、保鲜库等设备，冷链产品涵盖蔬菜、水果、水产、副食品等，冷链交易覆盖率达20%以上，基本上满足了市场冷链产业服务需求，所有订购的商品均由菜篮子集团从源头市场统一进行采购、检测、分拣，再由专业冷藏车配送，全程冷链保鲜，最大限度地保证产品质量的同时实现“农批市场直达社区”的流通新模式，省去中间环节，更显便捷和实惠。为市民朋友输送反季与新鲜农产品。

2016年12月，由中国物流与采购联合会冷链物流专业委员会评选的2016年度中国农产品冷链批发市场50强企业在哈尔滨揭晓，温州菜篮子农副产品批发交易市场成功入选。菜篮子农副市场获“中国农产品冷链批发市场50强”

（四）严格把关，确保食品安全

近年来，温州菜篮子农副市场检测中心不断创新监管理论，不断投入硬件设备，不断提高检测水平，不断强化联动关系，根据“综合判断、定向检测、重点监控”的原则，认真履行食品检测的神圣使命，主动承担起保障舌尖上安全的社会责任，为菜篮子食品的安全严格把关。

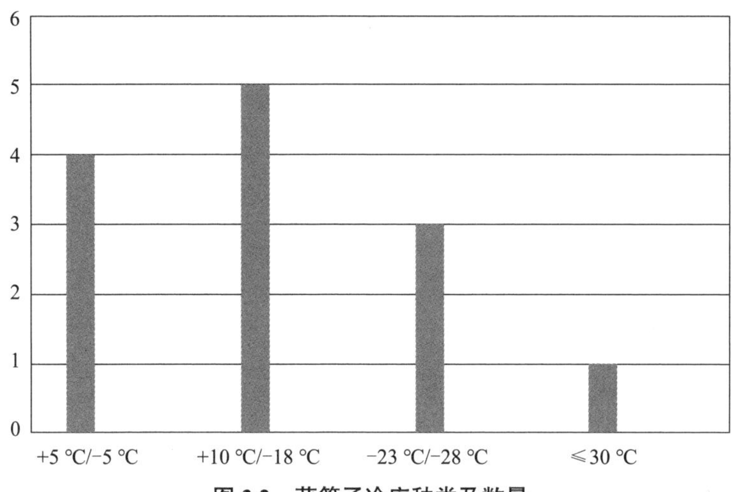

图 3.2 菜篮子冷库种类及数量

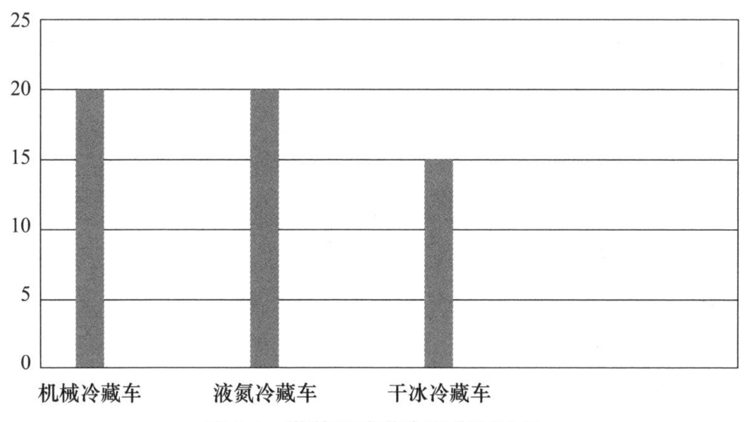

图 3.3 菜篮子冷藏车种类及数量

1. 从源头把控农产品

农产品产地“准出”、市场“准入”是食品安全监管的重要一环，也是保障食品安全的重要手段。温州菜篮子农副产品批发交易市场全面对接海南海口、山东寿光（中国菜都）等地大型农场和农批市场，就农产品产地“准出”、市场“准入”达成合作意向。

通过对接与合作，凡是从海南海口、山东寿光方向进入温州市场的农产品一律凭其当地农业部门出具的“瓜菜农残检测报告单”或是检测检验机构出具的“农产品检测检验报告单”方可入场交易。报告单上面写有产品名称、抽样方法、检测结果、货主信息、报告日期等。该制度的实施旨在从源头上堵截问题农产品进入流通环节，意味着保障市民舌尖上的安全又多了一道“紧箍咒”。

菜篮子拥有占地500余平方米的食品安全检测中心，凡从菜篮子出去的农产品都将经过这里的检测，这从一定程度上保证了网上“平价菜”的安全。“接下来我们将直接与各县（市、区）的农产品基地进行合作，从源头开始把控安全。”

例如，山东即墨、胶州等地出现食用西瓜中毒事件，不同程度出现呕吐、头晕等症状，该舆论引起市民的广泛关注。为了防控问题西瓜流入温州市场，4月3日，农副市场立即启动食品安全防控应急预案，采取措施积极应对。

一是提高准入门槛。经营户凡是不能出具西瓜产地合格证明的一律不得进场销售。

二是加大检测力度。对入场西瓜进行批次全检，合格的许可销售，不合格一律移交市场监管部门依法处理。

三是明确经营责任。市场与水果区20多家经营户签订西瓜经营专项食品安全承诺书，要求严格做好西瓜食品安全专项工作。

四是加大宣传力度。市场通过LED、告知单等形式告知广大经营户和客商，提高警度。

“运到市场的所有猪都要查清身上的两证两章，齐全的才准入场交易。”该负责人表示，肉品在温州菜篮子肉类联合屠宰有限公司上车前，就已经过多道检验，“现在市区农贸市场的猪肉基本上都先经过我们市场交易的”，因此为再三确保肉品品质安全，到达批发市场后，还要实行肉品进场检测再验证的程序。

“如果是肉贩子购买整猪，批发价比分割肉品更低。”该市场相关负责人表示，通常客商会选择批发分割肉，按不同部位不同价位购买。市场内除了猪肉外，内脏只出售猪心、猪肝和猪肚，也都是经过检验合格才许入场。

据了解，近年来菜篮子农副产品市场积极推进信息化管理手段。菜农也都掌握了刷卡交易的方法，为整个交易过程实现电子货币结算打下坚实基础。为了进一步做好食品安全工作，菜篮子集团对农批市场完善了食品安全准入、检测、追溯、联动“四位一体”食品安全自控防范体系，对抽样检测合格的农产品许可上市交易，对抽样检测不合格的农产品监督经营户自行销毁，如发生较大食品安全事件的将启动联动程序，移交市场监管、农业、公安等部门依法处理。

2. 菜篮子农副市场将加大食品安全检测力度

2017年8月6日，菜篮子农副市场正式投用高端检测设备——安捷伦气相色谱仪7890B，意味着市场已具备有机磷、有机氯、拟除虫菊酯等农药残留检测项目定量分析能力。

据了解，安捷伦气相色谱仪是目前检测实验室较高端的检测设备，由美国安捷伦科技公司原装进口，它的投用可大提大高检测精确度，增强数据的可靠性。

在菜篮子食品安全检测中心，农药残留快速检测仪、多功能食品安全分析仪、全波段酶标仪、恒温培养箱、气相色谱仪、原子吸收光谱仪等高端、齐全的设备令观察团成员“叹为观止”。为了更好保证食品安全，人员和设备在不断增强配备。面对观察团成员的点赞，菜篮子相关负责人介绍，作为浙南闽北地区最大的农产品集散中心和流通中心，发挥了公共民生交易平台的货源调剂、价格形成、品质把关等作用。“除了价格，我们送出去的食材都是新鲜、安全的。每个食材从菜篮子出来都会经过检测再上冷链车，冷链车会维持在最适合生鲜的温度（4 ～ 5℃），如果是冰冻产品则会先经过零下 18℃的冷藏箱中。一般送递人员会在 3 ～ 4 小时内将食材送到；等待保鲜，“自提柜”是完全密封的，在柜里的上层放有一个冰盒，冰盒散发的冷气与自提柜的隔热层可以产生物理制冷的效果。另外送出去的食材都以塑料托盘盛着，且外面裹有保鲜膜。全力确保生鲜食材的新鲜。

新形势下，食品安全监管体系建设对规范市场监管具有十分重要的意义。在准入方面，菜篮子农副市场将加大管理力度，对流动经营业主在无法办理工商执照的情况下逐步完善“一户一档”管理制度；在检测方面，在现有检测批次的基础上逐步适当增加批次；在追溯方面，将进一步完善电子结算系统，配合工商开展追溯工作。在联动方面，依托新区市场工商所执法力量，提高协调能力和应急能力，建立“政府推动，市场运作，部门监管”的长效机制，扎实推进农产品质量监测体系；建立应急快速反应能力协调机制，扎实推进农产品退市追溯体系，确保食品安全基本可控。

2016 年 10 月，菜篮子农副市场以高端检测设备投用为契机，创新食品安全自控体系建设。市场根据综合判断、定项检测、重点监控的原则，在农残检测的基础上向食品添加剂、蔬菜上市重点监控领域等进军，并采取一系列具体措施：

加大检测力度，达到抽样批次全覆盖；完善上市蔬菜重点监控机制，根据上市情况和农残规律制定每月检测重点品种；完善食品添加剂定项检测机制，积极应对检测滞后性问题；建立“食品安全网”监管模式，变“科员”管理为“全员”管理；依托信息化管理手段，完善监管数据库；强化部门联动管理，提高应急协调处置能力；联动执法力量，全面形成集抽样、检测、统计、分析为一体的快速检测格局，确保食品安全总体上稳定可控。

农副市场将会同工商部门扩大巡查范围，加大对上述食品明矾含量的检测力度，一旦查获将从严从快处理。

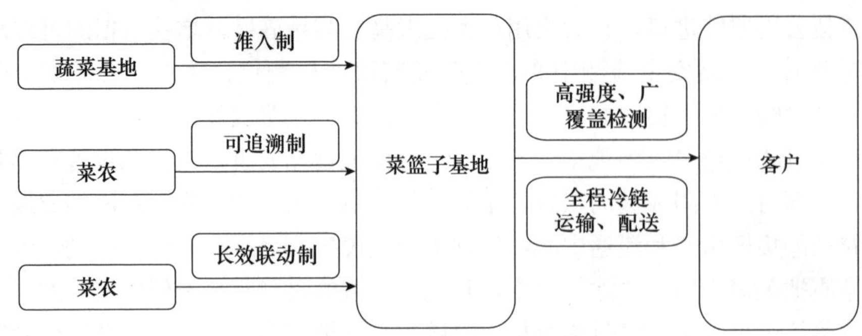

图 3-4 菜篮子食品安全措施汇总图

（五）结合线上与线下营销，提高知名度

2017 年 9 月 24 日，现代菜篮子网以“温州本土生鲜电商”的身份参展第三届中国（温州）食品博览会，现代菜篮子网秉承“时尚新生活•智能菜篮子”的品牌理念，通过现场产品展销、生鲜自提柜展示、网站业务洽谈等多种形式对网站 O2O 运营模式进行宣传推广，受到消费者及参展商亲睐。

2017 年 11 月，由 40 余位热心读者组成的市民观察团，在这里一路参观一路购物，在体验过用批发价买猪肉后，他们都不禁感叹，“比菜市场便宜太多，真想天天来这批发放心肉”。观察团第一站首先来到生猪肉品批发交易市场的交易大厅。“原来这里的猪也是挂着卖，跟屠宰场杀猪一样。”市民高小姐说。相关负责人表示，市场内所有白条肉都是从温州菜篮子肉类联合屠宰有限公司直送，负责运输的车辆也是带悬轨的白条肉专用车，保证从屠宰到运输再到市场交易厅全程肉品不落地、无污染。参观过程中，参观团直接变采购团，既提高了营销效果，又带动了销售。

（六）产学研结合，弥补人才短板

2017 年 4 月 1 日上午，浙江东方职业技术学院与温州菜篮子集团有限公司联袂推进校企合作推，预就“现代菜篮子”等电子商务平台运作发展方面发掘合作项目。院方也希望能够在实习实训基地、师资服务、合作编写教材、科研合作、课程设置和人才培养方案修订等方面开展深度合作。领导调研菜篮子工作牵线食品加工技术所企合作。2017 年 2 月 13 日，现代集团总经理邱海华率集团相关部室人员赴菜篮子集团调研一季度重点工作。温州现代物资有限公司、温州市食品研究所负责人参会，共同商讨技术合作事宜。并就温州市食品研究所与菜篮子集团、现代电商在食品安全检测、食品加工技术研发及人才交流等方面达成初步合作意向，为促进打造高品质、精细化的“现代菜篮子”品牌开创新局面。

（七）建立配送终端，解决“最后一公里”问题

温州菜篮子集团将在全温州市社区铺开“生鲜自提站”解决最后一公里问题，打造网上“平价菜”。温州菜篮子集团设立了“生鲜自提站”，只需首日上网下单，所需菜品第二天就能送到“自提站”，网上的菜篮子让市民拎起来更轻松。“自提站”像超市储物柜一个柜子对应一个密码，“生鲜自提站”有24个柜子，就如“储物柜”一样，需要提取密码才能打开。柜子分为上下两层，上面放着保鲜用的冰盒，一个“自提柜”配对一个独立的动态密码，手机可收到密码。在“自提柜”上有，订购流程，可上现代菜篮子网站 www.xdclz.com 进行订购。另外，网站标有“满39元享受包邮”服务。目前，现代菜篮子电商项目已在温州附一医、南亚都市花园等单位或社区设立生鲜自提柜共8个；电商销售平台上线了总计200余种品类。具体配送政策如下：

配送收费标准

1. 一天一送，当天11点之前下单，可选择当天或次日送达，11点之后下单，请选择次日送达。

2. 订单满58元可免费配送，如低于58元，需另加收5元跑腿费。

配送范围

配送到户：

温州市区，南至瓯海大道，北至江滨路、望江路，东至会展路、文昌路，西至温丽高速、宁波路，如果您不确定您的地址是否在该范围内，可咨询网站客服。

配送到柜：

当前所有生鲜自提柜。

当前服务点：

现代集团服务点：十八家支路31号一楼。

菜篮子集团服务点：温金路108号一楼（皮碎市场北首大楼）。

锦华房产服务点：江滨东路1号锦华城一楼（温州国际会议展览中心东侧）。

现代物资服务点：黎明西路161号一楼。

市场开发服务点：鹿城路684号一楼（工商行政大楼）。

南亚都市花园服务点：江滨西路200号。

温州医科大学附属第一医院服务点：西医疗大街。

温州医科大学茶山校区服务点：茶山高教园区。

温州市财政局服务点：汤家桥路100号。

温州市附二医服务点：学院西路109号。

配送范围以外地区请先电话联系本站客服电话：0577-55583581、400-1577580，确认是否可以送货。

配送时间

1. 一天两送，每个工作日：11：00 前送达、16：00 前送达。

2. 全场免费配送。

下单时间和配送时间：前一天及当天早上 8：00 前，11：00 及 16：00 两次配送均可选择。

当日早上 8：00 之后可选择当日下午 16：00 或者次日再配送。

配送到户：

1. 一天一送，当天 11 点之前下单，可选择当天或次日送达，11 点之后下单，请选择次日送达。

2. 订单满 58 元可免费配送，如低于 58 元，需另加收 5 元跑腿费。

商品验货及签收

（一）验货：

1. 为保障您的权益，请您在收到商品时务必仔细查验（验收范围包括：商品种类、规格、数量（包括商品最小包装单位）、金额、结算单等是否与订单一致；外包装是否完好无损等。）请您确认无误后再进行签收，签收完成后，本站不再为以上问题负责，如有疑问，您可以联系本站客服电话：0577-55583581、4001-577-580。

2. 商品送达时您可以拆开外箱检查，但不可以拆开内包装，请您谅解！

（二）签收、拒收：

现代菜篮子网的配送人员将按时把您订购的商品配送至您所在区域的线下终端设备——生鲜自提柜中，同时设备将通过短信形式发送提货密码至您预留的手机号码里，您可以凭密码前往生鲜自提柜提取您订购的商品。并请注意一下两点：

1. 由于生鲜自提柜仅支持 3 小时内保鲜，请您在收到提货短信后于 3 小时内前往提货，若由于超过保鲜时间造成的商品质量问题，网站不予以负责，敬请谅解。

2. 由于密码的保密性和唯一性，若您将密码透露给他人让其代收，代收人享有与您等同的权利，我们将视为您本人签收。

为满足您对收货日期的特殊需求，本站特别推出“定日达”的服务。您可以联系我们网站的客服电话：0577-55583581，告知您的需求日期，我们将于您指定的日期里将商品送达到您的手中。（以上服务不增加特殊费用）

（八）以效率为基础，完善现代管理体系

温州菜篮子集团根据市“农改升”三年行动计划的部署，结合市现代集团农贸市场打造样板标杆，打造“现代菜篮子”农贸市场管理品牌，引领示范市农贸市场改造提升的目标要求，融合“互联网 +”思维，2016 年全面启动市属国有农贸市场的改造提升工作，按照省农贸市场创建规范系列标准，积极探索创新现代农贸市场的运营模式，通过“一场一策”分阶段明确 8 家市属国有农贸市场的改造提升目标和时间节点。与此同时，为全面推进市属国有农贸市场的改造升级，温州菜篮子集团将通过管理模式和商业模式的创新，按照“科学规划、市场化运作、统一运营”的原则，建立长效的运营管理机制，融合“互联网 +”方式和手段，打造一个“现代菜篮子”农贸市场管理品牌，打造一支现代化农贸市场高新人才管理队伍。按照“一场一策”的工作方针，保障“农改升”稳步有序开展。重点抓了以下三方面工作：

1．坚守民生服务第一线，履行国企职责敢为先

（1）确保供应。公司所属各大市场和单位做好平台服务，保障农产品日常交易流通顺畅，确保重大节假日及台风等自然灾害期间菜篮子商品供应不断档。截至去年 9 月底，完成蔬菜交易量约 7.89 亿公斤，生猪交易量约 46.7 万头，水产品交易量 1078 万公斤。

（2）关注安全。努力构建农副产品批发市场食品安全监控体系，做到准入、检测、追溯、联动“四位一体”，积极扩建食品安全检测中心，省内首家应用速测卡技术等。

（3）平抑菜价。以保本经营、确保新鲜为原则，以让利于民、平抑菜价为目的，大力开展“平价菜进社区”活动，目前服务点已覆盖 7 个社区，广受市民好评。

（4）产销合作。积极对接本地优质农产品生产基地 10 余家，带动 6000 余亩无公害蔬菜基地建设，切实履行国企服务三农的社会责任。

2．全方位运用信息科技，提高运营规范化水平

（1）集团管控。全面运用 OA、资产、财务、项目和人力资源等五大信息化管理系统，打造公司领导班子“驾驶舱”和全体干部职工“操作间”。启动电子结算“圈存圈取”系统试点。经过与平安银行和华粮科技公司合作的前期搭建，8 月 26 日，菜篮子集团农副市场率先在莲藕交易区启动“圈存圈取”系统试点。据了解，该系统实现了市场结算系统与银行系统资源嫁接。结算过程中，个人银行卡与交易卡可进行绑定，实现资金互转功能，无需经过市场窗口人工结算。经营户和往来客商可以直接在圈存圈取机上轻松实现查询、转账等业务，操作简便安全，向真正意义的“无现金”电子结算迈近一步。

（2）市场经营。整体推进农产品交易数据库、物流数据库、交易员派位系统、智能监控中心、食品安全管理数据库、摊位管理数据库、办公管理等七大方面信息一体化建设，做好安全生产、综合治理和卫生保洁网格化管理。

（3）质量体系。今年8月份，公司顺利通过ISO9001质量标准体系认证。

（4）农副市场创新管理机制助推规范管理。一是有序疏导交通。组建交通协管队伍和交通管理队伍，强化联动管理，建立交通刮擦快速处置机制和交通治堵综合协调机制，打造市场主干道为“严管街”。二是严管食品安全。创新监管理念，开发食品安全软件管理系统，以信息化手段提高固定摊位和非固定摊位食品安全监管能力。依托市场监管执法力量，力推市场准入、质量监测、退市追溯、诚信维权、物流配送和科学监管等六大体系建设。三是提高信息覆盖。依托信息监控中心资源，加快推进关联信息产品建设，加快推进电子结算新系统新网络全覆盖，确保结算准确和高效率。四是网格精细管理。细化和深化网格管理，实现业务综合化、管理常态化、业绩考核化、警企联动化、矛盾掌控化、安全标准化、卫生包管化，全力打造精细化、专业化管理服务队伍。

3. 加强平台建设提形象，努力改造市场升档次

2017年1至10月份，公司完成工程项目投资约1.07亿元，维修改造各类工程168项，耗资约946万元。

（1）现代农贸城一期工程（批发市场部分）已于今年10月10日顺利结顶。

（2）蔬菜市场5000平方米本地菜农交易大棚建成投用，娄桥进口水果交易市场和肉品交易市场安置工程的主体结构均已完成，将于年内交付使用。

（3）积极开展现有各大市场进行软硬件设施改造提升和脏乱差整治工作。

（九）心系民生，提升品牌权益

“平价菜进社区”项目是由市政府主导牵头，温州市现代服务业投资集团有限公司主办，温州菜篮子集团负责实施的一项纯公益性民生项目。致力于解决我市居民的“买菜难、买菜贵”以及农民“卖菜难”等系列民生民计问题，打造全新平价供应链体系，减少蔬菜流通的中间环节，引导城市物价，真正让利于民，便利于民。该惠民项目被列为2016年市级为民办实事十大项目之一。

（1）2017年12月4日，温州菜篮子农副产品批发交易市场水果交易区进口水果交易中心盛大开业，菜篮子果业将步入“快车道”。经过多年来的精心培育，市场日益壮大，逐步形成了一家集国产水果和进口水果交易、冷藏、物流配送、食品安全检测、信息交流于一体的浙南地区最大的水果批发中心之一。

过去由于场地资源的限制，进口水果只能以“附属品”的身份偎依在国产水果交易中心，无法做大做强。专业市场建立，进口水果从国产水果中分离出来，形成了仓储、冷藏等配套设施相对完善的独立交易中心。交易中心开业后市场供应量直线上升，水果价格基本都有10%～20%左右的降幅，今后进口水果价格也将更趋合理。

表 3.1　菜篮子市场部分水果价格对比

进口水果价格比对表		
品种	12 月 3 日	12 月 4 日（进口水果市场）
火龙果（红心）	220 元 / 箱	200 元 / 箱
火龙果（白心）	85 元 / 小箱	80 元 / 小箱
榴莲	500 元 / 箱	450 元 / 箱
山竹	350 元 / 箱	310 元 / 箱
樱桃	500 元 / 箱	420 元 / 箱
桂圆	220 元 / 箱	200 元 / 箱
猕猴桃	120 元 / 箱	110 元 / 箱

（2）菜篮子集团积极开拓农业基地合作改善民生所系

台湾盛产热带、亚热带水果，享有“水果之乡”的美誉。去年以来，菜篮子农副市场以建设进口水果市场为契机，积极对接台湾水果大鳄，达成产销对接合作意向。日前，菜篮子农副市场水果交易区已可以买到台湾直销的新鲜水果，有凤梨、芒果等台湾盛产品种。

通过产销直接对接，台湾水果无需再经过层层转运和分销，这意味着市民朋友可以在最短的时间内买到品质保证、健康新鲜、价格更实惠的台湾水果。“菜价贵”的关键是“最后一公里”造成的，也就是从农批市场到农贸市场的这个环节，个别品种价格甚至会翻数倍，主要原因在于进入零售环节后人工、运输、摊位租金等成本的大幅增加，以及零售环节没有实现冷链运输而导致的损耗增加等。“最后一公里”是国内现阶段普遍存在的问题，也成为业内通用的一个名词，为此菜篮子集团也在想方设法推出各种惠民工程，力图缓解这个矛盾，如“菜篮子”目前正在推行的平价菜进社区项目、农社对接工程、生鲜电商项目等业务。

三、小结

本节主要介绍菜篮子集团生鲜电商在平台的搭建、营销模式的选择、生鲜食品的质量控制、冷链建设、供应链金融应用和品牌建设方面的实际运作情况，并针对上面章节提出的问题做了解答，旨在通过案例的分析，为其他企业提供实际的参考作用。

第五节　案例分析与讨论

经过多年的发展，电商已经渗透到经济的各个角落，并对整体的经济带来巨大变革，当前电商已经成为经济发展的引擎和产业融合的动力。认清市场发展趋势，推动电商发展，对我国有重要意义。目前，传统企业已纷纷打造线上平台，生鲜企业也不例外。随着人民生活水平的提高和对食品安全的关注，对食材的新鲜度要求越来越高，对冷藏食品的需求也在增加，冷链是满足上述要求的关键环节。然而，目前我国冷链物流产业面临着诸多问题，包括冷链基础设施不足、成本过高、全程冷链难以实现、配送不及时等问题。本文选取菜篮子集团作为案例，试图分析其生鲜电商运作的流程和冷链物流的操作情况，为其他企业提供借鉴。

从菜篮子的案例中我们可以得到如下启示：

一、发展并应用可持续营销理念

综合来说，可持续营销理念的内容主要有以下五点。

1．绿色营销

“绿色”这个词对于大众来说并不陌生。近年，诸如绿色交通、绿色食品、绿色旅游等概念被不断提及。简言之，绿色理念倡导在经济发展过程中重视生态环境的保护和资源的节约。在环境问题持续爆发的现在，绿色的处理方式是符合大众需求的一种生活方式，并逐渐成为一种世界范围内的趋势，以绿色服务、绿色产品、绿色产业为基础的绿色营销也逐渐跻身主流模式。自然环境的现状和市场导向同时引领绿色营销的形成。与电商相呼应，市场上兴起了绿色电子商务的概念，即在以绿色的（高效率、低浪费、环境友好型）商业运作方式或销售绿色商品的电子商务。

2．个性营销

全球化、信息化的发展使得企业面临的市场需求越来越多元化，企业无法再以单一标准来决定产品的发展方向。将目标市场细分到个人，以每个人的需求为依据定制个性化产品，使消费者能够购买到符合自身需要的产品，同时企业也避免了生产的盲目性、降低了产品交易风险和成本，这就是个性营销的含义所在。个性营销能够帮助缓解生产者和消费者之间的信息不对称问题，降低了产品积压风险，使企业的生产有明确的目标，在保障企业经济利益的同时，避免了产品盲目生产和积压所造成的资源浪费问题，又提高资源生产效率。

3．人性化营销

社会生产力的不断提高使人们对于产品和服务的要求越来越高，消费者不再满足于产品提供的基本功能，而以更高标准要求产品和服务能为自身带来精神上的愉悦。产品的文化内涵和精神追求成为企业营销追求的一个重要目标。人性化营销追求消费者生理和心理的双重满足，要求企业和商家提供更好的产品与更高水平的服务。虽然在电子商务中厂家、商家与消费者一般没有直接接触，但人性化的营销元素仍旧可以体现于商业过程的各个环节中，销售服务、商品质量、物流和售后等都可以承载交易过程的人性化营销理念。

4．适度营销

产品数量持续增加，仍然存在大规模的非适度营销是指在进行营销活动时，将市场需求与自然资源水平存量相结合，充分而合理地运用企业的资源条件。在传统商业营销方式中，企业往往只以消费者需求为中心，企图最大化地实现眼前的经济利益，不顾市场风险。电子商务则要求企业适度营销，因为过度营销会过多的浪费企业资源，使营销活动难以为继，同时造成不必要的资源浪费，最终无法达成利润目标。

5．关系营销

统模式更为便捷且市场更为广阔，关系营销理论将企业与消费者、商家、政府管理部门等之间的互动过程视为营销活动的本质。在这个互动过程中，企业必须与其他主体维持良好的关系以实现最大化的互惠互利，实现各自的目标。企业必须生产高质量产品，遵守商业道德规范，提供公正的价格选择，以保持与其他主体之间的相互信任。现代市场日益广阔，无论是生产方还是消费者都面临日益多样化的选择，只有信息的对称与畅通才能让双方在互相信任的基础上做出正确的决策。在现代信息技术日益进步的背景下，关系营销学无疑有了更为广阔的应用前景。

二、重视生鲜产品源质量

目前中国生鲜市场规模接近 2 万亿，而电商的渗透率还不到 5%，生鲜电商市场容量每年以 55% 的速度增长。由于生鲜电商对于仓储冷链配送，商品品控要求极为严格，已经形成了较高的行业壁垒，实力薄弱、资金短缺的初创公司将面临极大压力，而先进入市场已经站稳脚跟的企业则拥有了先发优势。以菜篮子为例，其发展 10 年，已经覆盖温州、浙南、闽北地区。打造了生鲜行业的第一爆款，菜篮子集团的冷库总面积 2015 年已经达到 3 万平方米，以应对日益增长的销售规模，它在发展中对产品源和仓储的重视，值得整个生鲜行业剖析和思考。

三、建立完善的冷链物流体系

完善冷链物流配送体系是生鲜电商发展的一个重要举措。尽管生鲜市场容量巨大，但是冷链物流配送这一短板仍然限制着生鲜电商的发展。生鲜电商的损耗率在 5%—8%，物流成本在 20%。要控制损耗率，从商品采购层面上，需要从源头就对商品进行严格筛选，加强商品的品质控制，保证商品的新鲜度和亲民性。从仓储运输层面上，一方面提升整体仓储的能力，保证各类生鲜商品的原品质保存，另一方面也要提升生鲜配送的技术，尤其是冷链配送技术，降低商品在运输环节出现的损耗。物流成本的降低，也要依托冷链配送技术的发展，更重要的是生鲜电商要加快自身业务发展，建立自身的供应链体系，形成规模效应，以此加快商品流通，通过商品的快速流通进一步降低损耗，并摊平商品的运输成本。目前国内还没有一个完整的生鲜物流配送体系，大多数生鲜产品走的还是自然物流配送。而冷链高昂的建设成本成为生鲜电商最头疼的问题。一个 4000 平方米左右冷仓的建设成本就在 2000 万元以上，如此高昂的成本投入只有大资本才能玩得起。正因如此，冷链配送也被称为电商物流的珠穆朗玛峰。虽然建设成本高昂，但冷链物流配送是生鲜电商平台的核心竞争力，谁做得越快，做得越好，谁就将迅速获得市场份额。

四、大力发展 O2O 模式

生鲜 O2O 也是未来生鲜电商发展的一个方向。传统线下超市以及生鲜零售商已经逐渐感受到来自线上压力，而依托于自身线下店铺优势的 O2O 模式将会成为这些传统企业的最佳选择。永辉超市就是借助线下优势资源，以生鲜 O2O 模式为转型的切入点，并且取得了一定的成绩。另外中高端的特色生鲜产品将在生鲜电商市场上获得更大的市场。现阶段生鲜产品的主力购买人群是中年人以及老年人，这类人群主要在线下超市以及菜市场购买生鲜产品，不习惯在线上网购。该部分人群已经很难改变其固有的购买习惯，生鲜电商平台上主力的消费人群还是年轻人群大众化的食材面临着线下超市、菜市场的冲击，而特色化的高品质生鲜产品更受年轻人的欢迎。中国生鲜电商的消费主力人群主要是 28 ～ 38 岁的年轻白领。这类人群购买力强，对生活品质要求也高，乐意选择品质更好，更安全的生鲜食材。以本来生活网为代表的中高端生鲜电商平台将获得更大的市场机会。

五、采用社区模式和综合模式等一体化措施

1. 社区模式

与高中端型模式不同的是，社区模式是指生鲜电商利用社区商城、微信等手

段，在电商平台上将卖家、买家、社区的生鲜实体店等资源很好地整合起来。这种模式的实施分三个步骤。第一，生鲜电商签约社区生鲜实体店，通过社区商城等APP终端将实体店和电商平台连接，实体店可以在电商平台上发布生鲜种类、价格、销量、促销等信息。第二，生鲜电商签约优质农场基地。参考社区生鲜实体店历史销售数据、社区居民数量、收入水平、当地特色等方面，将确定农场经营的生鲜种类和规模。第三，采取折价、宅配到家等促销手段吸引消费者通过微信等方式进入电商平台中的社区商城线上购买生鲜商品、线下取货，或者由社区实体店将生鲜商品直接宅配到家，但要收取一定的费用。社区模式将改变传统的生鲜供应链模式，省略了中间的批发环节，将农场与社区生鲜实体店、消费者直接对接，为消费者提供低价、质优的生鲜商品，同时也降低了控制生鲜领域食品安全问题的难度。目前，全国并没有这种模式运行的生鲜电商，与此相类似的有家事易，其并不是将生鲜商品直接送到生鲜实体店，而是将生鲜商品送到社区自提柜，等消费者自己来取。

2．综合模式

生鲜行业高中端市场比较小，生鲜电商在立足于高中端市场时，可以兼顾社区模式，做成综合模式，扩大营业额和利润。经营这种模式的天猫、淘宝、京东、苏宁易购、顺丰优选等可以单独成立生鲜电商事业部，将生鲜业务向社区模式推进。先整合一线城市的社区生鲜实体店，使得消费者适应网上低价购买生鲜产品，到实体店取货或实体店宅配到家。在成熟运营后，利用资金优势将这种模式推向二三线城市。同时，社区模式的生鲜电商可以利用已有的商品销售平台、渠道、冷链物流，将高中端生鲜商品售卖给社区消费者，满足消费者多样化需求，扩大自身的影响力。这部分高中端生鲜商品先采用预售模式，在销量比较稳定并且达到一定规模时，再与优质农场基地签订该类商品买卖合同。

3．同城宅配模式

大型生鲜实体店，如沃尔玛、家乐福、华润万家、大润发、永辉超市等可以利用在全国各地拥有的门店数量、规模优势，通过自身的生鲜电子商务平台，在同城范围内进行生鲜宅配到家业务。随着居民生活节奏的加快、消费方式的改变，越来越多的人会通过电商平台购买质优、低价的生鲜产品。生鲜电商所具有的交易成本少，经营种类、数量不受限制，无租金压力，员工人数少等优势可以帮助生鲜超市等实体店用少量的经营成本扩大生鲜销售种类和规模。同时，生鲜超市等实体店具有客户良好的客户体验，这可以吸引消费者在有实体店的生鲜电商平台上购物。

六、结合自身，发展特色服务

特色服务模式主要是由客户下单，菜篮子在当地的员工负责采购，整个时间流程可以被缩短到很短的时间内。这也在为全球购服务。“礼品中心”这一新项目主要是通过将一年来所有的节日以及一些顾客们的个人节日进行汇集，为客户们推出最适合节日当天的礼品包装，快速且便捷，因此，菜篮子作为农产品的电商，拥有强大的物流优势，加之冷链、质检、配送等部门进行协同，虽然目前C端冷链布局没有预想中的快，但按照此布局将消费者关心的“安全”“新鲜”全力做到最好，同时精准的营销进行配合，相信在这场生鲜大战中是可以昂首挺进的。分析可以看出，我国生鲜电商发展潜力巨大，但仍然有些难关需要克服。电商企业需要找到适合自身的发展模式。

七、小结

本节在总结菜篮子集团的实际运作基础的经验基础上，把现实上升到理论高度，更深层次总结菜篮子经验，为其他企业的操作提供理论框架。

第六节　总结与展望

电商作为一种新兴的经济形态，是经济信息化、市场化、全球化的产物，正加速与实体经济结合，与民众的日常生活、消费等息息相关。电商正在成为引领经济社会发展进步的一种重要力量，大力发展电子商务成为世界各国提高竞争力，枪战发展先机的战略举措。2013 年，我国电商交易总额超过 10 万亿元，其中网络零售额超过 1.85 万亿元，占社会消费品零售总额的 8%。越来越多的企业和行业投身电商市场，继而自建电商平台还是搭载第三方平台是首要解决的问题。平台选择好之后的营销问题，生鲜食品源的质量控制问题，冷链运输问题，最后一公里的配送问题，企业形象的建设问题都会影响生鲜企业市场占有。本文在分析菜篮子集团的具体运营经验之后可一定程度帮助解决相关类似问题，但是最优的解决办法还需要具体问题具体分析，另外需要相关的实证研究来确定决策和选择最佳的解决方案。

参考文献

[1] 聂林海．我国电子商务发展的特点和趋势［J］．中国流通经济，2014（6）：
[2] 娄策群，刘英．第三方电子商务平台的应用现状及利用策略［J］．电子商务，2014，54（14）：
[3] 魏国辰．电商企业生鲜产品物流模式创新［J］．中国流通经济，2015（1）：

[4] 刘电威 . 我国电子商务发展现状、问题与对策研究［J］. 对策与战略，2011（12）：
[5] 汤英汉 . 中国电子商务发展水平及空间分异［J］. 经济地理，2015，35（5）：
[6] 苏国贤，李富忠 . 中国蔬菜冷链物流的现状、问题与建议［J］. 中国流通经济，2012（1）：
[7] 杨钧 . 中国农产品冷链物流发展模式研究［J］. 河南农业大学学报，2013，47（2）：
[8] 龚树生，梁怀兰 . 生鲜食品的冷链物流网络研究［J］. 中国流通经济，2006（2）：
[9] 庞彪 . 天猫刷新“最后一公里”［J］. 中国物流与采购 ,2012（22）：40-42.
[10] 张锦，陈义友 . 物流最后一公里问题研究综述［J］. 中国流通经济，2015（4）：
[11] 宫谈飞，张良等 . 国内外生鲜电商运营模式分析与启示［J］. 商业研究，2014（21）：
[12] 包文青 . 电商营销的四重境界［J］. 营销参谋，2011（21）：
[13] 杨永超 . 可持续营销在电商发展中的应用及价值［J］. 改革与战略，2015，31（12）：
[14] 张璇，杨雪荣，等 . 我国电商企业物流运营模式研究［J］. 物流工程与管理，2015，37（9）：
[15] 储萌 , 张宝明 . 我国生鲜电商发展现状以及趋势 [J]. 电子商务，2015（12）：13-14.

第四章　空港物流园区建设研究

第一节　绪论

一、国际物流发展趋势

国际物流（international logistics）是应国际贸易需要，因产品的生产和销售环节在两个或两个以上的国家或地区分别独立进行，为了克服产品生产和销售的时间和空间的间隔，而进行产品生产和销售的时间和空间的转移的活动。通常指原材料、在制品、半成品和制成品在国与国之间的流动和转移，是国内物流的延伸和扩展，是跨国界的、流通范围扩大的物的流通。

第三方物流（Third-Party Logistics，3PL，也称 TPL）的概念源自管理学中的（out-sourcing），意指企业动态地配置自身和其他企业的功能和服务，利用外部的资源为企业内部的生产经营服务；将 out-sourcing 引入物流管理领域，就产生了第三方物流的概念。所谓第三方物流是指生产经营企业为集中精力搞好主业，把原来属于自己处理的物流活动，以合同方式委托给专业物流服务企业，同时通过信息系统与物流企业保持密切联系，以达到对物流全程管理的控制的一种物流运作与管理方式。因此第三方物流又叫合同制物流。3PL 既不属于第一方，也不属于第二方，而是通过与第一方或第二方的合作来提供其专业化的物流服务，它不拥有商品，不参与商品的买卖，而是为客户提供以合同为约束、以结盟为基础的、系列化、个性化、信息化的物流代理服务。最常见的 3PL 服务包括设计物流系统、EDI 能力、报表管理、货物集运、选择承运人、货代人、海关代理、信息管理、仓储、咨询、运费支付、运费谈判等。

在过去几十年中，国际物流对企业在市场上能否取胜的决定作用变得越来越明显。从本质上说，企业在市场上的表现主要是由产品的质量、价格以及产品的供给三个因素决定，其中任何一个因素对企业的竞争能力都起着重要的影响作用，而这三个因素都分别直接受到物流的影响。世界经济将在纵向上对工业、供应商、顾客、贸易和物流公司进行重新分工，介入生产以及销售环节的物流公司的出现将是物流业发展的必然趋势。第三方物流给供应链各参与者带来了很多好处和方便，因而受到了极大的欢迎，市场潜力巨大，必将成为二十一世纪物流业的主流。

根据美国物流管理协会对物流的定义为：“物流是为满足消费者需求而进行的对原材料、中间库存、最终产品及相关资讯从起始地到消费地的有效流动与存储的计划、实施与控制的过程”。该定义具体突出了物流的四个关键组成部分：实质流动、实质存储、资讯流动和管理协调。由于物流过程是物质产品从供应者到顾客之间复杂的空间流转过程，涉及生产、流通、消费等领域，现代物流管理包含的内容已越来越广泛。物流实际上是对供给链中的产品在各供给链参与者之间进行管理，包括流通中的（运输中的）和非流通中的（库存的），通过供应链管理对整个渠道的产品和资讯实行增加值流动管理，以便获取最大的运作效率和效益。

普遍认为第三方物流市场有一定的成熟程度。欧洲目前使用第三方物流服务的比例约为 76%；美国约为 58%，且其需求仍在增长。研究表明，欧洲 24%和美国 33%的非第三方物流服务用户正积极考虑使用第三方物流服务；欧洲 62%和美国 72%的第三方物流服务用户认为他们有可能在三年内增加对第三方物流服务的运用。

现代化的物流给企业（顾客）带来了众多益处：

1．集中主业。企业能够实现资源优化配置，将有限的人力。财力集中于核心业务，进行重点科研，发展基本技术，开发出新产品参与世界竞争。

2．节省费用，减少资本积压。专业的物流提供者利用规模生产的专业优势和成本优势，通过提高各环节能力的利用率实现费用节省，使企业能从分离费用结构中获益。根据对工业用车的调查结果，企业解散自有车队而代之以公共运输服务的主要原因就是为了减少固定费用，这不仅包括购买车辆的投资，还包括和车间仓库、发货设施、包装器械以及员工有关的开支。

3．减少库存。企业不能承担多种原料和产品库存的无限增长，尤其是高价值的部件要被及时送往装配点，实现零库存，以保证库存的最小量。专业物流提供者借助精心策划的物流计划和适时运送手段，最大限度地减少库存，改善了企业的现金流量，实现成本优势。

4．提升企业形象。物流提供者与顾客，不是竞争对手，而且战略伙伴，他们为顾客着想，通过全球性的资讯网络使顾客的供应链管理完全透明化，顾客随时可通过 Internet 了解供应链的情况；物流提供者是物流专家，他们利用完备的设施和训练有素的员工对整个供应链实现完全的控制，减少物流的复杂性；他们通过遍布全国，乃至全球的运送网络和服务提供者（分承包方）大大缩短了交货期，帮助顾客改进服务，树立自己的品牌形象。第三方物流提供者通过“量体裁衣”式的设计、制订出以顾客为导向，低成本高效率的物流方案，使顾客在同行者中脱颖而出，为企业在竞争中取胜创造了有利条件。

随着知识经济和信息化时代的来临，物流业必然向着国际化，集成化，标准化，精细化，便利化，信息化现代化的方向发展。我国要在日趋激烈的国际经济竞争中站稳脚跟，必须大力培养一支高素质的物流人才队伍，打造一批物流精英，建立一套完善的健全的物流体系，为我国参与国际经济竞争提供优质、高效的服务，促进我国经济的快速增长，增强我国的综合势力，从而提高我国的国际地位。

二、中国空港物流园区的发展

自从荷兰阿姆斯特丹的史基浦机场率先提出“空港物流园区”的概念之后，许多国家和地区开始重视依托机场资源，相继在机场周边建设了空港物流园区。空港物流园区又称“航空物流园区”“机场物流园区”“空港物流基地”等，是以空运、快运为主并衔接航空与公路转运的货运服务型物流园区，它在经济地理概念上表现为一个依托机场以发展临空经济为特征、主要为航空物流及其相关业务配置的物流设施与物流业者的集中区域。曹学明等（2008）通过对国外机场地区发展航空物流的研究，认为机场单一的航空货运功能是难以降低成本、提高效率的，延伸和扩展其货运业务使其发展成为综合性多功能的物流园区是必然选择。同时，由于机场当局往往是代表政府行使对机场管理权的部门，国外机场在空港物流园区建设中扮演着“驱动者”和“操作者”两种角色。进入 21 世纪以来，我国民用航空运输业获得了快速发展，2015 年完成客运吞吐量达 9.1 亿人次，货运吞吐量达到 14094003 吨，国内机场所在地区越来越重视发展临空经济，空港物流园区建设问题因此也成为这一领域关注的焦点。

由中国交通运输协会主办，中国物流投融资联盟、庆通投资管理资源有限公司协办的“2013 中国空港物流发展大会”在南京市溧水开发区召开，大会以“发展空港物流，助推经济腾飞”为主题。空港物流园区已经成为众多空港经济发展的重点项目，而南京京港国际物流中心项目受到了广泛赞誉。

中投顾问交通行业研究员蔡建明指出，空港物流园区是以航空港为依托，以现代物流为基础，为航空公司、航空货运代理以及其他综合物流企业提供物流信息和物流基础设施的场所。空港物流园区的建设与发展必须要依托空港经济的积聚辐射功能，围绕航空运输业运营，进而带动与航空运输相关的产业和现代服务业、制造业的发展。

当前我国航空运输业的发展已经初具规模、相对成熟，建立起枢纽、干线、支线等多层航空运输体系，相应的也提供了便捷、规模的客运与货运。作为人流、物流、资金流和信息流的集聚地，空港经济成为诸多航空基地发展的重点。在这其中，航空物流园则是空港经济的重要组成部分，其不但能整合航空运输的资源，提升效率同时还能调整并优化了航空与物流产业结构，并带动相关产业的发展。

国务院常务会议上李克强总理说，政府要大力推动物流企业向规模化方向发展，鼓励中国物流企业兼并重组、做大做强。要对物流企业在税收、金融服务等方面提供扶持和支持，加大物流基础设施的建设力度。在讨论通过的《物流业中长期发展规划》中突出的重点之一就是要推动物流企业规模化。推进简政放权，支持兼并重组，健全土地、投融资、税收等扶持政策，培育发展大型现代物流企业，形成大小物流企业共同发展的良好态势。随着物流行业投融资热的兴起，与之相关的投融资政策就成为调整和振兴物流业发展的重要政策标杆，而适度宽松的货币政策不仅能够惠及物流企业，更可以通过物流业的正常运作，促进其他产业的发展。

当前，以航空运输为核心、以枢纽性机场为依托的临空经济呈现出蓬勃发展态势，并逐步成为国家和地区经济增长新的发动机。而建立服务于物流发展的航空港，以空港物流园区建设为突破口，积极引进国内外大型航空物流企业和与空港服务相关的项目，推动航空港向现代物流中心货运枢纽机场转变，已经成为近年来城市物流业发展新趋势。

中投顾问发布的《2013—2017 年中国物流园区深度分析及发展规划咨询建议报告》指出，近年来，国内掀起了航空经济、物流园区建设的热潮。伴随着航空运输逐渐大众化以及国内航空业的不断发展，空港物流园区将日渐受欢迎。当前，国内航空物流园区呈现三个特点：其一，具备明显的积聚效应；其二，具有突出的保税区功能；其三，可以拉动机场经济，带动相关产业的发展。

三、温州空港物流园区建设意义

在经济全球化的今天，产业链分工在世界各地配置已成态势，产品的时间价值越来越重要，由此决定了航空运输在地区经济发展中的作用越来越突出，空港物流园区便应运而生。自从荷兰阿姆斯特丹的史基浦机场率先提出“空港物流园区”的概念之后，许多国家和地区开始重视依托机场资源，相继在机场周边建设了空港物流园区。空港物流园区又称“航空物流园区”“机场物流园区”“空港物流基地”等，是以空运、快运为主并衔接航空与公路转运的货运服务型物流园区，它在经济地理概念上表现为一个依托机场以发展临空经济为特征、主要为航空物流及其相关业务配置的物流设施与物流业者的集中区域。

2015 年 9 月 14 日，时任温州市委副书记、代市长徐立毅在调研温州保税物流中心和综合保税区建设时指出，要抢抓国家大力推进临空经济示范区建设的有利时机，以综合保税区为目标，从空港物流起步，大力发展空港经济，充分发挥其在经济转型升级中的支撑和牵引作用。

未来企业实行零库存生产将是大势所趋，温州发展空港物流园区正迎合了这种趋势，而且还是深入实施“五化战略”、全面加快转型升级的重要载体和重要平台。目前主要有以下优势：

1. 地区经济快速发展。2014 年实现地区生产总值 4303 亿元，同比增长 7.2%，人均 GDP 达 7755 美元，远超人均 GDP 3000 美元可建空港物流园区的经验标准；全市大约有 50% 的商贸业、工业制造业涉及电商领域，电商普及率上升 10 个百分点，网络零售额 660.46 亿元，同比增长 69.01%，居民网上消费额 438.42 亿元，同比增长 37.69%，现代物流发展潜力大。

2. 新兴产业正在集聚。瓯江口产业集聚区和浙南沿海先进装备产业集聚区正在铺开建设，经济技术开发区、高新技术产业开发区等加快整合提升，“510”产业培育提升工程正在深入实施，通用航空、激光与光电、新材料、生命健康等适合航空运输的产业正在机场周边区域加快集聚，航空物流需求旺盛，为空港物流发展带来广阔的市场前景。

3. 大型机场即将形成。3200 米跑道已建成投用，3 万平方米机场货运库将于 2016 年投用，10 万平方米 T2 航站楼将于 2017 年完工，国航温州分公司即将挂牌成立。截至 2015 年 9 月底，累计通航城市 99 个，其中国际（地区）城市 19 个；2015 年将实现旅客吞吐量 750 万人次，货邮吞吐量 7.5 万吨，三年内旅客吞吐量突破 1000 万人次，货邮吞吐量超 10 万吨，区域性枢纽机场即将在温州诞生，物流发展得到强力支撑。

4. 城市交通日益便利。28 万平方米机场交通枢纽综合体将于 2018 年完工，实现 5 分钟零距离换乘；沈海（甬台温）高速复线将实现机场互通，瓯海大道与滨海大道立交互通将与 T2 航站楼高架连接；通用航空基地已开工建设，各县（市、区）通用机场正在规划建设，打造 1 小时空中交通都市圈，城区立体交通体系即将形成，集疏运能力得到有效保障。

当前，温州空港物流园区建设存在的问题：管理体制尚未理顺；项目前期难度很大；园区功能规划滞后；扶持政策有待加强；招商引资错失良机。

综上所述，对温州空港物流园区发展研究，具有十分重要的现实意义。

四、研究内容、重点、技术关键和难点分析

国内一般物流园区的开发模式有经济开发区模式、主体企业引导模式、工业地产商模式和综合运作模式等，它们同样适用于不同条件下空港物流园区的开发运作。可将国内空港物流园区的开发模式划分为“机场行为”（即所依托的机场方面出资参与空港物流园区的建设）开发模式和“非机场行为”（即所依托的机场方面不出资参与空港物流园区的建设）开发模式两大类。

空港物流园区“机场行为”开发模式又可分为以下三类：第一，机场自建模式。即机场当局自筹资金负责空港物流园区的基础设施建设与开发，这种模式通常由机场与当地政府合作并以机场为主导、当地政府在土地资源等方面提供优惠政策而实施。第二，机场控股模式。即机场投资控股空港物流园区的开发建设。第三，机场参股模式。即机场投资参与空港物流园区的建设，但不居控股地位。

空港物流园区“非机场行为”开发模式可分为以下两类：第一，政府主导模式。即政府对空港物流园区统一开发建设有关基础设施和物流设施后，物流企业通过自建、租赁等方式入驻园区经营。第二，社会企业主导模式。即空港物流园区的整体基础设施和物流设施（如物流配送中心、快递分拨中心等）由非机场方（包括机场关联方）的物流地产商、物流企业以及专业投资商等社会企业主导开发。

（一）主要内容

（1）探索空港物流园区组织结构形式。加快组建项目公司，促进土地集约开发。

（2）探索空港物流园区资源利用方式方法。充分利用现有资源，积极争取用地指标。

（3）科学规划布局。紧紧围绕物流功能，合理规划空间布局。

（4）研究完善扶持政策，推动园区健康发展。

（5）探索引进知名企业路径。

（二）重点难点分析

（1）土地用途转化比较困难。尽管市政府出台了一系列市级建设用地指标管理等相关政策，但目前市级建设用地指标依然紧张，特别是耕地占补平衡指标约缺口 1 万多亩。由于该空港物流园近一半为农保地，受农保地指标和耕地占补平衡指标影响很大，项目前期难度可想而知，显然无法较快转为建设用地。因此，探索土地用途转化的路径比较困难。

（2）园区功能规划较难。因为周边有不少物流园区，如何错位发展，特色引领，是进行研究研究的一道难题。

五、研究研究方法及创新点说明

（一）研究研究方法

（1）文献研究：文献研究目的在于：一是了解现有研究的状况，所关注的问题是否已得到很好解决；二是解决这一问题有哪些相关理论可供利用。

（2）案例研究方法：通过研究国内外的优秀物流园区建设案例，提炼前沿性的做法，为本研究提供实例支撑。

（3）实证研究和实地访谈：通过走访相关企业和政府部门，克服政策难点，提出可操作行建议。

（二）创新点说明

（1）创新管理机制。加快组建项目公司，促进土地集约开发。提出综保区管委会（筹）、龙湾区、机场集团以原各自拥有的土地作价、项目资本金或现金入股，按市政府占 30%、龙湾区占 10%、机场集团占 60% 的比例，注册成立项目公司，直属机场集团管理，遵循土地集约原则，实现统一开发、统一运营、统一管理，避免机场附近区域低水平重复建设。

（2）紧紧围绕物流功能，合理规划空间布局。遵循一次规划、分批开发的原则，紧扣空港物流功能，兼顾综合保税区发展空间，市国土局要抓紧明确土地利用规划，市规划局要尽快调整控制性详细规划，项目公司要按航空公司基地、物流企业基地、快递分拨中心、电商运营中心、综合保税港区等功能编制总体规划，并申请纳入浙江省物流产业十三五规划、温州市现代物流业发展规划（2014—2020 年）。同时市规划局要明确空港物流园区与空港新区物流园区差异定位，前者以电商、保税、转运等功能为主，后者以仓储、会展、贸易等功能为主，避免相近区域重复建设。

六、小结

随着知识经济和信息化时代的来临，物流业必然向着国际化，集成化，标准化，精细化，便利化，信息化现代化的方向发展。当前，以航空运输为核心、以枢纽性机场为依托的临空经济呈现出蓬勃发展态势，并逐步成为国家和地区经济增长新的发动机。而建立服务于物流发展的航空港，以空港物流园区建设为突破口，积极引进国内外大型航空物流企业和与空港服务相关的项目，推动航空港向现代物流中心货运枢纽机场转变，已经成为近年来城市物流业发展新趋势。

在经济全球化的今天，产业链分工在世界各地配置已成态势，产品的时间价值越来越重要，由此决定了航空运输在地区经济发展中的作用越来越突出，空港物流园区便应运而生。自从荷兰阿姆斯特丹的史基浦机场率先提出“空港物流园区”的概念之后，许多国家和地区开始重视依托机场资源，相继在机场周边建设了空港物流园区。空港物流园区又称“航空物流园区”“机场物流园区”“空港物流基地”等，是以空运、快运为主并衔接航空与公路转运的货运服务型物流园区，它在经济地理概念上表现为一个依托机场以发展临空经济为特征、主要为航空物流及其相关业务配置的物流设施与物流业者的集中区域。

当前，温州空港物流园区建设存在的问题：管理体制尚未理顺；项目前期难度很大；园区功能规划滞后；扶持政策有待加强；招商引资错失良机。

综上所述，对温州空港物流园区发展研究，具有十分重要的现实意义。

第二节　温州经济及机场建设概况

一、温州经济发展状况

根据温州市国民经济和社会发展统计公报，2014 年全市生产总值 4302.81 亿元，按可比价计算，比上年增长 7.2%。其中，第一产业增加值 117.92 亿元，增长 2.1%；第二产业增加值 2046.23 亿元，增长 8.4%；第三产业增加值 2138.66 亿元，增长 6.2%。按户籍人口计算，人均地区生产总值 53091 元（按年平均汇率折算 8643 美元），增长 6.3%。国民经济三次产业结构为 2.7 : 47.6 : 49.7，第三产业比重比上年提升 0.1 个百分点。

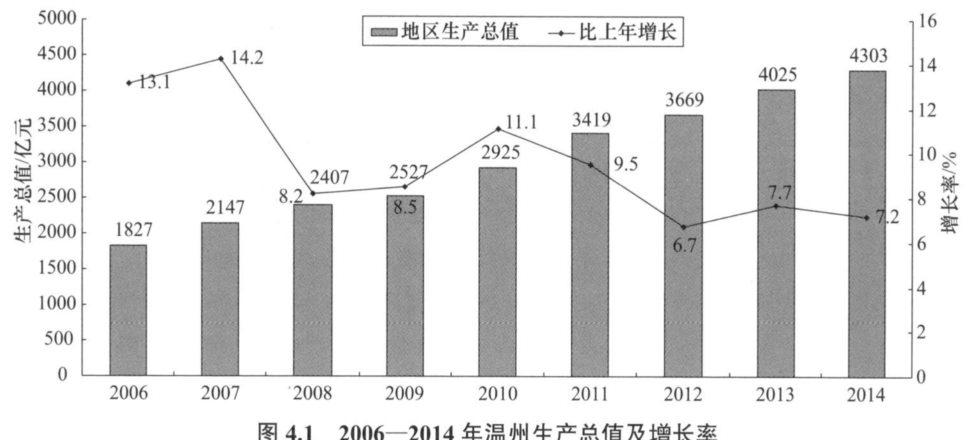

图 4.1　2006—2014 年温州生产总值及增长率

全年居民消费价格指数（CPI）比上年上涨 1.8%，涨幅较上年回落 0.1 个百分点。八大类商品和服务价格呈现“七涨一跌”态势。其中食品类涨幅较大，累计上涨 3.8%，娱乐教育文化用品及服务类次之，上涨 2.5%，衣着、医疗保健和个人用品、交通与通信、家庭设备用品及维修服务、居住类，比上年分别上涨 2.2%、1.5%、0.5%、0.2%、0.1%；下降的为烟酒类，下降 0.8%。全年工业生产者出厂价格和购进价格同比均下降 1.0%。

全年社会消费品零售总额 2410.36 亿元，比上年增长 12.8%。其中，城镇消费品零售额 2182.76 亿元，增长 13.1%；乡村消费品零售额 227.61 亿元，增长 10.3%。按行业分，批发零售贸易业零售额 2121.85 亿元，增长 12.9%；住宿餐饮业零售额 288.51 亿元，增长 12.5%。

在限额以上批发零售业零售额中，汽车类零售额 382.57 亿元，比上年增长 11.1%；石油及制品类零售额 168.73 亿元，增长 6.8%；食品饮料烟酒类增长 11.9%，日用品类增长 4.5%，金银珠宝类增长 80.5%，鞋服、针纺织品类增长 12.3%，化妆品类增长 10.8%，中西药品类增长 20.6%，家具类增长 57.3%。

交通数据：年末公路总里程 14466 公里，其中高速公路 297 公里，一级公路 385 公里，二、三级公路 1847 公里。公路绿化率 71.6%。客运班车通村率 90.7%。市区公共交通营运线路 148 条，年载客量 3.31 亿人次。

年末机动车保有量 188.23 万辆，比上年末增加 15.52 万辆，其中载客汽车 125.62 万辆，载货汽车 14.95 万辆，摩托车 47.15 万辆。私人汽车 126.98 万辆，增加 15.05 万辆。全年货物运输量 12782 万吨，比上年增长 8.9%，旅客运输量 22339 万人次，下降 11.0%。

表 4.1　2014 年各种运输方式完成客货运输情况

指标	实绩	比上年增长 /%
货物运输量 / 万吨	12782.12	8.9
铁路	720.04	12.3
公路（营运）	7681	4.2
水运	4377	17.4
航空出港货物	4.08	14.4
旅客运输量 / 万人次	22339.19	−11.0
铁路	1542.38	38.6
公路	20386	−13.6
水运	56.23	8.4
航空	354.58	3.4
港口货物吞吐量 / 万吨	7901	7.1
集装箱吞吐量 / 万标准箱	60.38	5.9

根据温州市国民经济和社会发展统计公报，2015 年全市生产总值 4619.84 亿元，比上年增长 8.3%。其中，第一产业增加值 123.24 亿元，增长 3.1%；第二产业增加值 2101.53 亿元，增长 7.1%；第三产业增加值 2395.07 亿元，增长 9.9%。按常住人口计算，人均地区生产总值 50809 元（按年平均汇率折算 8158 美元），增长 8.8%。国民经济三次产业结构为 2.7 ∶ 45.5 ∶ 51.8，第三产业比重比上年提高 1.7 个百分点。

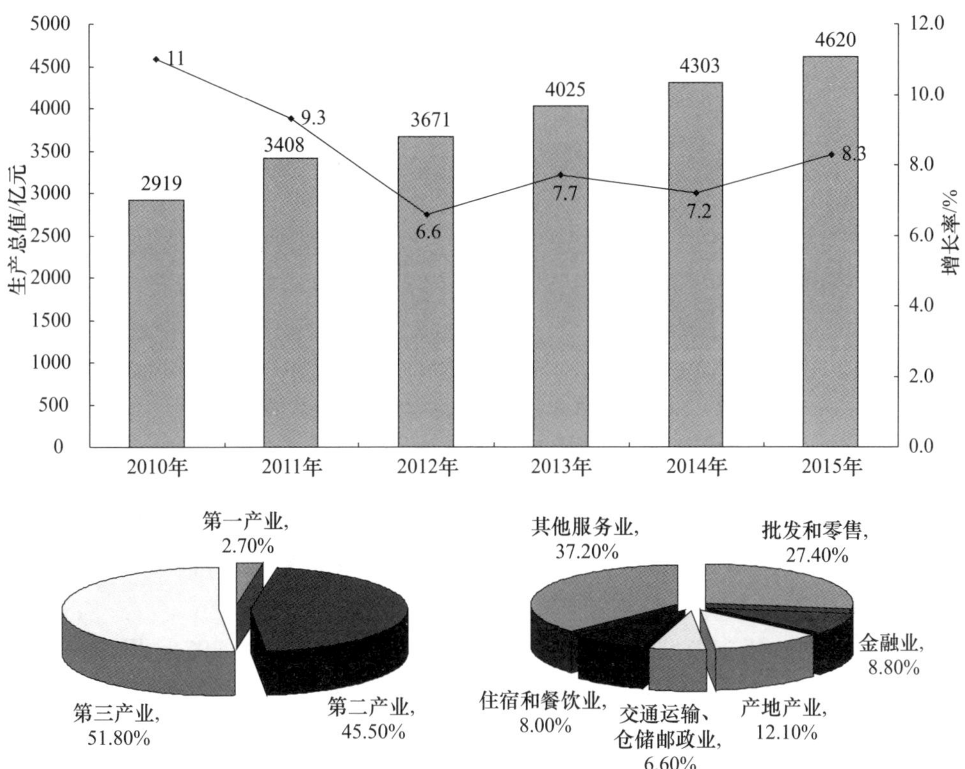

图 4.2　2015 年全市生产总值及第三产业增加值构成

全年居民消费价格指数（CPI）比上年上涨 0.7%。八大类商品和服务价格呈现“六涨二跌”态势。其中食品类、烟酒类、衣着类、家庭设备用品及维修服务类、医疗保健和个人用品类、娱乐教育文化用品及服务类同比分别上涨 2.4%、3.1%、2.8%、1.5%、1.5% 和 2.2%；交通和通信类、居住类分别下降 4.9%、1.0%。全年工业生产者出厂价格（PPI）比上年下降 2.5%，工业生产者购进价格（IPI）下降 3.7%。

全年社会消费品零售总额 2674.38 亿元，同比增长 11.0%。其中，城镇消费品零售额 2277.82 亿元，增长 11.3%；乡村消费品零售额 396.56 亿元，增长

9.1%。按行业分，批发零售贸易业零售额2348.68亿元，增长10.7%；住宿餐饮业零售额325.70亿元，增长12.9%。全市网络零售额893.55亿元，同比增长50.3%。

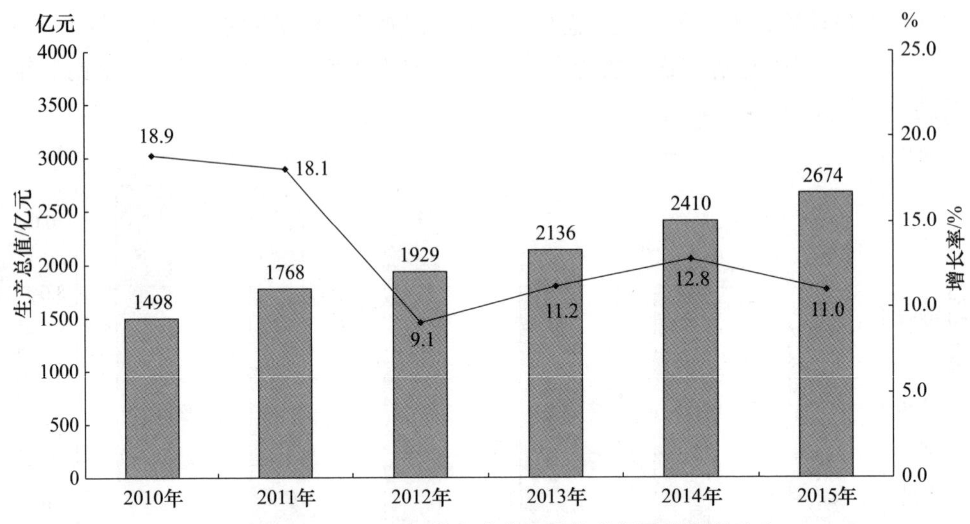

图4.3　2010—2015年社会消费品零售总额及其增长速度

在限额以上批发零售业零售额中，汽车类零售额423.66亿元，同比增长11.3%；石油及制品类零售额156.80亿元，下降8.2%；粮油及食品类增长31.3%，日用品类增长18.2%，金银珠宝类增长47.6%，鞋服、针纺织品类增长26.5%，通讯器材类增长64.4%。

交通数据：年末公路总里程14684公里，其中高速公路297公里，一级公路458公里，二、三级公路1848公里。公路绿化率71.8%。客运班车通村率92.3%。年末实有公共汽（电）车营运车辆3221辆，年载客量3.92亿人次。

年末机动车保有量202.68万辆，比上年末增加14.45万辆，其中载客汽车142.42万辆，载货汽车14.48万辆，摩托车45.31万辆。私人汽车143.33万辆，增加16.35万辆。全年货物运输量13428万吨，比上年增长5.1%；旅客运输量21307万人次，下降4.6%。

以上数据足以说明：无论是在温州市的生产总值、居民消费，还是在交通运输上的数据都是日益上升的，尤其是在航空运输的货物运输量上和港口货物吞吐量上更是节节上升。

二、温州机场发展

温州龙湾国际机场（IATA：WNZ；ICAO：ZSWZ）前身是温州永强机场，

于1990年7月12日正式通航，是国家一类航空口岸、国内二类民用机场。地处温州市龙湾区，濒临东海，距市行政中心约22公里，辐射温州、台州、丽水和宁德四个地区约16万平方公里、2000多万人口，是大陆离台湾空中航距最近的机场。

表4.2 2015年交通客货运输情况

指标	实绩	比上年增长/%
货物运输量/万吨	13428	5.1
铁路	471	-34.1
公路	8566	11.5
水运	4387	-2.6
航空	4	4.2
旅客运输量/万人次	21307	-4.6
铁路	1665	0.8
公路	19198	-5.8
水运	55	-3.0
航空	389	9.7
港口货物吞吐量/万吨	8490	7.5
集装箱吞吐量/万标准箱	56	-7.2

2015年完成航班起降量6.18万架次、旅客吞吐量736万人次、货邮吞吐量7.26万吨，旅客吞吐量在浙江省内民用机场居第2位；累计通航城市99个，其中国际（地区）城市19个；实际营运城市61个，其中国际（地区）城市18个；签约航空公司40家，其中国航设有温州分公司，东航、南航设有过夜基地，过夜停场飞机11架。

2015年，温州龙湾国际机场完成运输起降6.2万架次，同比2014年增长4.4%；旅客吞吐量736万人次，同比2014年增长8.2%，居中国第33位；货邮吞吐量7.3万吨，同比2014年增长5.5%，居中国第31位。

2010年4月，省政府向国务院上报要求温州空港口岸扩大对外的请示。

2011年6月，国务院批复同意温州机场升级为一类口岸，允许对外国籍飞机开放。

2011年11月11日，温州机场T2航站楼暨综合交通枢纽工程正式开工，该工程总投资60多亿元，工期四年，设计旅客吞吐量可达1300万人次。可满足空中客车A340、波音B747-400系列客机起降。T2航站楼完工后，T1航站楼将改做国际航站楼。

2011 年 12 月，海关总署监管司批复同意在温州机场设立国际邮件交换站。

2011 年 12 月，温州至台湾客运直飞获批。

2012 年 3 月 25 日，华信航空开通温州至台北松山的航线，温州成为两岸直航城市。

2012 年 1 月，温州机场航行资料向国际发布。

2012 年 2 月，温州机场正式对境外航空公司开放。

2012 年 7 月 24 日，温州航空口岸正式通过国家验收，全面实现对外籍飞机开放。

2012 年 8 月 20 日，济州航空开通温州到韩国济州岛的包机航线，成为进驻温州机场的首个外籍航班。

2013 年 3 月 4 日，东航开通了直飞泰国曼谷的航线，此为温州首条定期国际航线。

2013 年 3 月，国家民航局批复同意温州机场的更名请示。

2013 年 5 月，温州永强机场更名为温州龙湾国际机场，正式挂牌。

2013 年 12 月 24 日，东航开通了直飞意大利罗马航线，此为温州首条定期洲际航线。

2014 年 12 月 30 日，温州机场交通枢纽综合体、S1 线机场段、新建货运区三大工程宣布开建。

2015 年 5 月 20 日，通用航空基地开工建设。

三、小结

近年来，温州市经济发展较快。2015 年全市生产总值 4619.84 亿元，比上年增长 8.3%。其中，第一产业增加值 123.24 亿元，增长 3.1%；第二产业增加值 2101.53 亿元，增长 7.1%；第三产业增加值 2395.07 亿元，增长 9.9%。按常住人口计算，人均地区生产总值 50809 元（按年平均汇率折算 8158 美元），增长 8.8%。国民经济三次产业结构为 2.7 ∶ 45.5 ∶ 51.8，第三产业比重比上年提高 1.7 个百分点。其中，年末公路总里程 14684 公里，其中高速公路 297 公里，一级公路 458 公里，二、三级公路 1848 公里。公路绿化率 71.8%。客运班车通村率 92.3%。年末实有公共汽（电）车营运车辆 3221 辆，年载客量 3.92 亿人次。年末机动车保有量 202.68 万辆，比上年末增加 14.45 万辆，其中载客汽车 142.42 万辆，载货汽车 14.48 万辆，摩托车 45.31 万辆。私人汽车 143.33 万辆，增加 16.35 万辆。全年货物运输量 13428 万吨，比上年增长 5.1%；旅客运输量 21307 万人次，下降 4.6%。

随着经济的发展，温州机场建设速度越来越快。温州龙湾国际机场（IATA:

WNZ；ICAO：ZSWZ）前身是温州永强机场，于1990年7月12日正式通航，是国家一类航空口岸、国内二类民用机场。地处温州市龙湾区，濒临东海，距市行政中心约22公里，辐射温州、台州、丽水和宁德四个地区约16万平方公里、2000多万人口，是大陆离台湾空中航距最近的机场。

2015年完成航班起降量6.18万架次、旅客吞吐量736万人次、货邮吞吐量7.26万吨，旅客吞吐量在浙江省内民用机场居第2位；累计通航城市99个，其中国际（地区）城市19个；实际营运城市61个，其中国际（地区）城市18个；签约航空公司40家，其中国航设有温州分公司，东航、南航设有过夜基地，过夜停场飞机11架。

2015年，温州龙湾国际机场完成运输起降6.2万架次，同比2014年增长4.4%；旅客吞吐量736万人次，同比2014年增长8.2%，居中国第33位；货邮吞吐量7.3万吨，同比2014年增长5.5%，居中国第31位。

第三节 温州空港物流园可行性分析

一、温州机场的服务范围

2014年末温州市户籍总人口813.69万人、全球共有240万温州人分布于150多个国家和地区，并开辟了500多个商品市场、40万家连锁店和专卖店，工商户20多万、民营企业13万多家。据温州海关统计，2015年1～3月，温州市进出口总值280.04亿元人民币，较去年同期（下同）增长7.77%。其中出口235.24亿元人民币，增长3.37%；进口44.8亿元人民币，增长38.86%；贸易顺差190.43亿元人民币，缩小2.5%。人口的交叉分布和高速流动以及商品生产交易活动的繁荣，极大地促进了地方经济的发展，对机场的客货运产生了较大的依赖和需求。

温州作为浙南闽北的经济中心，辐射浙江台州、丽水和福建宁德等市，温州机场具有得天独厚的航空运输地理位置。距温州最近的杭州、宁波、福州机场均超过300公里，温州南面的福建宁德地区和西面浙江丽水地区都没有机场，而北面浙江台州地区的黄岩机场是一个军民合用机场。因此，温州机场的实际辐射范围约3000万人，经济腹地面积达9万平方公里（包括温州地区、台州地区、丽水地区、宁德地区），辐射范围内GDP高达4900亿元人民币。

自甬台温和金丽温高速公路全线贯通以后，台州、宁德、丽水三地与温州的联系更加便捷，三地旅客到达温州永强机场都只需1.5小时。温州机场已代替杭州机场、宁波机场、福州机场成为大多数丽水、台州、闽北地区旅客的首选机场，机场现已开通与福鼎、青田、丽水的专线直达班车。随着龙丽温高速、诸永高速及金温铁路电气化改造、温福铁路、甬台温铁路的建设，依托临近瓯江口深水港和沿江的区位优势，温州机场的交通枢纽影响力将进一步扩大，与周边地区的经济联系更加紧密。

二、温州机场的交通发展

2014 年 12 月 30 日，温州机场交通枢纽综合体、S1 线机场段、新建货运区三大工程宣布开建。温州机场集团董事长苏友灿表示，这意味着温州机场的重大基础设施进入了实质性的建设阶段，也标志着温州机场全面完成了今年重大项目的建设投资任务。交通枢纽综合体工程预计将于 2018 年投用。

1. 项目一交通枢纽综合体

该工程占地面积 155611 平方米，总建筑面积 282867 平方米，建成后将包含酒店、办公区域、长途汽车站、商贸中心以及轨道站厅站台等服务功能。

目前在建的 T2 航站楼，未来可通过两条通道和交通枢纽综合体实现连接。一条通道距地面 7.5 米，可将航站楼与轨道交通车站、长途汽车站连在一起；另一条通道距地面 4.5 米，南北连接 2 个车库，上下连接商业开发设施、长途汽车站和轨道交通车站。

旅客要乘坐 S1 线、S2 线，只需在迎客厅乘坐自动扶梯至地下通道，就能到达轨道交通站；要换乘公交或出租车，只需乘坐自动扶梯到换乘大厅进入换乘廊道就能找到；要去停车库，也只需到换乘大厅，坐自动扶梯前往即可。所有交通换乘，可在 5 分钟之内完成。

2. 项目二 S1 线机场段

该工程主要在地下进行，S1 线将从交通枢纽综合体的底下穿过，未来 S2 线也将与 S1 线共用这一通道。

3. 项目三新建货运区

该工程是未来机场航空物流园区核心功能区的主要工程，建成后将主要承担国际、国内货物配送、储存等功能。

2016 年 4 月 8 日，温州市委副书记、市长张耕调研交通工作时强调，要加快形成对外交通互联互通、快捷高效，对内交通通畅有序、换乘便捷的现代综合交通网络，进一步改善温州内外交通条件，不断满足群众出行需求，有力支撑温州打造东南沿海重要中心城市。

“十二五”是温州交通基础设施大投入大建设时期，共完成交通投资 955 亿元，是“十一五”的 2.7 倍。一大批重大交通项目建成投用，有效弥补了温州交通历史欠账。“十三五”期间，温州交通投资预计达到2000亿元，占全省投资总量约五分之一，将按照“直通高铁、加密高速、提升机场、优化港口、发展城轨、完善城网、建设枢纽”的要求，全力打造综合交通枢纽城市。

市政府审批通过《温州市城市综合交通规划（2005年-2020年）》，这意味着温州城市交通的未来将由“通道型”转向“枢纽型”，真正成为国家级综合交通枢纽城市。

温州现已形成公路、航空、铁路、水运等多种运输方式并存的对外交通体系，初步凸现区域综合交通枢纽地位。但同时也存在对外交通体系发展不平衡，城市宏观区位条件未得到根本性改善的问题，在与沿海主要经济中心和交通枢纽城市的激烈竞争中处于劣势。

该《规划》提出“把温州建设成为面向温台丽，辐射浙南、闽东北的区域综合交通枢纽城市”目标：以温州中心城市为中心，依托国家级公路主枢纽、东南沿海铁路重要枢纽的建设，发展与提升区域航运中心、区域航空枢纽、区域物流枢纽；构建以高速公路、快速铁路为骨架的对外快速运输大通道，协调各运输方式的有机衔接和合理分担，实现货运物流现代化、客运优质快速高效化。

三、温州机场的发展规划

根据国家发改委和民航总局对机场飞行区扩建的预审评估，将温州机场定位为国内中型枢纽机场和4E级国际机场（国家规划“十一五”通过新建和扩建，全国将拥有中型枢纽以上机场包括大型复合型枢纽机场共36个）。

——过渡性扩建工程。新建国内航站楼23000平方米，老航站楼将改造为国际航站楼，建成后航站楼总面积37000平方米，可基本满足旅客吞吐量500万人次的需求；停机坪从8万平方米增加到15万平方米；新建道路和停车场4.4万平方米。现已基本完工。

——飞行区扩建。根据规划，近期在现有跑道东侧新建一条长3200米、宽45米的跑道，同时将现有的2400米跑道向南延长800米，改造为平行滑行道，新跑道将为全载起降波音747大型飞机做好准备。

该工程按照2025年旅客吞吐量1800万人次的目标考虑建设。改造完成后，可满足250座以上E类大型飞机起降。

另外，考虑到温州机场远期规划定位为国内民航大型机场和区域性客货枢纽机场，其跑道长度需符合远期开辟一定数量的欧洲、美洲定期航线的飞行需求，因此，远期将建第二条3600米跑道，并在东侧为第三条跑道预留用地，为温州机场的未来预留足够的发展空间。

——航空口岸建设。温州航空口岸升级已列入国家“十一五”规划，争取在

“十一五”末期开通国际航班，增加香港现有航班密度，恢复澳门航线；争取国家境外自由行的早日批复和列入直航台湾省的第三批城市。

——航空公司基地建设。中国国际航空公司已和温州市政府签署设立分公司的框架协议，双方正在积极推进。吉祥航空公司、大新华航空公司也有意在温州设立分公司。航空公司基地的入驻，将进一步加强温州机场发展后劲。

——机场总体规划修编。温州机场总体规划正抓紧修编，包括航站区、飞行区、机坪、空港物流园区、驻场单位配套设施等与市区交通网络统筹规划，一次规划，分步实施，以保证机场的可持续发展。以 2045 年为限，将形成满足年旅客吞吐量 3900 万人次的运营规模，进出机场的地面交通系统将由轻轨、高速公路组成，形成一个相对独立的综合运输枢纽。将进行飞行区改造，建设第二条跑道和第二条平行滑行道，扩建停机坪，搬迁航站区至现跑道东面，最终建筑规模达 30 万平方米以上，远景规划总控制用地 1233 公顷。

四、温州电商企业的发展

据浙江省商务厅公布的数据，2014 年温州市共实现网络零售额 660.46 亿元，同比增长 69.01%；全市居民实现网上消费 438.42 亿元，同比增长 37.69%；网络零售顺差达 222.04 亿元。电子商务的快速发展，已经使得这一商业模式成为温州振兴实体经济、拉动消费需求、优化产业结构、促进传统产业转型升级的重要途径。

2014 年，温州市电商发展态势强劲，成效显著，亮点纷呈，增速居全市各行业之首（保持在 69% 以上），总量居全市各行业前五，已成为全市经济增长的重要拉动力。具体来看，温州市电子商务发展呈现以下几个特点：

1. 电商发展环境逐步优化。市本级和 11 个县（市、区）、市经开区先后成立网络经济工作领导小组、组建网络经济局，先后组建了温州市网络经济研究院、温州市网络经济专家咨询委员会、温州市网络经济企业联合会。编制出台《温州市网络经济发展三年行动计划（2015—2017）》和《温州市网络经济发展规划（2015—2020）》，制定出台“电商换市”一揽子扶持政策，2014 年全市共安排财政扶持资金 1.42 亿元。

2. 创新示范试点项目扎实推进。2014 年获批第二批创建国家电子商务示范城市，试点创新亮点纷呈，淘宝特色中国 · 温州馆和瓯海、苍南、乐清产业带分别建成运营，分别入驻企业 1539 家、12400 家、4197 家、2006 家。瓯海、瑞安、乐清分别列入全省“电商进万村”试点工程，网点总数占全省同期网点总数的 11.7%。同时，温州市还编制了《2014 年度温州市网络经济重点项目计划》。瓯江口菜鸟网络智能骨干网关键核心节点项目、瓯江口新区苏宁物流基地项目等电商重点项目建设扎实推进；温州大象城国际商贸中心、鹿城中国鞋都鞋革城、瓯海“心农场”农业电商产业园等电商项目建设进展顺利；瓯海菜鸟网络智能骨干网（一期）城市配送中心项目、总部设在瓯海的顺丰嘿客等项目正在加速洽谈。

3．电子商务普及应用不断深入。温州市天猫店达 3348 家，占全省 11.4%，比年初新增 962 家。全市约 50% 工业、商业企业参与电商应用，普及应用率比去年底上升 10%。自建网络交易重点平台 52 家，涉足电商主体建档达 4.5 万多户，经营性网站网络建档达 7 万多个，在鞋革、服装、眼镜及特色农业等重点行业领域应用得到普及，中国开关网、中国泵阀网等先后入选中国行业电商网站百强，绿森数码入选商务部电商示范企业，奥康鞋业、联欣科技等 8 家电商企业入选浙江省电商百强企业。以线下线上融合发展的 O2O 模式成为传统企业应用发展电商的特色。

4．产业集聚发展成效明显。目前，温州高新区电商集聚区初具规模，中国鞋都电商集聚区已完成总体规划论证。金州电商园、国智电商园入选浙江省十大电商基地。同时，筛选并公布《2014 年度温州市网络经济重点企业、重点产业园区（楼宇）名单》，进一步加大服务、引导、扶持力度，温州聚商盟、温州韵达电商园等一批县（市、区）重点产业园区（基地），以及瑞安马屿农产品电商孵化基地、永嘉桥下西岙淘宝村等特色农村电商集聚区，发展态势良好。12 月 23 日阿里巴巴发布的中国淘宝村研究报告中，永嘉桥下镇被命名为中国淘宝镇（全国 19 个，全省 6 个），温州市有 9 个村被命名为中国淘宝村称号，永嘉县荣获 7 个中国淘宝村称号，列全省县级区域首位。

5．电商应用支撑和服务体系日趋完善。专业人才的引进与培养全面开展，出台《温州市网络经济人才培训工作方案》，2014 年共完成 16.2 万人次电商普及培训。加强公共服务平台建设，在服装、鞋革、不锈钢、阀门、汽摩配等领域建立了 B2B、B2C 等行业电商联盟平台、跨境电商贸易平台和专业市场平台，为企业提供入驻及综合配套服务。物流服务能力持续提高，2014 年全市规模以上快递服务企业业务量累计完成 2.17 亿件，同比增长 58.4%，居全国地级城市以上第 13 位；业务收入累计完成 24.79 亿元，同比增长 26.4%，居全国第 15 位。

五、航空物理发展空间

航空货运是现代物流的重要组成部分，其安全、快捷、方便和优质的服务符合了现代物流服务的基本要求，全球目前有大约三分之一的货物是通过航空运输完成。中国正处于快速工业化的过程中，未来 15 年中国经济将继续保持 7% 以上的年均增长率，国内产业结构调整和升级将进一步加快，经济全球化下的全球生产体系和快速供应链的航空物流运输和组织方式逐步完善，由此带来的航空货运的需求也将不断增加，航空货运市场空间广阔。

随着温州城市发展和产业升级的整体推进，温州作为浙南闽北赣东的经济中心地位将进一步加强。现代航空物流作为民航新的经济增长点，正逐步显现出对区域产业和城市发展的推动作用。如何发展和完善温州城市对外综合交通体系，最大限度地挖掘航空货源，加快建设以航空运输为龙头、多式联运为补充的航空物流集散中心，正全面提上议事日程，未来温州机场将建设成为客货并举的浙南闽北赣东地区枢纽型机场。

1. 首先是基于机场的地缘优势和服务能力。温州机场辐射范围主要是浙南闽北赣东区域，其中温州、台州、金华等相对富裕地区继续保持对航空物流的较大需求，上饶、衢州、宁德、丽水是机场发展航空物流重点争取的地区。距温州最近的杭州、宁波、福州机场均超过 300 公里。区域货物集散和对外贸易面广量大，据统计资料表明，一个地区的进出口额每增加 1%，其货运量将增加 9%。随着 4E 级国际机场的建设，温州机场在经营管理、硬件设施、国内国际航线网络、高密度的航班起降方面将明显升级，这必将给机场发展现代物流业提供强有力的保证。

2. 其次是温州物流综合枢纽城市建设的迫切要求。从全省发展角度来看，浙江省在《浙江省现代物流发展纲要》以及浙江省综合交通发展规划确立了杭州、宁波、金华 - 义乌、温州为全省四大综合物流枢纽城市。依托枢纽港口、机场、铁路货站、公路运输枢纽的布局，构建区域立体式、网络化的综合物流体系已势在必行。发展航空物流是完善温州现代物流体系、做强物流枢纽城市的重要任务和抓手，发展前景尤为看好。

3. 第三是产业转型、口岸贸易和城市消费升级发展的需求。温台制造业基地是我省参与全球竞争的重点地区之一。温台沿海产业带将建设成为联动环杭州湾地区、辐射金衢丽地区、呼应长三角与珠三角开发的国际性产业集群集聚区，带来的高技术、高附加、精密产品和进出口中间产品的仓储、中转、配送及国际物流市场空间相当可观。发展航空物流，有利于发挥航空货运优势，促进先进制造业与现代物流业的进一步融合，带动产业提升核心竞争力。同时，随着社会消费规模的增长和城市消费的升级，对城市配送提出了更高的要求，带来的航空快递业发展迅猛。包括温州在内的东南沿海区域消费品专业市场也加快向全球性商品采购基地和物流中心转变，促使进出口商贸物流进一步集聚，这为以安全、快捷著称的航空物流业开辟了广阔的市场空间。

六、温州航空物流园区建设的必要性和紧迫性

1. 配套温州国际机场、发挥空港门户作用的需要

随着温州机场跻身为国际空港，机场区域正由“城市的机场”演变为“机场的城市”，从一个单一的交通中心转变为一个以航空主业为依托，融合航空物流、国际商贸、高新技术产业等于一体、辐射周边区域的经济中心。建设空港物流园区，将根本拓展机场航空主业，改善机场运营结构，集聚物流资源和物流设施，不断完善机场与产业结合的通道，极大地促进空港门户作用的发挥。

2. 增强温州机场货运能力、提升综合竞争力的需要

温州机场的经济社会效益远大于其规模，从侧面反映了机场设施建设的滞后。目前由于客机运量受限和物流体系的滞后，温州机场货运存在时效性差、成本高、舱位难保证、出货量有限等问题，直接影响到温州外向型经济的发展。加快空港物流园区建设，既是机场增加自身竞争实力的需要，也是应对地域竞争和同业竞争形势的需要，通过有效整合机场货运资源，提高驻场企业的转运效率，从而使得整个供应链上的物流运作成本大幅下降，将极大地提升机场航空货运量，实现“客货运并进”，培育新的利润增长点。

3. 服务沿海产业带发展、加快产业转型升级的需要

温台区域民营经济活跃、轻工制造业发达、外向型特色明显。建设空港物流园区，将满足温台沿海产业带制造业及商业系统对航空货运快速高效的运输需要，衍生现代经济的技术创新和新产品的出现，吸引对运输时间效率有着较强要求的电子信息、新材料、生物医药、创汇农业等高附加值业态在温台沿海产业带集聚，构建区域新的经济增长点。并充分利用航空运输的辐射效应，增加区域国际物流需求，引导产业向外向型经济发展。

4. 是拉动区域内需、带动温州临空经济发展的需要

目前，温州机场周边区域包括永兴围垦片、民科基地片、龙湾南片城镇区都正加快开发步伐，机场核心地带需要尽早决策避免形成“围城”。建设空港物流园区，可利用高效的物流运作，在聚集效益机制的作用下，吸引综合物流服务企业及临空型企业在园区周边集聚，促进相关产业的发展，并将带来可观的预期税收，带动机场周边土地的升值，提高土地开发的经营收入，有助于航空货运枢纽港的形成、供应链系统的完善和温州东部城市片区的拓展。

七、小结

航空货运是现代物流的重要组成部分，其安全、快捷、方便和优质的服务符

合了现代物流服务的基本要求，全球目前有大约三分之一的货物是通过航空运输完成。中国正处于快速工业化的过程中，未来15年中国经济将继续保持7%以上的年均增长率，国内产业结构调整和升级将进一步加快，经济全球化下的全球生产体系和快速供应链的航空物流运输和组织方式逐步完善，由此带来的航空货运的需求也将不断增加，航空货运市场空间广阔。

随着温州城市发展和产业升级的整体推进，温州作为浙南闽北赣东的经济中心地位将进一步加强。现代航空物流作为民航新的经济增长点，正逐步显现出对区域产业和城市发展的推动作用。如何发展和完善温州城市对外综合交通体系，最大限度地挖掘航空货源，加快建设以航空运输为龙头、多式联运为补充的航空物流集散中心，正全面提上议事日程，未来温州机场将建设成为客货并举的浙南闽北赣东地区枢纽型机场。

第四节　温州空港物流园区的建设思路

一、指导思想

充分发挥温州机场航空枢纽优势，以做大航空物流为核心，以温州城市经济圈和温台沿海产业带的物流市场为支撑，多元化拓展航空物流增值服务，努力整合区域内资源，扩大空港物流园区的辐射面，全面提升物流园区的整体竞争力，形成物流功能层次较高、物流资源集聚功能较强、物流设施运作一体化，联接“长三角”和“海西区”的区域性空港物流园区，满足温州机场未来20～30年的物流发展需求。

二、功能定位

1. 浙南闽北航空物流集散中心

高效服务浙南闽北航空运输市场，建设一个集货代、货运、仓储、分拨、加工、配送、保税、服务等于一体的综合性空港物流园区，形成区域性航空物流集散中心。

2. 公共服务型航空物流基地

作为温州市、龙湾区主导建设的物流基地，主要为第三方、第四方物流企业搭建公共服务平台，具有社会公共性，满足各类物流企业集聚发展及业务运作的需要。

三、建设原则

1．总体规划、分步实施原则

有机衔接机场改扩建，按照“高起点、高标准”原则，分期推进、分步实施，根据市场的需求和发展，开发形成物流核心区、物流增值区、物流服务支持区三大区块。

2．区域衔接、完善配套原则

全面纳入温州东片城市总体规划，做好在用地功能、基础设施和公共配套等方面的衔接。科学组织内外交通和物流流程，综合考虑满足地方相应的物流发展需要，完善多式联运和配送体系。

3．提升服务、扩大辐射原则

按照物流节点有效对接和网络运作的要求，与温州深水港物流园区及专业物流基地建立联盟合作，与省内乃至长三角相关地区物流园区进行对接，以空铁联运、陆空联运、海空联运和陆交中心的城市长途专线运输为抓手，形成物流联动发展。

4．政府推动、市场运作原则

按照“政府推动、市场运作、企业经营”的原则进行园区的开发，以规范化、信息化、系统化为标准，以招商引资为载体，集聚现代物流企业、货运代理企业和相关服务企业，建设功能完善、设施齐全、技术先进、运转高效的航空物流基地。

四、发展目标

1．近期（2010—2015 年）

完成物流园区一期工程，开发面积 1300 亩。包括国内、国际货运站、快递中心、海关监管联检区、航空货代中心和相关配套设施。基本满足国内货物仓储中转需求，国际货物仓储中转业务得到较大程度的拓展。货邮量处理能力 20 万吨；仓储面积 25 万平方米。

2．中期（2020—2025 年）

完成物流园区二期工程，开发面积 1500 亩。建成多式联运区和保税物流中心，扩建航空快递中心，可支持各第三方物流公司及配送企业广泛开展包括“门到门”配送、多式联运、仓储、租赁、中转、商品检验和简单加工、报关、保税、展销等综合服务。货邮量处理能力 50 万吨；新增仓储面积 40 万平方米，其中保税仓库面积 10 万平方米。

3. 远期（2025—2030 年）

完成物流园区三期工程，开发面积 1700 亩。航空物流、货运配载、保税服务、物流交易、信息服务、仓储、展示、通关等物流功能齐全，与之相配套的园区管理、金融保险、商贸、餐饮、商品展示、咨询培训等综合服务完善。货邮量处理能力 160 万吨；新增仓储面积 37 万平方米，其中保税仓库面积 20 万平方米。

五、小结

本节从温州空港物流园区的指导思想、功能定位、建设原则、发展目标等方面阐述了空港物流园区的建设思路。温州空港物流园区建设要充分发挥温州机场航空枢纽优势，以做大航空物流为核心，以温州城市经济圈和温台沿海产业带的物流市场为支撑，多元化拓展航空物流增值服务，努力整合区域内资源，扩大空港物流园区的辐射面，全面提升物流园区的整体竞争力，形成物流功能层次较高、物流资源集聚功能较强、物流设施运作一体化，联接“长三角”和“海西区”的区域性空港物流园区，满足温州机场未来 20–30 年的物流发展需求。

第五节　园区的布局和建设

一、园区选址

规划中的温州空港物流园区位于龙湾区东部，紧邻现机场工作区，分跨海滨街道和永兴街道，西靠滨海大道，东临甬台温高速公路复线（规划），瓯海大道、城市东西向轻轨（规划）直通地块，交通条件十分便利。规划预留用地 4500 亩，地块与机场跑道轴线基本平行，长约 3.6 千米，宽约 7.6–11.3 千米。属航空限高区范围，现状用地为待转换建设用地和基本农田，其中待转换建设用地约 960 亩。

区块地势西高东低，属瓯江冲积兼海涨平原。供电依托 220kV 永强变，近期将增设 110kV 海滨变，变电站容量增容至 8 万 kVA。供水依托龙湾新状元水厂（30 万吨 / 日），污水处理依托城市东片污水处理厂（30 万吨 / 日）。高压电缆、水管和污水管都已铺设到机场改扩建区域。

二、布局重点

（一）布局原则

（1）功能集中、技术经济合理。集中航空货运、货运代理、增值加工、保税区、海关监管、物流配送等功能，做到各业务环节无缝衔接。

（2）设施共享，效益最大。园区内相关公用和配套设施、生活设施等提倡共享使用，发挥最大效益。

（3）优化环境，紧密对接。抓住温州机场扩建有利时机，强调紧密衔接，改善机场内部和周边地区的物流环境和海关监管环境，做到“一站式”流程服务。

（4）前瞻原则，预留空间。适度超前，立足区域航空物流和衍生产业的长远需求，保证一定的发展用地空间。

（二）布局重点

（1）物流仓储类业务是园区内的主要业务形式，围绕航空货运集散、转运、配送、分拨等业务，以及第三方物流、现代物流外包服务等作为主导方向。

（2）有选择的接纳电子、轻工、机械、医药、服装、生活、食品加工类对环境不产生污染的装配生产、加工组装等产业。

（3）适时开辟保税仓储和加工，保障外贸货物便捷通关、转港，保税货物和采购进区的国内货物可以在进口加工、装卸后出口。

（4）相配套的增值服务。

（三）接纳企业类型和服务对象

温州空港物流园区将围绕航空货运领域开展类核心业务，大体划分为仓储物流、商贸服务、出口加工三种类型；其服务面向国内外各航空公司、物流服务商，各类加工制造企业、贸易进出口企业等，业务辐射范围为温州中心城市周边约400公里的区域。

表4.3　接纳的代表企业类型

大类	企业类别	代表企业
1	仓储物流类企业	物流服务商、外贸进出口商
2	运输服务类企业	航空公司、铁路、公路、水路承运商、配送商，快递、邮件
3	进出口贸易类企业	进出口公司
4	国际采购、分销、配送类企业	进出口商、外向型企业
5	商品展示的企业	展示商、批发商
6	加工制造业	组装和加工企业
7	金融服务业	金融、保险、代理、理赔机构

三、功能分区

（一）国内外借鉴案例

空港物流园区一般有下列功能区块：一级运营商和机场/货站（包括快递中心，航空货代中心，航空公司基地，国内货物存储、中转中心），二级运营商

（综合物流区），保税物流区，非保税生产加工区，飞机维修基地，物流咨询培训区，商务综合服务区等。如：

（1）北京空港物流基地。一期由第三方物流企业区、高科技流通加工企业区为重点，二期以航空货运站区、快件中心区、海关进出口监管库区、保税物流中心（B 型）、综合办公和配套服务区为重点。

（2）浦东空港物流园区。由快递中心，航空货运代理中心，保税物流区，国内货物存储、中转中心，多式联运物流区，飞机维修基地，商品展示、国际贸易，物流咨询培训区等区块组成。

（3）深圳空港物流园区。由空运中心、保税贸易仓区、临港工贸园区、海运中心和其他综合服务设施等区块组成。

（4）宁波空港物流园区。由保税物流中心（B 型）、空港货运村、保税物流区、机场货站、国际快件中心、航空通关中心、临港物流区及综合配套区等区块组成。

表 4.4 国内外空港物流园区的功能定位

机场	物流园区	功能
香港国际机场	东涌物流园区	存储、运输、组装、装配
韩国仁川国际机场	勇宗物流园区	存储、组装、装配、返修
新加坡樟宜国际机场	自由贸易区东端	中转、装卸、展示和贴标签
上海浦东国际机场	浦东空港物流园区	保税、存储、运输、飞机维修、贸易、商务综合服务
北京首都国际机场	北京空港物流基地	保税、存储、运输、组装加工、商务综合服务
杭州萧山国际机场	杭州国际空港物流中心	保税、存储、运输、贸易、商务综合服务

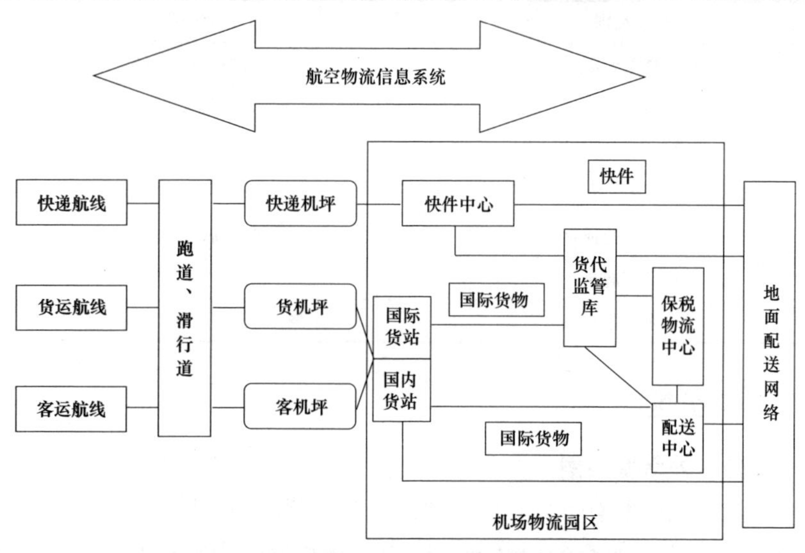

图 4.4 枢纽型机场空港物流园区分区示意图

（二）机场总规平面方案

1．飞行区：近期维持一条跑道，并向南延长至3200米。在跑道东侧规划2条平滑道，在跑道西侧规划1条平滑道。设站坪机位45个，航空公司机坪机位15个。远期随着航站区东移，在近期跑道以东约1800米处新建一条远距平行跑道。设站坪机位70～90个，航空公司机坪机位25～35个。

2．航站区：远期航站区搬迁至跑道东面，航站区设在两条跑道之间，初步考虑为正对将来主进场路的端头式构型。从滨海大道新开进场路进入新航站区。同时从沿海高速公路分岔至机场新航站区的专用进场路。

3．货运区（物流园区）、航空公司基地：近、远期将现有航站区改为航空公司基地（含航空公司过夜机坪）。在现有航站区南部规划机场货运区和温州市空港物流园区（二者可以有机结合），一次规划，分期实施。

（三）功能分区设计

本物流园区自北向南划分为三大功能区块，依次为：物流核心功能区、物流增值功能区和物流服务支持区。

1．*物流核心功能区*

物流核心功能区包括货运站、航空快递中心、货代、地勤、管理用房等主要设施。尽可能靠近货机停机坪，与货机停机坪实现无缝对接，将其列为第一层次布局。连新建的货机机坪区（21架货机规模）在内（330亩），面积约1350亩。

（1）货运站

货运站是机场从事航空货运的基本设施，是经民航主管部门批准、用于存储航空货物和进行航空货物进港、出港或转运处理的场所，根据所处理的货物性质分为国际货运站和国内货运站。面积约400亩。

（2）航空快递中心

航空快递中心是从事航空快递业务的基本设施，其功能是汇集区域内的货件，进行分拣，最终以航空或地面运输方式分发至目的地。面积约70亩。

（3）航空货运代理

航空货运代理作为一级物流运行商，其用地主要作为办公场地，提供货代服务和物流信息链。面积约100亩。

（4）管理用房

管理用房包括机场联检综合楼、边防区等管理用房，是物流口岸建设近期主要配套项目。面积约60亩。

（5）停车场

停车场直接配套货站区和航空快递中心，面积约150亩。航空货运站、航空快递中心及附属的停车场是空港物流园区开展业务必备的功能性设施，是物流园区运作的核心，它们共同占用了温州空港物流园区一期开发的60%以上的土地面积。

2. 物流增值功能区

包括货物加工分拣区、航空快递区、自由贸易区与保税区、综合物流区、货代及第三方物流驻地等。其货物存储主要由第一层次承担，对空侧区的依赖性不是很强，可以作为第二层次布局。面积约1350亩。

（1）货物加工分拣区

集中货物的分级分类、分拆分拣、分装、计量、组合包装、刷贴标志、拼装等增值服务。面积约300亩。

（2）自由贸易区与保税区

自由贸易区与保税区是指经海关批准，由中国境内企业法人经营并从事保税仓储物流业务的海关集中监管场所。它是国际物流业发展的必然产物，可以满足加工贸易对保税仓储物流的需求出口加工区。近期可以先启动空港保税物流中心建设，逐步向自由贸易区与保税加工区升级。面积约400亩。

（3）航空快递区

航空快递区为中期拓展的航空快递区，面积约200亩。

（4）综合物流区

综合物流区作为第二层级物流运行商用地，是多式联运物流区，布置相应规模的仓储设施、货运配载和信息服务设施，适合开展区域配送、市域配送等服务。面积约200亩。

（5）货代及第三方物流企业驻地

以航空运输货代公司和物流企业为依托，以国内外专业物流及总部型企业为主体，其用地主要作为办公场地。面积约150亩。

作为对航空货物的处理加工等产业链的前后向的延伸，以及物流综合服务区，对航空货物提供增值服务功能，将是温州空港物流园区二期建设的重点。

3. 物流服务支持区

由综合服务设施和生活保障设施组成的综合服务区，与机场货运关系较弱，可以作为第三层次布局。面积约1800亩。

主要设置园区管委会、海关、检验检疫等管理机构以及提供物流信息平台，配套设施（动力、能源等），海关监管楼，商务中心，餐饮、商旅、咨询培训等第三产业服务，汇聚多功能、一体化的综合物流产业，为核心区和增值区的物流企业、货代公司、航空公司等提供服务。是温州空港物流园区三期建设的重点。

（四）重点区块建设

（1）航空货运站区。分为国内货站和国际货站，按二期发展进行布置。航空货运区设置空侧出口，设置安全通道，直通机坪，陆侧与保税物流中心的道路连通并邻近海关卡口。按照分期实施进行设备配置，保证生产运营。货运站及代理库设备由机场统一投资。重点装备货运站仓库和货物处理设备，采用人工分拣处理与机械化相结合。其中国内货物处理能力：一期工程配套年处理能力为15万吨，预计二期工程配套年处理能力可达30万吨。国际货物处理能力：一期配套年处理能力为5万吨，二期建成后预计处理能力可达15万吨。

（2）航空快递中心。航空快递中心是在机场物流规划发展用地上，以适应快递业迅猛发展的货邮处理量设立的仓储和分拣设施区。一期工程配套年处理能力为1.5万吨，二期建成后预计处理能力可达4万吨。

（3）保税物流中心。保税物流中心是在机场物流规划发展用地上先行建设保税仓库和出口监管仓库，为转型升级为“保税物流中心（B型）”做准备。实行货物进出口的保税、监管及加工增值的一站式直通服务。其中，保税物流享受“境内关外”待遇。保税仓主要是存储保税货物，依据货物类型和存期不同，采用堆存或货架存放。保税加工主要为简单物流加工如分装、计量、封装、贴标、装箱等，可以在库房内作业。

（4）自由贸易区（货物出口加工区）。有选择的发展适合航空运输的高、精、特产品装配生产、加工组装等产业，打造临港工贸园，与货运站区邻近。因为是实质性加工需要一定的作业厂房和相关的组装和检测设备。

（5）综合物流区。功能类似国内货物分拨中心，是在机场物流规划发展用地上，建设依赖航空运输方式开展国内货物集散分拨业务及国内陆空转运业务的专门区域。

区块平面布置，以满足空港物流园区的空防、生产、运输、物流、消防需要为前提，按照功能组团布置，尽量节省土地。对于需要空陆侧的通过型货运站设施，设置合理足够的空陆侧场坪。对于存储型设施重点考虑消防的要求，对于生产型设施，则考虑内部业务以及外部交通联络的方便。

（五）基础设施和物流信息系统

1．园区基础设施

空港物流园区将按照国内一流标准建设，提供高标准的“九通一平”（供水、雨、污排水、供电、天然气、通讯、数码监控系统、有线电视、道路及土地自然平整）市政设施，满足现代化企业生产经营的需求。

按照空港物流园区对基础设施的要求，区内供水管网应采取用环状管网布局规划；排水设施应达到雨水污水分流排放的要求；电力设施应实现环绕供电，并应满足有关技术指标要求；通信设施应满足电话、网络，以及邮递的需求；燃气供应可直接接入市政燃气管网；在业务运作区规划建设主干道和次干道；同时还应建设承担划分交通、美化环境和吸附灰尘作用的绿化隔离带。

2. 监管设施

在监管设施建设方面，查验设施：建设满足海关、检验检疫等联检单位现场查验的查验场地和查验平台。监管设施：围网和卡口建设，保税物流中心按照海关监管要求实施封闭围网，具体执行《海关特殊监管区域基础和监管设施验收标准》。监控和信息设施，规划建立电子监控系统（包括集装箱号码自动识别系统、远程监控视频系统、GPS 监控系统），构筑基础的电子化信息网络和公共信息平台，确保监管手段的现代化。

3. 航空物流信息系统

空港物流信息系统建设应遵循高起点、全方位、立体化的原则，按照航空物流信息系统的应用层次，从基础设施、管理功能和公共服务等三个层次进行构筑和建设，努力做到“服务空港、辐射城市、连通周边”，协调好政府部门、物流企业、货主企业、服务机构等四方参与主体相互间的配合（如图 4.5），进一步提高空港物流运作效率。

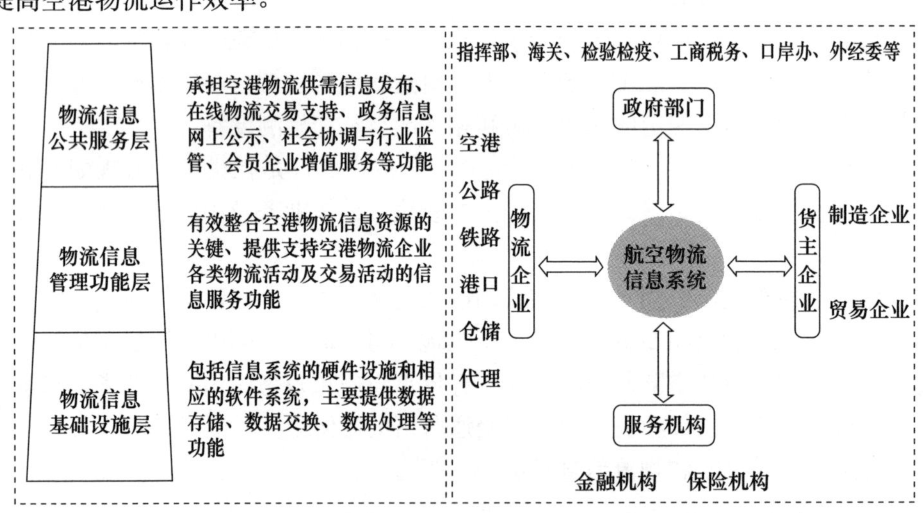

图 4.5 空港物流园区物流信息系统图

园区内将建立信息共享的公共物流数据平台，以信息平台为中心，将各方物流生产及监管信息整合在一起，利用信息技术手段为园区在海关监管服务、口岸作业、转口贸易、物流分拨、加工业务等各个方面提供现代服务手段。信息平台以进驻企业为服务对象主体，同时向国内外开放；信息平台将为进驻政府监管机构和进驻部门开放和提供支持。

信息平台提供的主要服务内容有：跟踪和历史追踪，电子报关，车辆预定系统，信息共享枢纽和电子商务交易系统等。要加快推行和运用物流信息化和标准化技术，包括网络、EDI 电子数据交换、GPS 卫星定位、GIS 地理信息、条码、智能卡等；管理软件，包括 CCS 货运社区系统、SCM 供应链管理系统、CRM 客户关系管理系统等；运输、装卸、搬运技术；仓储技术，包括自动化立体库、货架、托盘、分拣、条形码、识别系统等。

对入驻物流园区的大型专业物流企业，要按照规范化、流程化的原则，要引导企业在运作管理系统、质量保证系统、信息管理系统和客户管理系统上下功夫，将运输、仓储、装卸、加工、整理、配送、信息等方面进行有机结合，形成完整的供应链，为用户提供多功能、一体化的综合性服务。

四、小结

本章对园区的布局和建设进行了阐述，从园区选址、布局重点、功能分区等方面对温州空港物流园区建设进行了规划。规划中的温州空港物流园区位于龙湾区东部，紧邻现机场工作区，分跨海滨街道和永兴街道，西靠滨海大道，东临甬台温高速公路复线（规划），瓯海大道、城市东西向轻轨（规划）直通地块，交通条件十分便利。空港物流园区将按照国内一流标准建设，提供高标准的“九通一平”（供水、雨、污排水、供电、天然气、通讯、数码监控系统、有线电视、道路及土地自然平整）市政设施，满足现代化企业生产经营的需求。

参考文献

［1］田泽 . 秦皇岛市物流业现状分析与发展建议［J］. 经营管理者，2016，16：96.
［2］党小红，刘钢 . 物流园区信息平台研究综述［J］. 物流技术，2015，21：205-208.
［3］何海林，赵斌 . 陕西物流园区发展现状及存在问题研究［J］. 中国市场，2016，23：29-30.
［4］苏晓华 . 鄂尔多斯空港物流园区的政府管理研究［D］. 内蒙古师范大学，2016.
［5］吴胜亮 . 广州空港物流园新推“直购进口”［J］. 空运商务，2014，10：11.
［6］张凤岩，王剑，张平 . 基于集群式供应链的空港物流园区促进资源型城市产业转型升级研究［J］. 物流技术，2015，16：64-67.
［7］杨波，吴涵 . 基于组合预测模型的物流园区物流需求预测——以重庆空港物流园为例［J］. 数学的实践与认识，2015，20：16-25.
［8］郝建忠胡玉才 . 鄂尔多斯空港物流园区“智慧园区”建设取得积极进展［N］. 鄂尔多斯

日报，2015-09-23（001）.
[9] 张明莉 . 区域特质视域下临港物流产业发展定位及策略分析——以河北秦皇岛为例［J］. 河北学刊，2014（05）：125-127.
[10] 郭军 . 鄂尔多斯空港物流园区产业问题研究［D］. 内蒙古师范大学，2014.
[11] 吴婷婷 . 航空物流园区的布局规划与仿真［D］. 武汉理工大学，2014.
[12] 王凯风 . 西部空港物流园区功能定位研究［D］. 首都经济贸易大学，2014.
[13] 顾晶莹 . 上海浦东空港物流园区发展战略研究［D］. 上海外国语大学，2014.

第五章　商贸服务型国家物流枢纽建设研究

第一节　绪论

一、研究目的、意义、趋势判断、需求分析及背景阐述

为贯彻落实党中央、国务院关于加强物流等基础设施网络建设的决策部署，科学推进国家物流枢纽布局和建设，2018 年 12 月，国家发展改革委、交通运输部联合印发《国家物流枢纽布局和建设规划》（发改经贸〔2018〕1886 号）的通知，该通知指出“到 2025 年，布局建设 150 个左右国家物流枢纽，枢纽间的分工协作和对接机制更加完善，社会物流运行效率大幅提高，基本形成以国家物流枢纽为核心的现代化物流运行体系，同时随着国家产业结构和空间布局的进一步优化，以及物流降本增效综合措施的持续发力，推动全社会物流总费用与 GDP 的比率下降至 2% 左右。”通知中温州被列为商贸服务型国家物流枢纽承载城市。2019 年 3 月，国家发展改革委、交通运输部联合印发《国家物流枢纽网络建设实施方案（2019—2020 年）》（发改经贸〔2019〕578 号）的通知，明确提出按照高质量发展的要求，聚焦打造“通道 + 枢纽 + 网络”的物流运行体系，2020 年底前布局建设 30 家左右国家物流枢纽。

温州位于浙江省东南部，瓯江下游南岸。温州市东南沿海重要的商贸城市，浙西南的中心城市，是一带一路战略中的节点城市，北面与上海杭州接轨，难免与附件接壤，地理位置十分重要。全市陆域面积 11612.94 平方千米，海域面积约 11000 平方千米。全市辖 4 个市辖区、5 个县、2 个县级市。2017 年常住人口 921.5 万人。

2018 年全市生产总值（GDP）6006.2 亿元，比上年增长 7.8%。其中，第一产业增加值 141.8 亿元，增长 2.0%；第二产业增加值 2379.5 亿元，增长 7.6%；

第三产业增加值 3484.9 亿元，增长 8.2%。按常住人口计算，人均地区生产总值 65055 元（按年平均汇率折算 9831 美元），增长 7.3%。国民经济三次产业结构为 2.4 ∶ 39.6 ∶ 58.0，第三产业比重比上年提高 0.4 个百分点。年末公路总里程 14613 公里，其中高速公路 365 公里，一级公路 552 公里，二、三级公路 1919 公里。2018 年末机动车保有量 244.1 万辆，比上年末增长 4.6%；其中汽车保有量 218.5 万辆，增长 10.1%；私人汽车保有量 201.6 万辆，增长 10.0%。全年公路和水路完成货物周转量 431.7 亿吨公里，比上年增长 8.9%；旅客周转量 95.6 亿人公里，下降 6.9%。铁路客运量 2658.2 万人次，增长 8.2%；货运量 530.1 万吨，增长 13.3%。航空旅客吞吐量 1121.9 万人次，增长 20.8%；货邮吞吐量 8.0 万吨，增长 6.2%。港口货物吞吐量 8239 万吨，下降 7.7%。温州整体经济发达，基本符合商贸类国家物流枢纽建设的基本条件。当前，商贸服务型物流枢纽建设还处于探索阶段，还没有成熟的理论和案例，故开展这方面的研究有重要意义。

物流枢纽在物流系统中起着非常重要的作用。它汇集各种物流活动，可以提供各种功能齐全的物流服务，发挥规模效应，实现设施和信息的共享。此外，通过先进的信息管理系统可以协调多种资源，全面控制各种活动，提高整体网络运行效率。正是由于物流枢纽的重要性，有必要对其进行合理的布局规划，更有效地指挥和协调整个物流网络。

目前，欧美许多发达国家的物流发展成熟，已建成并投入使用的大型城市物流枢纽设施。以神户物流枢纽为例，日本和平岛商业圈的大型综合物流枢纽基地，鹿特丹，荷兰物流枢纽，以及美国大型城市群物流枢纽的分销模式，不仅建立了物流枢纽城市有效地削减了当地物流水平，也对城市的经济发展起到了非常重要的作用。正是由于物流枢纽的建设和布局具有如此重要的意义和作用，可以缓解物流发展中存在的问题，提高物流业的整体水平。

物流枢纽是集中实现货物集散、存储、分拨、转运等多种功能的物流设施群和物流活动组织中心。国家物流枢纽是物流体系的核心基础设施，是辐射区域更广、集聚效应更强、服务功能更优、运行效率更高的综合性物流枢纽，在全国物流网络中发挥关键节点、重要平台和骨干枢纽的作用。

商贸服务型物流枢纽是依托商贸集聚区、大型专业市场、大城市消费市场等，主要为国际国内和区域性商贸活动、城市大规模消费需求提供商品仓储、干支联运、分拨配送等物流服务，以及金融、结算、供应链管理等增值服务。

当前，商贸服务型物流枢纽建设还处于探索阶段，还没有成熟的理论和案例，故开展这方面的研究有重要意义。本文研究了温州物流枢纽的布局，以判断温州现有物流枢纽的合理性，并提出进一步的发展对策和建议。

二、与本研究相关研究成果及文献综述

对城市物流枢纽的研究主要集中在城市物流枢纽的定义、特征、功能，建设大型物流枢纽的必要性及城市物流枢纽选址等内容。董雷等对物流枢纽的基础问题进行研究，提出了物流枢纽的概念、特性、层次划分等内容。杜衡将研究范围缩小到城市，结合城市物流系统和区域物流系统的相关内容，对“物流枢纽”演化和概念进行了详细的研究，其后给出了城市物流枢纽建设的建设性意见。董键提出了利用双层优化模型来优化城市物流枢纽和购物中空间分布。尹晓水基于重庆市的发展建设，提出了针对该城市的物流枢纽规划布局方案。

目前，尚没有研究对“城市物流枢纽”的概念、功能、功能、界定标准等基本内容进行明确说明，更缺少对其使用定量和定性方法模型进行布局规划问题的深入研究，还有很多可以完善的方面。

三、研究内容、重点、技术关键和难点分析

1. 研究内容

针对当前城市物流发展的需求和现有研究中存在的不足，本文以商贸服务型国家物流枢纽作为研究对象，提出了一种城市物流枢纽规划布局方法。该方法是在综合对比各规划布局方法的优劣势和可行性的基础上，根据实际研究需要，组合多种定性和定量的方法而形成的。该方法的提出将为城市，尤其是大型特大型城市物流枢纽布局规划提供参考。

2. 研究重点

按照国家物流枢纽布局和规划建设要求，从区位条件、空间布局集约、存量设施优先、开放性公共性强、服务功能完善、统筹运营管理、区域协同联动的方面进行重点研究。

3. 研究技术关键和难点分析

要结合实际，选择合适理论构建支撑框架，提出可行的建设思路。

四、研究方法及创新点说明

1. 研究方法

（1）文献研究法主要指搜集、鉴别、整理文献，并通过对文献的研究形成对事实的科学认识的方法。文献法是一种古老而又富有生命力的科学研究方法

（2）层次分析法，简称 AHP，是指将与决策总是有关的元素分解成目标、准则、方案等层次，在此基础之上进行定性和定量分析的决策方法。该方法是美国运筹学家匹茨堡大学教授萨蒂于 20 世纪 70 年代初，应用网络系统理论和多目

标综合评价方法，提出的一种层次权重决策分析方法。

2. 研究创新点

（1）研究视角的创新 . 本研究试图运用管理学、制度经济学、演化经济学、产业经济学等多学科系统研究商贸服务型国家物流枢纽构建这一研究，分别从经济学、管理学的基本理论入手，分析其发展现状，提出相关模型。

（2）研究方法上的创新

在研究方法上，本研究不仅运用了运用历史与逻辑相统一的分析法演化基本理论，还了进行大量的实证调研。

（3）研究内容的创新

商贸服务型国家物流枢纽这一研究还没有成熟经验，本研究的研究将弥补这一空白。

五、应用价值分析

本研究以习近平新时代中国特色社会主义思想为指导，其成果将为推动物流组织模式和行业管理体制机制创新，加快现代信息技术和先进设施设备应用，构建科学合理、功能完备、开放共享、智慧高效、绿色安全的国家物流枢纽网络，打造“通道 + 枢纽 + 网络”的物流运行体系，实现物流资源优化配置和物流活动系统化组织，进一步提升物流服务质量，降低全社会物流和交易成本，为优化国家经济空间布局和构建现代化经济体系提供有力支撑和借鉴。

第二节 理论基础及方法

一、理论背景

关于物流枢纽的研究，学者们进行了很多探讨。范渊、姜欣辰（2019）借鉴欧美典型货运枢纽机场空间布局，阐述了货运枢纽机场的建设思路；罗本成（2019）对《国家物流枢纽布局和建设规划》文件进行了解读，提出了见解；陆华、王晓平、王鑫宇（2018）研究“一带一路”沿线物流枢纽建设的方向和路径；姜超峰（2018）回顾了物流站点、配送中心、物流中心、物流园区、物流枢纽的发展历程，认为上述物流组织组成了支撑国家经济的物流节点体系；班奕（2017）对西咸空港航空物流枢纽建设面临的挑战进行了分析，提出了相应的建设路径；阮清方、严红梅（2013）借鉴纽约等 5 个国际先进物流城市经验，对深圳物流产业发展提出了建议；徐国栋（2017）以乌兰察布为例，探讨了融入“一带一路”建设，打造国际物流节点城市的思路。

综合以上学者的研究成果，可以看出关于物流枢纽的研究还处于起步阶段，理论和实践还不成熟，其演化过程如图 5.1 所示。

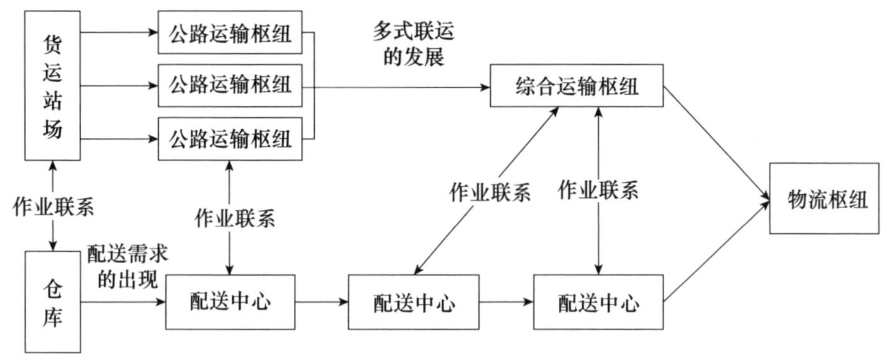

图 5.1　物流枢纽的演化过程

本研究采用国家发改委关于物流枢纽的定义，即物流枢纽是集中实现货物集散、存储、分拨、转运等多种功能的物流设施群和物流活动组织中心。国家物流枢纽是物流体系的核心基础设施，是辐射区域更广、集聚效应更强、服务功能更优、运行效率更高的综合性物流枢纽，在全国物流网络中发挥关键节点、重要平台和骨干枢纽的作用。

商贸服务型物流枢纽是依托商贸集聚区、大型专业市场、大城市消费市场等，主要为国际国内和区域性商贸活动、城市大规模消费需求提供商品仓储、干支联运、分拨配送等物流服务，以及金融、结算、供应链管理等增值服务。

二、物流枢纽的特点

（1）空间位置

城市物流枢纽的特殊性决定了其空间位置的分布，通常位于物流枢纽城市，受物流发展的影响，也可以位于重要的物流节点城市，这些区域可以提供相应的人力，物力和财力。建设物流枢纽支持其发展。内城区通常依靠综合交通枢纽（货运），在铁路或公路枢纽附近，机场，港口等重要交通枢纽，设置先进的物流设施和信息技术，以满足城市大面积的物流的需求，提高整个物流系统的运营效率和服务水平。

（2）层次地位

物流系统作为一个复杂的系统，其由多种节点设施组成，而这些节点设施在规模、功能和结构等方面都有着差异，因此也就形成了有等级和层次划分的结构，具体的结构层次见图 2 所示。

图 5.2 物流系统层次结构图

（3）组成结构

物流枢纽是一个功能齐全，规模大，设施设备齐全的大型物流节点。其设施和设备的分类可分为两类：一类是运输设备，包括各种货运枢纽和相应的运输线；还有相应类型的配套设施，可根据各种运输物流和物流活动的需要，建立各种设备和设施。这两种设施相互补充，是物流枢纽运营不可或缺的。

（4）规模

物流枢纽在整个城市物流系统中起着非常重要的作用，具有许多任务功能。因此，需具有一定的规模来支持它。城市物流枢纽拥有大量的设施和设备，占地面积很大。同时，需要为其配套功能提供相应的空间和土地，满足各种运营和功能的实现，提高整个物流枢纽的运行效率，满足整个城市甚至大范围的物流需求。

三、物流枢纽的功能

作为货物周转，配送，储存，管理和加工的聚集地，物流枢纽拥有更加完善的设施和功能。通过物流系统中各种活动的整体布局和控制，物流活动更加有序，高效，同时可以降低成本，获得更多的效益。其工作主要分为以下几个方面：

（1）中转功能

转移功能是指依托便捷的交通条件，完善的综合运输能力，高效的运营体系和强大的基础设施，实现城市内部和城市之间的货物交换。这是物流枢纽的一个非常重要的特征，它不仅服务于城市，而且实现了其他城市和地区的货物转运。一般物流节点只能在这个城市或小范围内提供转运服务，而物流枢纽可以通过便利的交通条件和强大的设施设备实现货物的长途运输，为大区域的物流提供服务。

（2）交换功能

社会经济发展离不开与外部世界的交流，包括城市生产的流入和流出，人们的生活资源和其他生产要素。物流枢纽的交换功能可以满足城市和覆盖区域的内外生产和生活需求，通过高效运作完成与其他城市和地区的物流交换。已知物流枢纽的交换功能实现了目的地或起点与城市交通通道之间的货物资源的直接交换，并为交换功能提供相应的支持服务，以更好地满足个性化需求。

（3）衔接功能

物流枢纽的连接功能主要体现在长途货物运输上。通过运输方式和运输方式的联系，可以解决长途货物运输需要多种运输方式和工具协调的问题。在城市以外的商品资源交换中，物流枢纽为他们提供物流对接，同时提供城市内商品资源的分配和聚合。

（4）信息传递

物流枢纽的另一个重要特征是他们使用先进的信息技术和管理系统来实现每个物流节点信息资源的实时共享。目前，城市物流资源的诸多浪费现象，如车辆不能满负荷运行，仓库闲置，是信息不对称和缺乏联系造成的。城市物流枢纽的建设不仅需要从有形的角度建设相关的物流设施，还需要加强无形管理信息系统的建设，实现“有形手”与“看不见的手”的结合。

四、物流枢纽选址理论

1. 物流枢纽选址的原则

（1）适应性

城市物流枢纽的定位和发展需要充分考虑对环境的影响，其所在地需要与城市的经济发展，社会进步，物流需求和要求紧密相连，同时应符合城市总体规划和布局等，与城市发展方向和长远发展目标相协调，更好地支持城市发展。反过来，这些因素也将促进物流的发展。

（2）经济性

物流枢纽的选址应充分考虑各种成本，同时还需要结合市场需求和城市有一定的交通状况，建设物流节点详细分析城市物流需求的研究实践和要求。以城市发展，最低成本，经济效益为目标，建立符合物流枢纽基础设施的要求。

（3）前瞻性

物流枢纽的位置需要从整体的角度和长远的角度来考虑，这是前瞻性的。作为一个大型城市基础设施，物流枢纽的建设需要消耗大量的人力，物流和财力。因此，在物流枢纽建设中应考虑未来十年甚至几十年城市物流的发展需求，尽可能全面考虑各种因素。在当前物流业发展阶段之前的前瞻性建设。

2. 物流枢纽选址的目标

（1）推进物流业集约化，降低物流运作成本，获得规模效益

作为一个经济产业，物流业的最终目标是获得经济效益。作为一个宏观系统，物流系统应该更加关注其宏观效应，通过建设过程更加注重物流资源和设施的整合与聚合，形成一个大规模，集约化，专业化的物流系统。它在很大程度上可以满足日益高标准的物流需求，形成良性循环，提高整体经济效益，促进城市发展。

（2）缓解交通，改善环境，提高综合竞争力

城市物流的发展必然带来运输车辆的增加和物流活动的频繁发生，交通和环境问题将不可避免地随之而来。因此，通过物流枢纽的建设，物流活动可以更加有序，可控，合理的调控手段可以最大限度地减少物质发展的负面影响。减少交通拥堵和环境污染，改善环境，同时满足日益增长的物流需求。

五、物流需求影响因素

物流需求是伴随社会经济的总体发展而产生的，社会生产生活的很多活动都有对物流的需求，所其发展受很多方面的影响，本文主要考虑以下几个主要的影响因素。

（1）经济发展水平

当经济发展到一定程度时，城市物流将不可避免地产生，因为随着城市的发展和经济水平的提高，社会活动将会增加，对物流的需求也会增加。它与城市的经济发展密切相关，相互促进，共同进步和发展。许多社会活动需要物流来为货物和资源的流动提供服务。而现在随着信息时代的到来，使信息传输突破了空间的限制，信息通过网络传输到了更远，因此它遵循物理距离传输需求的快速增长，在运输过程中的配套服务，如加工，储存，配送等都有更高的要求。从全球范围来看，国家和地区的经济发展与物流发展水平成正比，因为物流需求量随着城市经济发展水平而变化。同时，物流需求模式将随着物流需求而变化。例如，当物流需求水平较低时，它主要是一种简单且分散的物流需求模式。随着物流需求水平的提高，需要更专业和个性化的物流服务。

（2）产业结构

除上述因素外，一，二，三产业对物流的需求和内容差异很大，导致产业结构也是一个重要因素。其中，第一产业根据不同类型的农产品有不同的物流要求。对于基本农产品，只要能够更好地保证产品质量，满足基本的运输需求；对于一些易腐农产品，需要冷链和快速运输的整个过程。只有在这些高物流要求下，才能保证产品的质量。第二产业的整体物流需求不高，主要是一些大宗商品。虽然对这些产品的需求量很大，但质量要求不高。一般来说，H 行业对物流的依赖性很小，因为其工业性质主要是无形服务，因此主要对物流有个性化要求，但需求量小。从三个行业物流需求的比较可以看出，实体产业对物流的需求大于服务业，其中重工业对铁路货运需求最大，农业对公路货运的需求增加。随着第三产业比重的增加和国民经济发展中第一，二产业比重的下降，物流需求中的公路货运量不断增加，铁路货运量逐渐减少。可以看出，产业结构调整将使物流需求发生相应变化。

产业结构也会对物流需求的内容产生影响。以工农业为主的湖南，江苏等省对运输和仓储的需求较低，而广州，浙江等省以第三产业为支柱调整产业结构，需要更加个性化，优质的服务。由于产业结构的调整，消费带来的物流成为主力军，尤其是电子商务的繁荣发展凸显了物流的重要性。

（3）消费水平

消费水平是城市物流需求的另一个影响因素。消费水平对物流需求的影响可分为直接和间接。直接影响是，随着人们生活水平和收入的提高，人们更加追求高质量的服务，满足他们的基本生活需求，从而产生更加个性化，生活化，准时，高效的物流服务。特别是电子商务的发展带来了更多的网络购物和海外网购，极大地刺激了小商品配送和国际物流的需求。间接影响是消费水平通过影响企业的生产经营以满足消费者需求，间接影响物流的规模和需求内容。无论是直接还是间接，毫无疑问，消费水平的提高将促进城市物流需求的增长，从而带来物流的发展和进步。

（4）城市贸易

全球经济一体化的发展推动了各个国家和地区的贸易活动，城市贸易也将从中受益。贸易活动促进企业间的合作与交流，带来大量商品和资源的流通，蕴藏着巨大的市场和商机。更频繁的贸易活动带来了更多的物流需求和对高标准物流服务的更多需求。对专业化、大规模综合物流服务的需求日益增长，是物流发展的机遇和挑战，可以促进物流业的发展。商品零售可以直接反映城市商品的生产和销售，贸易频率和市场发展水平，是衡量城市物流需求程度的重要指标。城市贸易活动的增加可以有效促进货物流通，即货物从供应商到需求者的流动以及信

息的全面流动。需要物流服务来支持运输，仓储等物流活动需求的增加，为城市物流发展注入新的活力，

（5）资产投资

资产投资包括许多方面，对物流需求有很大影响。本文主要考虑固定资产投资对物流需求的影响。固定资产投资的数量和结构可以很好地显示城市对基础设施建设的重视以及对不同行业的支持。固定资产投资往往表明城市基础设施建设很多，这些基础设施的建设不可避免地需要资源和物资的流入和流出，这将产生相应的物流需求。投入的固定资产越多，物流需求就越大，对促进发展起到了很好的作用。

（6）物流供给及服务水平

物流供应的规模将直接影响物流需求。物流需求的实现取决于物流供应，并受其限制。如果物流供应能力足够大，既可以满足当地物流需求，又可以吸引其他城市和地区的物流需求，从而增加当地的货物流通。相反，如果物流供应能力不能满足当地物流需求，将迫使本体物流需求迁出，不利于当地物流业的整体发展，也会对城市物流产生负面影响。经济发展水平也会对物流需求产生一定的影响。对物流服务要求将更加专业化，整合化和网络化，这将增加物流行业客户的数量和规模，让更多的团体选择本地区物流能力。另一方面，物流服务水平差，如交货时间无法保证，货物损坏或丢失等问题将严重影响企业客户形象，不利于企业的长远发展。

六、选址考虑的因素

（1）区位因素

物流枢纽选址的区位因素主要是为物流枢纽提供更好的运营，解决当前城市物流存在的问题，充分发挥其作用。通常物流节点的位置考虑了这两种类型的地点。第一类是城市经济发展的生命线，汇集了发展所需的人才，资金和信息，可以为物流枢纽的建设提供资金，技术和人才。另一种类型位于城市综合货运枢纽附近，通常位于城市的外围，可以提供大面积的土地。同时，由于依靠货运枢纽的便利外部交通条件，这些是物流枢纽建设的先决条件。由于其特殊的作用，物流枢纽通常占地面积大，不适合在城市相对繁荣的地区建设。

（2）产业布局

随着城市的发展和生产活动的增加，产生了不同的物流需求。因此，物流的规划和发展应在整体城市发展规划的前提下进行。工商业作为第一重要产业，在城市形成了一定的布局，而物流业作为工业和商业产业提供服务的产业，其空间布局直接受工业和商业布局的影响。产业布局将影响物流系统的布局。相反，通

过调整和优化城市供应链结构，物流系统的发展也将对城市的产业格局产生相应的影响。

（3）城市交通

城市交通系统的发展直接制约着城市物流的发展，因为所有的物流活动和功能都是以城市交通系统为基础的。货物资源的流动可以通过城市交通系统中的货运枢纽来实现，然后就会有加工和储存的需求。此外，这些货运枢纽也是多种运输方式转变的地方。因此，许多大型物流节点将货运枢纽转变为自身的一部分，促进了物流系统的发展。在选择物流枢纽的位置时，还应充分考虑该因素。

（4）原有物流基础设施

物流随着城市经济发展而形成。经过一段时间的积累和建设，每个城市都建有各种传统基础设施，如车站，仓库和小型物流节点。在构建现代物流系统的过程中，完全放弃原有的物流设施是不可能的，也是不现实的，会造成很大的资源浪费。物流中心很好地解决了这个问题。它充分利用原有资源，改造和优化原有的物流设施。对物流枢纽的位置要求，首先需要满足城市总体规划，其次还需要满足城市物流发展的需要，最重要的是将现有物流资源纳入现代城市物流系统规划，充分考虑资源利用的原有设施和新旧系统设施的连接问题，将废弃物减少到最低限度。

（5）城市物流长远发展的要求

城市物流枢纽建设需要消耗大量的人力，物力和财力，这是一个大规模的基础设施建设。此外，由于其在物流系统和城市发展中的重要作用，在规划选址时需要制定长期计划。在满足现有物流需求的基础上，我们应该为未来的发展和扩展留出空间，以满足城市未来的发展需求。说物流枢纽规划选址是具有长远眼光的。

（6）城市生态环境及生活环境

物流枢纽是物流综合区，它会产生很大的货运量，特别是它带来的区域和周边地区的交通压力，可能造成交通拥堵，以及汽车尾气造成的污染，并将不可避免地产生物流作业过程中的噪音，以及相关的废物。这些问题会对城市的生产生活环境产生影响，带来环境污染，扰乱城市的正常秩序，城市物流枢纽在选址过程中必须充分考虑这些问题，努力做到推动在物流发展的同时，还要符合城市生态环境的要求，构建绿色可持续发展的城市物流系统。

为带动物流产业快速发展，2016 年温州市规划局拟在中心城区形成“一环一带两网”“328”的现代物流布局空间结构。“一环”指物流基础设施联动发展环，“一带”指沿瓯江物流发展带，“两网”指实体的城市物流道路网络，虚体的城市物流信息和管理网络。如下图 5.3 所示。

“3”指依托铁路的潘桥物流园、依托机场的空港物流园区和依托状元岙港区的瓯江口物流园区；“2”指依托柳市岐头作业区、沈海高速复线、南金公路（228 国道）的柳市物流分拨中心，依托沈海高速复线、环山南路（330 国道）、滨海大道（228 国道）的滨海物流分拨中心；“8”指双屿物流中心、冷链物流中心、化学品物流中心、金海物流中心、仙岩物流中心、医药物流中心、瓯北城市物流中心和洞头城市物流中心 8 个专业物流中心。此次规划将温州定位为长三角南翼和海西经济区北翼的区域性物流中心城市、浙江省对台物流中心，规划范围包括鹿城区、龙湾区、瓯海区、洞头区和瓯北片。根据规划，拟新建瓯江口起步区物流中心（保税物流中心）；新建状元岙港区物流中心；新建洞头城市配送中心；续建潘桥物流园区、金海物流中心、化学品物流中心、城市冷链物流中心；

本文旨在运用 AHP 分析法对温州现有物流枢纽的布局进行合理化评价，然后进一步提出温州市建设国家综合物流枢纽的对策。

七、小结

对物流枢纽建设的相关文献进行了回顾，对物流枢纽的功能、影响因素、选址要求等进行了系统回顾，本章为下面运用 AHP 分析法对温州现有物流枢纽的布局进行合理化评价，然后进一步提出温州市建设国家综合物流枢纽的对策奠定理论基础。

第三节　层次分析法

层次分析法（ahp）是一个复杂的多目标决策问题，作为一个系统，目标被分解为多个目标或原则或规则，约束和多个指标的多个层次，评价标准和投票方案的具体顺序被分解为不同的层次，然后，通过求解判断矩阵特征向量计算每个级别的每个元素在优先级权重元素的层次结构上，最后，加权和层次方法合并每个替代解决方案对最终总目标权重，最终权重以及最优解决方案。

一、建立层次结构模型

根据它们的相互关系，决策目标，考虑因素（决策标准）和决策对象分为最高层，中层和最低层，确定层次结构图。最高级别是指决策的目的和要解决的问题。最低级别是指做出决策时的候选方案。中间层是指要考虑的因素和决策的标准。对于两个相邻层，上层称为目标层，下层称为因子层。

二、构造判断（成对比较）矩阵

在确定各个因素之间各个权重的权重时，如果是定性的结果，往往不容易被接受，因此提出了 Santy 一致矩阵法，即并非所有因素都放在一起进行比较，而是两两比较，此时在相对比例上最小化不同因素的属性来比较难度，以提高准确性。在标准的情况下，在其下的程序之间进行成对比较，并根据它们的重要性给出等级。a_{ij} 是因子 I 和因子 j 之间的显着性比较的结果。表 3.1 列出了 Saaty 给出的 9 个重要性级别及其指定值。由成对比较结果形成的矩阵称为判断矩阵。

$$a_{ij}=\frac{1}{a_{ij}}$$

表 5.1　比例标度表

因素 *i* 比因素 *j*	量化值
同等重要	1
稍微重要	3
较强重要	5
强烈重要	7
极端重要	9
两相邻判断的中间值	2，4，6，8

三、层次单排序及其一致性检验

对应于判断矩阵最大特征根 λ_{max} 的特征向量，经归一化（使向量中各元素之和等于 1）后记为 W。W 的元素为同一层次因素对于上一层次因素某因素相对重要性的排序权值，这一过程称为层次单排序。能否确认层次单排序，则需要进行一致性检验，所谓一致性检验是指对 A 确定不一致的允许范围。其中，n 阶一致阵的唯一非零特征根为 n；n 阶正互反阵 A 的最大特征根 $\lambda \geq n$，当且仅当 $\lambda=n$ 时，A 为一致矩阵。由于 λ 连续的依赖于 a_{ij}，则 λ 比 n 大的越多，A 的不一致性越严重，一致性指标用 CI 计算，CI 越小，说明一致性越大。用最大特征值对应的特征向量作为被比较因素对上层某因素影响程度的权向量，其不一致程度越大，引起的判断误差越大。因而可以用 $\lambda-n$ 数值的大小来衡量 A 的不一致程度。定义一致性指标为：

$$\mathrm{CI}=\frac{\lambda-n}{n-1}$$

CI=0，有完全的一致性；CI 接近于 0，有满意的一致性；CI 越大，不一致越严重。

为衡量 CI 的大小，引入随机一致性指标 RI：

$$\mathrm{RI}=\frac{\mathrm{CI_1}+\mathrm{CI_2}+\mathrm{L}+\mathrm{CI_n}}{n}$$

其中，随机一致性指标 RI 和判断矩阵的阶数有关，一般情况下，矩阵阶数越大，则出现一致性随机偏离的可能性也越大，其对应关系如表 5.2 所示。

表 5.2　平均随机一致性指标 RI 标准值（不同的标准不同，RI 的值也会有微小的差异）

阶数	1	2	3	4	5	6	7	8	9	10	11
RI	0	0	0.58	0.90	1.12	1.24	1.32	1.41	1.45	1.49	1.52

考虑到一致性的偏离可能是由于随机原因造成的，因此在检验判断矩阵是否具有满意的一致性时，还需将 CI 和随机一致性指标 RI 进行比较，得出检验系数 CR，公式如下：

$$\mathrm{CR}=\frac{\mathrm{CI}}{\mathrm{RI}}$$

一般，如果 CR<0.1，则认为该判断矩阵通过一致性检验，否则就不具有满意一致性。

四、层次总排序及其一致性检验

计算某一层次所有因素对于最高层（总目标）相对重要性的权值，称为层次总排序。这一过程是从最高层次到最低层次依次进行的。

五、建立温州各区县对比分析层次结构模型

如表 5.3 所示。

表 5.3　评价指标构成

最高层	中间层	最底层
温州各区县物流能力评价	满足物流需求程度	鹿城区
	物流覆盖能力	瓯海区
	土地资源利用率	龙湾区
	与城市交通链接程度	洞头区
	与对外交通链接程度	乐清市
	物流基础设施投入	瑞安市
	物流业对城市发展的贡献度	永嘉县
	可持续发展能力	
	生态能力	
	产业丰富度	
	人口数	

1. 构造对比矩阵

1	1	3	$\frac{1}{5}$	$\frac{1}{5}$	$\frac{1}{4}$	$\frac{1}{6}$	1	1	$\frac{1}{2}$	$\frac{1}{7}$
1	1	3	$\frac{1}{5}$	$\frac{1}{5}$	$\frac{1}{4}$	$\frac{1}{6}$	1	1	$\frac{1}{2}$	$\frac{1}{7}$
$\frac{1}{3}$	$\frac{1}{3}$	1	$\frac{1}{6}$	$\frac{1}{6}$	$\frac{1}{5}$	$\frac{1}{7}$	$\frac{1}{3}$	$\frac{1}{3}$	$\frac{1}{5}$	$\frac{1}{8}$
5	5	6	1	1	2	$\frac{1}{2}$	5	5	$\frac{1}{3}$	$\frac{1}{4}$
5	5	6	1	1	2	$\frac{1}{2}$	5	5	3	$\frac{1}{2}$
4	4	5	$\frac{1}{2}$	$\frac{1}{2}$	1	$\frac{1}{2}$	4	4	2	$\frac{1}{3}$
6	6	7	2	2	2	1	6	6	3	1
1	1	3	$\frac{1}{5}$	$\frac{1}{5}$	$\frac{1}{4}$	$\frac{1}{6}$	1	1	2	7
1	1	3	$\frac{1}{5}$	$\frac{1}{5}$	$\frac{1}{4}$	$\frac{1}{6}$	1	1	2	7
2	2	5	3	$\frac{1}{3}$	$\frac{1}{2}$	$\frac{1}{3}$	$\frac{1}{2}$	$\frac{1}{2}$	1	4
7	7	8	4	2	3	1	$\frac{1}{7}$	$\frac{1}{7}$	$\frac{1}{4}$	1

A=

1	$\frac{1}{2}$	$\frac{1}{8}$	$\frac{1}{3}$	$\frac{1}{6}$	$\frac{1}{5}$	$\frac{1}{4}$
2	1	$\frac{1}{4}$	$\frac{1}{2}$	$\frac{1}{3}$	$\frac{1}{3}$	$\frac{1}{2}$
8	4	1	3	3	2	2
3	2	$\frac{1}{3}$	1	$\frac{1}{2}$	$\frac{1}{2}$	$\frac{1}{2}$
6	3	$\frac{1}{3}$	2	1	1	2
5	3	$\frac{1}{2}$	2	1	1	2
4	2	$\frac{1}{2}$	2	$\frac{1}{2}$	$\frac{1}{2}$	1

B1=

1	2	8	3	6	5	4
$\frac{1}{2}$	1	4	2	3	3	2
$\frac{1}{8}$	$\frac{1}{4}$	1	$\frac{1}{3}$	$\frac{1}{3}$	$\frac{1}{2}$	$\frac{1}{2}$
$\frac{1}{3}$	$\frac{1}{2}$	3	1	2	2	2
$\frac{1}{6}$	$\frac{1}{3}$	3	$\frac{1}{2}$	1	1	$\frac{1}{2}$
$\frac{1}{5}$	$\frac{1}{3}$	2	$\frac{1}{2}$	1	1	$\frac{1}{2}$
$\frac{1}{4}$	$\frac{1}{2}$	2	$\frac{1}{2}$	2	2	1

B2=

1	1	2	4	3	5	6
1	1	2	4	4	4	6
$\frac{1}{2}$	$\frac{1}{2}$	1	3	2	2	4
$\frac{1}{4}$	$\frac{1}{4}$	$\frac{1}{3}$	1	$\frac{1}{3}$	$\frac{1}{3}$	2
$\frac{1}{3}$	$\frac{1}{4}$	$\frac{1}{2}$	3	1	1	2
$\frac{1}{5}$	$\frac{1}{4}$	$\frac{1}{2}$	3	1	1	2
$\frac{1}{6}$	$\frac{1}{6}$	$\frac{1}{4}$	$\frac{1}{2}$	$\frac{1}{2}$	$\frac{1}{2}$	1

B3=

1	1	1	5	3	3	2
1	1	1	5	3	3	2
1	1	1	5	3	3	2
$\frac{1}{5}$	$\frac{1}{5}$	$\frac{1}{5}$	1	$\frac{1}{3}$	$\frac{1}{3}$	$\frac{1}{2}$
$\frac{1}{3}$	$\frac{1}{3}$	$\frac{1}{3}$	3	1	1	1
$\frac{1}{3}$	$\frac{1}{3}$	$\frac{1}{3}$	3	1	1	1
$\frac{1}{2}$	$\frac{1}{2}$	$\frac{1}{2}$	2	1	1	1

B4=

1	1	1	5	3	3	2
1	1	1	5	3	3	2
1	1	1	5	3	3	2
$\frac{1}{5}$	$\frac{1}{5}$	$\frac{1}{5}$	1	$\frac{1}{3}$	$\frac{1}{3}$	$\frac{1}{2}$
$\frac{1}{3}$	$\frac{1}{3}$	$\frac{1}{3}$	3	1	1	1
$\frac{1}{3}$	$\frac{1}{3}$	$\frac{1}{3}$	3	1	1	1
$\frac{1}{2}$	$\frac{1}{2}$	$\frac{1}{2}$	2	1	1	1

B5=

1	1	1	5	2	2	4
1	1	1	5	2	2	4
1	1	1	5	2	2	4
$\frac{1}{5}$	$\frac{1}{5}$	$\frac{1}{5}$	1	$\frac{1}{3}$	$\frac{1}{3}$	$\frac{1}{2}$
$\frac{1}{2}$	$\frac{1}{2}$	$\frac{1}{2}$	3	1	1	2
$\frac{1}{2}$	$\frac{1}{2}$	$\frac{1}{2}$	3	1	1	2
$\frac{1}{4}$	$\frac{1}{4}$	$\frac{1}{4}$	2	$\frac{1}{2}$	$\frac{1}{2}$	1

B6=

1	1	1	5	2	2	4
1	1	1	5	2	2	4
1	1	1	5	2	2	4
$\frac{1}{5}$	$\frac{1}{5}$	$\frac{1}{5}$	1	$\frac{1}{3}$	$\frac{1}{3}$	$\frac{1}{2}$
$\frac{1}{2}$	$\frac{1}{2}$	$\frac{1}{2}$	3	1	1	2
$\frac{1}{2}$	$\frac{1}{2}$	$\frac{1}{2}$	3	1	1	2
$\frac{1}{4}$	$\frac{1}{4}$	$\frac{1}{4}$	2	$\frac{1}{2}$	$\frac{1}{2}$	1

B7=

1	1	$\frac{1}{5}$	$\frac{1}{3}$	$\frac{1}{2}$	$\frac{1}{2}$	$\frac{1}{3}$
1	1	$\frac{1}{5}$	$\frac{1}{3}$	$\frac{1}{2}$	$\frac{1}{2}$	$\frac{1}{3}$
5	5	1	3	2	2	3
3	3	$\frac{1}{3}$	1	$\frac{1}{2}$	$\frac{1}{2}$	1
2	2	$\frac{1}{2}$	2	1	1	$\frac{1}{2}$
2	2	$\frac{1}{2}$	2	1	1	$\frac{1}{2}$
3	3	$\frac{1}{3}$	1	2	2	1

B8=

1	1	2	$\frac{1}{3}$	3	3	$\frac{1}{3}$
1	1	2	$\frac{1}{3}$	3	3	$\frac{1}{3}$
$\frac{1}{2}$	$\frac{1}{2}$	1	$\frac{1}{2}$	2	2	$\frac{1}{2}$
3	3	2	1	8	8	1
$\frac{1}{3}$	$\frac{1}{3}$	$\frac{1}{2}$	$\frac{1}{8}$	1	1	$\frac{1}{7}$
$\frac{1}{3}$	$\frac{1}{3}$	$\frac{1}{2}$	$\frac{1}{8}$	1	1	$\frac{1}{7}$
3	3	2	1	7	7	1

B9=

1	$\frac{1}{2}$	$\frac{1}{7}$	1	$\frac{1}{7}$	$\frac{1}{7}$	1
2	1	$\frac{1}{3}$	1	$\frac{1}{3}$	$\frac{1}{3}$	1
7	3	1	7	1	1	6
1	1	$\frac{1}{7}$	1	$\frac{1}{5}$	$\frac{1}{5}$	$\frac{1}{2}$
7	3	1	5	1	1	3
7	3	1	5	1	1	3
1	1	$\frac{1}{6}$	2	$\frac{1}{3}$	$\frac{1}{3}$	1

B10=

1	1	2	9	$\frac{1}{2}$	$\frac{1}{2}$	1
1	1	2	9	$\frac{1}{2}$	$\frac{1}{2}$	1
$\frac{1}{2}$	$\frac{1}{2}$	1	5	$\frac{1}{3}$	$\frac{1}{3}$	$\frac{1}{2}$
$\frac{1}{9}$	$\frac{1}{9}$	$\frac{1}{5}$	1	$\frac{1}{9}$	$\frac{1}{9}$	$\frac{1}{5}$
2	2	3	9	1	1	3
2	2	3	9	1	1	3
1	1	2	5	$\frac{1}{3}$	$\frac{1}{3}$	1

B11=

经计算可得判断矩阵 A：λmax=15.06，CI=0.4065，CR=0.0674，权重向量为（0.0362，0.0460，0.0187，0.1256，0.1256，0.1139，0.2278，0.0585，0.0585，0.0831，0.1060）

层次判断矩阵 B1：λmax=7.14，CI=0.0228，CR=0.0173，权重向量为（0.0334，0.0624，0.3148，0.0943，0.1811，0.1870，0.1270）

层次判断矩阵 B2：λmax=7.14，CI=0.0228，CR=0.0173，权重向量为（0.0334，0.0624，0.3148，0.0943，0.1811，0.1870，0.1270）

层次判断矩阵 B3：λmax=7.20，CI=0.0340，CR=0.0258，权重向量为（0.2858，0.2858，0.1592，0.0518，0.0916，0.0851，0.0408）

层次判断矩阵 B4：λmax=7.07，CI=0.0121，CR=0.0092，权重向量为（0.2286，0.2286，0.2286，0.0399，0.0878，0.0878，0.0986）

层次判断矩阵 B5：λmax=7.07，CI=0.0121，CR=0.0092，权重向量为（0.2286，0.2286，0.2286，0.0399，0.0878，0.0878，0.0986）

层次判断矩阵 B6：λmax=7.02，CI=0.0035，CR=0.0026，权重向量为（0.2237，0.2237，0.2237，0.0397，0.1148，0.1148，0.0598）

层次判断矩阵 B7：λmax=7.02，CI=0.0035，CR=0.0026，权重向量为（0.2237，0.2237，0.2237，0.0397，0.1148，0.1148，0.0598）

层次判断矩阵 B8：λmax=7.27，CI=0.0456，CR=0.0345，权重向量为（0.0582，0.0582，0.3227，0.1172，0.1348，0.1348，0.1742）

层次判断矩阵 B9：λmax=7.15，CI=0.0245，CR=0.0185，权重向量为（0.1207，0.1207，0.0897，0.2993，0.0407，0.0407，0.2881）

层次判断矩阵 B10：λmax=7.14，CI=0.0239，CR=0.0180，权重向量为（0.0422，0.0739，0.2826，0.0464，0.2439，0.2439，0.0670）

层次判断矩阵 B11：λmax=7.13，CI=0.0209，CR=0.0159，权重向量为（0.1389，0.1389，0.0765，0.0202，0.2559，0.2559，0.1137）

最后层次总排序为（0.1462，0.1512，0.1940，0.0584，0.1262，0.1265，0.0905）

即从大到小排序为龙湾区、瓯海区、鹿城区、乐清市、瑞安市、永嘉县、洞头区。

层次分析法（ahp）能够解决一个复杂的多目标决策问题。本章利用层次分析法，构造了判断（成对比较）矩阵，通过层次总排序及其一致性检验，对龙湾区、瓯海区、鹿城区、乐清市、瑞安市、永嘉县、洞头区等地区进行了排序。

第四节　多属性决策模型检验

一、多属性决策模型介绍

多属性决策指的是利用已有的决策信息通过移动的方式对一组（有限个）备选方案进行排序或者择优。它的主要组成部分有如下 2 种：获取决策信息：属性权重和属性值（实数、区间数和语言）。通过一定的方式对决策信息进行集结并对方案进行排序和择优信息集结的方法有很多，包括加权算术平均算子（WAA）、加权几何平均算子（WGA）、有序加权平均算子（OWA）。在本文中，我们使用加权算术平均算子（WAA）检验层次分析法的计算结果和合理性。

二、加权算术平均算子

对于一组给定的数据：$\left(a_1,a_2,\cdots,a_n\right),a_i\in\mathbb{R}$，有

$$WAA_w\left(a_1,a_2,\cdots,a_n\right)=\sum_{i=1}^{n}w_ia_i$$

其中，$\left(w_1,w_2,\cdots,w_n\right)^T$是数据组$\left(a_1,a_2,\cdots,a_n\right)$的权重向量，$w_i\in[0,1],i\in[1,n]$

上述中间层的属性值就是得分数据组，我们知道，得分当然是越高越好，这样的属性值类型也称为效益型；也有其他类型的属性。效益型：属性值越大越好（比如利润）；成本型：属性值越小越好（比如成本价）；固定型：属性值越接近某个固定值 α 越好（生产标注宽度）；偏离型：属性值越偏离某个固定值 β 越好；区间型：属性值越接近某个固定区间［q_1，q_2］越好；偏离区间型：属性值越偏离某个固定区间［q_1，q_2］越好。那么如果在海量数据中，可能有些是效益型的，有些是成本型的，这样的数据量纲不同，就会影响到决策的结果，因此，我们需要对属性数据进行规范化处理。具体的处理方案根据不同的属性类型不同，如下所示。

（1）效益型

属性值越大越好（比如利润）：

$$r_{ij}=\frac{a_{ij}}{\max a_{ij}}\text{ 或 }r_{ij}=\frac{a_{ij}-\min_i a_{ij}}{\max_i a_{ij}-\min_i a_{ij}}$$

（2）成本型

属性值越小越好（比如成本价）：

$$r_{ij}=\frac{\min_i a_{ij}}{a_{ij}}\text{ 或 }r_{ij}=\frac{\max_i a_{ij}-a_{ij}}{\max_i a_{ij}-\min_i a_{ij}}$$

（3）固定型

属性值越接近某个固定值 α 越好（生产标注宽度）：

$$r_{ij}=1-\frac{a_{ij}-\alpha_j}{\max\left|a_{ij}-\alpha_j\right|}$$

（4）偏离型

属性值越偏离某个固定值 β 越好：

$$r_{ij}=\left|a_{ij}-\beta_j\right|-\frac{\min_i\left|a_{ij}-\beta_j\right|}{\max_i\left|a_{ij}-\beta_j\right|-\min_i\left|a_{ij}-\beta_j\right|}$$

（5）区间型

属性值越接近某个固定区间［q1，q2］越好：

$$r_{ij}=\begin{cases}1-\dfrac{\max\left(q_1^j-a_{ij},a_{ij}-q_2^j\right)}{\max\left(q_i^j-\min_i a_{ij},\max_i a_{ij}-q_2^j\right)} & ,a_{ij}\notin\left[q_1^j,q_2^j\right]\\ 1 & ,a_{ij}\in\left[q_1^j,q_2^j\right]\end{cases}$$

（6）偏离区间型

属性值越偏离某个固定区间［q_1，q_2］越好：

$$r_{ij}=\begin{cases}\dfrac{\max\left(q_1^j-a_{ij},a_{ij}-q_2^j\right)}{\max\left(q_i^j-\min_i a_{ij},\max a_{ij}-q_2^i\right)} & ,a_{ij}\notin\left[q_1^j,q_2^j\right]\\ 0 & ,a_{ij}\in\left[q_1^j,q_2^j\right]\end{cases}$$

我们首先查阅大量相关资料，然后请五名专家分别给相应的指标打分，然后数据归一化处理，最后计算通过 MATLAB 软件完成。

2. 归一化数据

利用公式，得出各区县最后得分为（0.8296 0.8410 0.9441 0.6830 0.9018 0.8935 0.8127）。故综合排名先后顺序为龙湾区、瑞安市、乐清市、瓯海区、鹿城区、永嘉县、洞头区。

检验结果表明我们的层次分析法具有一定的科学性，同时也验证了现有的物流枢纽布局规划，如市发改委会同市经济建设规划院对温州的现代物流体系进行了详细的规划。根据规划，我市将建设包括温州状元岙物流园区、南岳物流园区、龙湾物流园区、七里港物流园区、潘桥物流园区、鹿城物流园区、乐清物流园区等十大物流园区。

十大物流园区主要分为综合型、产业型和商贸型三种类型，部分园区已经投入建设。此外，十大物流园区建设将依托三个物流走廊：一是以甬台温高速公路、甬台温铁路为基础形成南北走向的物流走廊；二是以金丽温高速公路、金温铁路为基础形成西向的物流走廊；三是依托温州深水港建设，完善港口网络，构筑港口东向的物流走廊。

表 5.4 专家评分表

	鹿城区	瓯海区	龙湾区	洞头区	乐清市	瑞安市	永嘉县
满足物流需求程度	80	85	90	70	88	87	78
物流覆盖能力	82	83	89	68	85	81	75
土地资源利用率	0.9	0.89	0.85	0.7	0.9	0.9	0.72
与城市交通链接程度	92	93	95	65	83	84	80
与对外交通链接程度	80	82	90	75	85	80	86
物流基础设施投入	70	75	88	65	73	71	75
物流业对城市发展的贡献度	0.6	0.65	0.9	0.60	0.75	0.77	0.69
可持续发展能力	0.8	0.82	0.89	0.76	0.78	0.83	0.74
生态能力	89	85	83	90	80	79	75
产业丰富度	60	70	90	65	86	81	75
人口数（万人）	125	95	72	11	144	143	83

表 5.5　数据处理

	鹿城区	瓯海区	龙湾区	洞头区	乐清市	瑞安市	永嘉县
满足物流需求程度	0.8889	0.9444	1.0000	0.7778	0.9778	0.9667	0.8667
物流覆盖能力	0.9213	0.9326	1.0000	0.7640	0.9551	0.9101	0.8427
土地资源利用率	1.0000	0.9889	0.9444	0.7778	1.0000	1.0000	0.8000
与城市交通链接程度	0.9892	1.0000	1.0215	0.6989	0.8925	0.9032	0.8602
与对外交通链接程度	0.8889	0.9111	1.0000	0.8333	0.9444	0.8889	0.9556
物流基础设施投入	0.7955	0.8523	1.0000	0.7386	0.8295	0.8068	0.8523
物流业对城市发展的贡献度	0.6667	0.7222	1.0000	0.6667	0.8333	0.8556	0.7667
可持续发展能力	0.8989	0.9213	1.0000	0.8539	0.8764	0.9326	0.8315
生态能力	0.9889	0.9444	0.9222	1.0000	0.8889	0.8778	0.8333
产业丰富度	0.6667	0.7778	1.0000	0.7222	0.9556	0.9000	0.8333
人口数（万人）	0.8681	0.6597	0.5000	0.0764	1.0000	0.9931	0.5764

三、小结

多属性决策指的是利用已有的决策信息通过移动的方式对一组（有限个）备选方案进行排序或者择优。本章使用加权算术平均算子（WAA）检验层次分析法的计算结果和合理性。综合排名先后顺序为龙湾区、瑞安市、乐清市、瓯海区、鹿城区、永嘉县、洞头区，检验结果表明我们的层次分析法具有一定的科学性，同时也验证了现有的物流枢纽布局规划。根据规划，温州市将建设包括温州状元岙物流园区、南岳物流园区、龙湾物流园区、七里港物流园区、潘桥物流园区、鹿城物流园区、乐清物流园区等十大物流园区。

第五节　对策与建议

一、物流规划需更加系统科学、可持续

（1）我们认为，国家物流枢纽应该承担整个国家物流运输责任，保障物流安全和国民经济发展的需要。无论如何，满足国家的物流需求应该是第一位的。同时，在物流枢纽应有流通和物流企业集群主导物流业务，应统一物流标准，物流设施共享，信息平台共享。临近的行政区域应避免物流设施的重复搭建，以减少资源浪费；国家物流枢纽应具备完备的功能和先进的设施，适用于各种货物的

运输、储存、转运、加工和配送。它们还应容纳含特殊需求的物流功能；国家物流枢纽应具有多种运输方式，并实施运输结构随时调整的要求。另外，物流枢纽应适应经济结构和产业布局的发展趋势以及对外贸易的需求。包括煤炭、石油、天然气、木材、铁矿石、铝土矿、铜和铜矿石、纸浆、粮食等；国家物流枢纽应满足人口分布和迁移的需要。物流枢纽改变传统的海关特殊监管模式。根据需要确定面积、设施、功能、检验比例、保税无保税转换、国家物流枢纽的布局和功能应考虑“一带一路”和西部走廊建设的需要。例如，青岛或连云港成为国家的出海口，最好是减少内部竞争。国家物流枢纽应实施集约经济用地政策，结合产业结构调整，尽可能利用现有设施和物流用地。

（2）废弃的工厂、矿区、建筑用地和所有合格的土地都可以作为物流枢纽的布局地。监管部门应为物流枢纽制定统一的建设标准和可靠的参数。只有统一的标准才能实现不同物流节点之间的高效连接。包括信息交换、设施连接、模式连接。包装应采用标准模块，如标准尺寸托盘，以确保容器、货架、汽车、船舶的最大载荷提高运输效率；物流枢纽的布局和建筑形式应考虑到产业结构和商品变化趋势的要求。轮毂之间的距离、连接方式、仓库大小、结构、装卸方式，应根据商品和物流地点适当规划；合理确定单位面积工作量有利于提高物流效率，降低物流成本，利用先进技术。国家物流枢纽应与物流园区、物流中心、配送中心，分拣中心和储备中心不同，主要体现区域、功能、联运、综合、跨行政区域、跨行业等特点。运作的具体形式不一定是以行政区域分界，可能有链，带状结构交叉进行。物流枢纽与其他物流基础设施一起负责货物的分配、转移、储存、应急响应和市场供应。还应建立国家物流枢纽新的投融资运作体系和机制，防范新一轮的土地和房地产运营模式，确保国家物流基础设施作用的充分发挥。物流站点、配送中心、物流中心、物流园区和物流枢纽的划分可能是多余的，但它们形成了支持商贸经济的物流系统。

（3）物流业在促进区域经济发展中发挥着重要作用。随着物流业集中度的不断提高，区域经济运行效率将不断提高，区域经济产业结构可以更快升级和优化，可以创造新的经济增长点。温州的产业结构主要以第二，第三产业为基础，是物流业发展的良好基础。根据温州物流业综合指数与区域经济综合指数的相关性可以发现，温州区域经济发展效率仍然落后于物流产业集群，温州经济的统一协调发展有一定的制约因素，因此，大力推进温州物流产业集群，充分发挥物流业对区域经济运行效率，调整经济资源和物流保障，实现物流产业集聚度和区域经济发展的协同效应，实现产业互动促进之间的良好效果。

二、扶持强大的物流集成商、形成物流集群

（1）支持大型物流和供应链管理企业，带动行业网络效应和规模效应。建议继续大力支持基础物流的发展，进一步优化在物流产业环境实施中加入“集群”税收政策，从土地供应，资金使用，市场环境等政策层面支持大物流企业做大做强，提升城市物流配套能力，保证电子商务物流服务能力的快速发展，促进城市经济的可持续发展。大力支持和引进一批具有全球供应链运作能力的企业，显著提高供应链的增值服务水平，全面降低区域产业集团的生产要素和产品流通成本，提高整个地区的产业竞争力。努力打造温州作为重要的进口商品集散地。鼓励企业兼并重组，加快物流资源整合，引导企业形成战略联盟，共享物流网络资源，带动物流业网络效应。实施物流总部战略，按照“凝聚力拓展”战略，以“凝聚力”支持一批企业总部，以“拓展”吸引一批总部企业，加快发展物流，总部经济，建立社区物流总部的国际业务经营能力和资源配置能力，以扩大产业集聚效应和规模效应。如西安咸阳机场。2017 年 5 月 18 日，现代物流集团在机场新城正式成立，成为机场新城帮助陕西建设“中国孟菲斯”的重大投资成果。机场可以充分利用现有的网络和资源，推动机场新城物流枢纽的建设，而集聚效应的出现可以吸引更多的基地航空公司和物流供应集成商。萨拉戈萨位于西班牙内陆。在 2000 年萨拉戈萨物流平台（PLAZA）开通之前，萨拉戈萨机场在西班牙的货运量方面排名第 18 位，仅占全国航空运输量的 0.6%。到 2009 年，萨拉戈萨是西班牙第三繁忙的货运机场，占该国空中交通量的 6.5%。萨拉戈萨机场货运量的快速增长是由于集群的良好基础设施和各种运输方式的良好连接，具有低成本和高效率的竞争优势，并吸引了大量货物。

（2）同时，要创新物流运作和服务模式，大力推进物流业的转型升级。建议供应链管理和新技术应用与信息化建设，促进传统物流企业功能的整合，发展供应链金融，供应链网络优化，保税物流，供应链技术及相关服务，全球采购和配送，物流，财务，订单管理，电子商务，物流等高端物流服务，加强冷链物流，服装，物流，危险品物流，医药，物流，汽车物流等专业物流服务，加快物流业和制造业，商业和其他行业以及民生事业推动高效，创新的物流运作和服务模式的发展。

三、完善多类型专业市场支持与合理的产业布局

温州长期以来被称为轻工业之都。同时，温州正积极融入长江三角洲与浙江大湾区的协同发展，积极开展长江三角洲大湾区的产业转移。通过与金华义乌市场的合作，中国・小商品商城已经建成，以扩大小商品的外贸业务。随着长江三

角洲产业转移的不断深入，温州的商业配套设施将更加完善，物流的发展带动了商业的繁荣，商业的繁荣促进了产业集聚，必将使温州成为最大的多元化产业集聚区。现场商品交易中心和华东南部产业集聚和集聚发展的新亮点。

（1）应重点抓好重点产业，积极拓展国际业务，计划建设综合保税区，不断完善保税物流，物流加工等功能，为促进产业合作，产业转移，特色产业升级提供新的良好平台。在立体物流网络建设方面，温州龙湾机场正在升级为国际机场，开展货运包机服务，加快机场工业园区建设。公路，铁路，航空三位一体的物流网络使温州的物流辐射能力真正实现了“天下入海”，基本形成了立体交通物流网络，构建了遍布欧亚的国际物流通道。连接日本和韩国的东部陆桥，以及西部的中亚和东欧。

（2）深化金义温物流业合作，共同建立具有全球资源分配功能的物流枢纽。建议温州和义乌形成“互补和错位发展”，深化物流合作。合作主要集中在五个方面：一是加强海运，空运和港口航运合作，进一步加强两地在高端航运服务领域的合作与整合，建立世界级的港口集团；二是加强物流人员和物流服务培训，如物流管理培训，操作技能培训，客户服务培训，报关系统培训等方面的合作，促进两地人员培训资格的相互认证；三是加强两个物流企业的合作，鼓励物流企业相互参与，避免恶性竞争，实现互利共赢，共同发展；四是加强物流信息公共平台合作。我们将利用 CEPA 共同构建先进的物流信息平台，共享信息资源，共同推动物流业务的自动化，电子化，智能化和信息化。五是加强政府间的交流与合作，建立高效的物流协调机制，共同建设具有全球资源配置功能的物流枢纽，努力建设亚太地区重要的多式联运中心和供应链管理中心。

四、推动智慧物流发展

近年来，“大数据”和“云计算”为物流业的发展升级带来了新的机遇。促进物流业从简单的货物仓储配送提供高效，方便，全面的服务生产，加工，仓储，配送为一体的现代化，智能化供应链。一方面，加快先进物流技术的应用和推广。推进云计算，物联网等技术在智能物流管理中的应用，推广数字终端设备，条码技术，电子标签技术，时间点销售系统，电子订单系统等现代管理技术，提升物流供应链的智能化管理水平。另一方面，积极打造“浙江南部云谷”，加快大数据产业基础设施和工业企业的聚集步伐。并不断完善周边设施，为企业进入，吸引和留住人才提供良好的发展环境。“云端到终端”的整个产业链正在加快形成，产业集聚效应得到体现。

要加快物流企业的数字化转型，必须解决传统物流企业数字化问题，需要加快云计算，大数据，物联网等现代基础设施的建设，转变物流信息化。链接到数据，并进一步将这些数据集成到在线服务中。其次，根据数字化的要求，对业务流程和组织管理系统进行重组，使数据对业务产生影响。通过智能技术，提高了效率，降低了成本，实现了业务处理数据化。充分利用智慧物流合作共享空间合作是智慧物流资源共享的重要理念，因此需要在相互信任的基础上推动企业物流信息的透明化，开放性，并借助信息技术实现仓库、车辆、托盘和集装箱闲置物流设施资源合理配置和有效整合。此外，智能物流可以通过数据产品的开发应用于制造、物流、金融、贸易等许多行业，从而形成新的智能物流生态系统。物流企业要充分把握智能物流模式转型的机遇，推动智能物流生态系统的发展，在资源整合、研发智能设备、信用评估、政府治理等领域发挥重要作用。

五、依托“一带一路”，发展枢纽物流

“一带一路”产能合作需要强大的渠道体系支持，更重要的是高效物流服务的支持。必须沿着运输渠道培育具有综合物流服务的国际和国内物流服务系统助力“走向全球”。“一带一路”建设将国际和国内物流服务有机地联系在一起。国内和国际终端都需要通过供应链物流，物流服务的“走出去”成为一个不能再绕过的问题。从温州物流业的国际化水平和质量现状来看，需要解决的两个问题是：第一，温州物流服务企业应该按照产品和行业“走出去”，实施全方位的供应链物流服务，提高工业和产品的附加值，加速工业向全球价值链的中高端发展。二是主动参与国际双边和多边运输物流协议及相关标准化，为“一带一路”建设提供制度安排和机制保障，彻底解决物流服务无法走出的被动局面。

六、发展多式联运

多式联运枢纽建设，规划必须先行。多式联运枢纽是一项复杂的系统工程，不仅需要相关政策的支持和指导，还需要科学合理的规划，需要在服务模式和运营模式上不断创新。除了规划外，明确的市场定位也非常重要。

（1）完善综合枢纽设施建设。优化堆场和车站的布局。结合交通网络的发展，加强集装箱运输功能，深化铁路集装箱站布局研究，通过调整现有铁路站场，土地流转的规模和功能，优化选址方案建设，并将现有的公路枢纽，物流园区和港口引入铁路。结合国内外工业贸易布局，推进中欧铁路运输枢纽和海外配送中心建设。加强枢纽的连通性。以铁路集装箱堆场为中心，加强周边公路配套设施建设，建立疏运系统，形成以铁路集装箱堆场为核心的多式联运服务网络，实现门到门运输，解决“最后一公里”之间连接不良的问题。推进铁路专用线路引入工厂，矿山企业，工业园区，物流园区，实现零距离更换，公铁与铁路无缝连接，减少物流环节，提高综合运营水平。

（2）扩大有效服务供给。强铁水联合运输。整合港区的所有运输资源，建立联动机制，增加铁路运输比例。优化港区连续作业流程，缩短集装箱在港口的等待时间，提高列车服务质量。优化铁路联运方式。加强与第三方物流企业和零货运干线运输企业的合作，加强货物的组织和配送，促进铁路和铁路多式联运的发展，提高干线运输的效率和范围，引导有序地将散货，商用车和其他货物的中长途公路运输转移到铁路。建立国际运输链。依托国际铁路运输渠道，有效整合各方资源，积极构建国际物流平台，推动中欧和中亚货运列车的发展。加快融入国际运输体系，与国际航运和海外铁路建立合作机制，利用国际组织和多边平台，方便通关，加强对整个运营的监控，缩短运行时间。全程运作，打造完整的国际运输链。

（3）加快铁路市场化改革步伐，逐步分离客货分离，拉动铁路运输市场活力释放。逐步开放铁路基础设施管理和铁路货场，鼓励铁路货运站之间开放市场，港口与道路公园的整合与合作，完善透明、灵活、公平的市场价格机制，货运定价机制，透明，收费标准。建立多式联运合作实体，以资本合作为纽带，增加各方对多式联运的参与，提高合作的积极性和深度，共同寻求多式联运的盈利模式，确保市场化运作和多式联运项目的可持续发展。

（4）加强物流环节的标准化，大力发展“单一票据”运输服务，提高货物流通效率。推广使用货运“电子运单”，推条码标签，智能标签，电子标签，信息编码，射频识别和自动识别技术等识别技术，在货物运输，标准化托盘的应用，实现物流链中的电子标签代码，所有链接交换相互识别，以及代码实时更新和信息共享。

（5）制定便于通关的政策法规，应缩短通关时间，提高通关效率，降低交易成本。推进国际联运集装箱“一站式运营”，开展“联合”检查，发布“等通关模式，在内部，协调国际港口铁路部门与“一关两检”（海关，检验检疫）部门的工作关系；在外部，与海外同行协调，促进高效过境，特别是在铁路运单统一上努力取得实质性进展。例如，推动信息公共服务平台建设，铁路，海关，商检，港口和物流企业共同建设和利用信息公共平台，开放信息接口，共享信息资源，打破信息障碍，提高运行效率。

七、深刻理解物流需求

“需求”是经济发展的主要动力。有需求才有交易，有交易才有贸易的产生。人们的需求会在不同的时期，环境和条件下发生变化，形成多元化的自由交易行为，构成市场经济的基础。

（1）需求的形成是一个缓慢的塑造过程，经历从无到有，从弱到强，形成需求有以下几种方式。第一种方式来自人们内心的“好”生活方式，中国的杂交水稻产量很高，产出种子和技术出口。事实上，中国的发展，特别是改革开放

40 多年来的经济发展，是通过比较和研究来实现的。欧美等西方国家的市场经济给人民和政府带来了繁荣，我们毫不犹豫地引入。中国不仅在学习和比较，而且在寻求发展的突破。第二种方式来自资源的变化。世界自然资源分布不均，石油最具代表性，中东地区非常富裕，很多国家和地区缺乏，缺乏构成刚性需求，石油经济导致石油生产国富裕，稀土，煤炭，铁矿石也是一样，因资源不均衡而促进经济发展，资源的变化导致经济结构的变化。第三种方式来自社会发展的多样化导致产生分工。随着社会的发展，分工越来越细化，集中越来越明显，带来了交通，物流，人才，资源，技术等方面的需求。满足需求是促进经济稳定发展的最根本的解决方案。没有需求，就没有市场，没有市场就很难形成交易，更不用说贸易和物流中心了。

（2）围绕需求建立解决方案是发展经济的机会。当我们找到新的需求时，这是一件好的事情。它象征着为企业发现新的机遇，随后需要找到机会的解决方案，通常从三个方面开始：产品，服务和系统。大多数要求可以通过产品来解决。当石油能源逐渐稀缺时，电动汽车，混合动力汽车等一系列新能源产品成为汽车工业的新机遇。在老龄化时代，智能机器产品是各国未来的机会。系统也是解决需求的重要工具。国家和政府通过制度平衡社会矛盾，通过制度解决资源短缺问题是有益的。在实际需要解决需求的需求时，产品，服务和系统往往不是单独存在，而是将三个方面结合在一起，形成组合可以轻松达到预期效果。

（3）推动需求，将需求转化为规模经济。我们需要推动需求，通过各种方式让人们接受我们的解决方案。无一例外，企业之间的竞争已经开展了不同形式的广告，为用户广告自己的产品的核心应用场景，让消费者深深感受到帮助，最终接受公司的产品。

参考文献

［1］何霖．广东省多式联运发展现状及对策分析［J］．物流科技，2018（10）：48-51.

［2］彭立明．以消费为驱动力的经济发展模式研究［J］．商务必读，2019（5）：200-201.

［3］徐国栋．融入“一带一路”建设打造国际物流节点城市［J］．中国经贸导刊，2018（8）：44-45.

［4］刘大成．以智慧供应链和供应链金融统领物流产业发展［J］．经济观察，2019（5B）：36-37.

［5］姜超峰．从物流中心到物流园区再到物流枢纽［J］．学术，2018（20）：50-51.

［6］王琛．城市物流枢纽空间布局方法的实证研究［D］．北京交通大学，2016.

［7］陆华王晓平等．“一带一路”沿线物流枢纽网络体系建设研究［J］．宏观经济研究，2018（11）：94-102.

［8］邹非，曾建飞．高校教师实验实训教学质量评价标准研究［J］．华中师范大学学报（自然科学版），2011，45（02）：260-265.

第六章　物流人才培养

第一节　引言

一、研究目的和意义

当前，转变社会经济增长方式，促进产业结构调整与技术升级，成为我国经济建设的核心内容。如何应对这种市场人才结构需求的改变，调整职业教育的人才培养模式是当前职业教育要解决的重要研究。现代学徒制的人才培养模式就是最佳选择之一，也是职业院校主动适应区域社会经济发展需求的必要举措。

现代学徒制继承和发扬了传统学徒制教育的种种优势，又切合了当今时代发展的需求和人才培养、人才教育领域的现实境况。传统的学徒制可能更多的是用于某些手艺的传承，而现代学徒制不仅仅是在教育形式上强调“师傅教徒弟”，而且对职业教育在既定教育目标下的课程评价和培养环境等诸多方面做了革新。它是一种全新的人才培养模式，呈现出许多优于其他培养模式的创新特色：现代学徒制体现了高等职业教育特点，现代学徒制培养模式能够标本兼治，现代学徒制以育人为核心培养高素质技能型人才。因此，现代学徒制对我国物流人才培养有重要意义和价值。

二、研究研究的背景

现代学徒制是“订单式”人才培养的一种形式，是一种在实际生产过程中以言传身教为主要形式的技能传授方式。浙江东方职业技术学院早在 2007 年就开始了“订单式”人才培养的探索和实践，为开展现代学徒制积累了丰富的经验。参与本项目的企业和行业协会均与我校物流管理专业有深度合作关系，均对现代学徒制试点抱有浓厚兴趣。所以从学校、企业、行业协会三方来看，本项目完全具有可行性。

三、小结

2015 年 8 月，教育部办公厅公布了首批现代学徒制试点单位，这标志着现代学徒制在中国大地正式生根发芽。可以预见，在不久的未来，现代学徒制将在职教圈蓬勃发展，这将为中国工业的崛起提供有力的人力资源支撑。

第二节 文献综述

当前，现代学徒制的理论创新和实践发展在发达国家开展得如火如荼，比较典型的有德国、英国和澳大利亚等国家。我国教育部于 2015 年 1 月发文提出现代学徒制试点申报意见，标志着我国现代学徒制也正式进入实践阶段。

一、德国的职业教育体系

德国职业教育体系的“双元制”有几十年的历史了，我国高职教育的教学模式很大程度上借鉴了这个闻名于世的职业教育体系。德国双元制中的职业培训是分别在企业和职业学校中进行的，并以企业培训为主，工作经验的获得在企业进行，基础知识和专业理论在职业学校获得。

“双元制”的职业教育体系被称为振兴德国经济的“秘密武器”，第二次世界大战之后德国陷入了经济低谷，实施“双元制”教育体系以后，德国的人才培养和储备质量大大提高，德国的经济开始复苏甚至迅猛发展，许多行业新产品和新工艺的发明和使用都得益于“双元制”的培养教育体系。“双元制”把学生的职业教育求学过程分成了两部分：在职业学校里接收专业理论学习以及文化知识的同时在企业里接受职业技能培训。这种将企业与学校、理论与实践紧密结合起来的职业教育培养制度主要以专业技术工人为培养目标的。“双元制”特点总结如下：（1）整体职业培训分别在两个机构完成——企业和学校。企业和学校都是“双元制”教育的培训机构，两机构互为互补，企业培训为主，学校培训为辅。（2）职业培训实行双重管理机制。企业和培训学校分别受德国政府和德国各州教育部领导，又分别对应不同的法律进行监督和约束。校企在合作时共同承担教育费用，德国政府通过企业负责拨放和承担大部分的教育经费，各州政府则通过职业学校负担另外一部分教育费用，学生通过考试后免费入学。（3）学生实行双重身份管理。在职业学校，学生接受学校的管理，这时是学生身份；在企业，学生接受用人单位的管理，这时又成为实习员工。（4）教师系统由两部分人员组成。一部分是在企业中负责实施实践技能的培训，称为实训教师；另一部分是在职业学校里专门负责教授文化课和专业理论课，称之为理论教师。（5）教学内容由两部分组成。企业培训时严格按照德国政府颁发的培训条例及培训大纲进行；而职业学校的教学则完全遵循德国各州文教部制定的教学大纲。德国的高等职业教育类型之一的职业学院制，是德国《职业教育法》中阐明的第三级教育，是中等职业教育的双元制延伸到高等教育领域的一种高等职业教育方式，这种教育方式近年来发展迅速，更成为我国积极效仿的典型模式。

二、英国的现代学徒制

1993 年，借鉴德国“双元制”的成功经验，英国制定了现代学徒制度计划。两年后，现代学徒制在全国 54 个行业中被普及推广。其特点是：第一，制定能力与知识并重的培养目标。现代学徒制的培养目标从传统学徒制单纯培养熟练技术工人发展到培养理论联系实际的新型劳动者，其适用领域有了很大拓展。第二，设置灵活而实用的课程类型，主要有关键技能课程、国家职业资格课程、技术证书课程。关键技能是指一种从事任何职业都必不可少的跨职业可迁移的关键能力，该类课程主要培养交流、数字运用、信息技术、与人合作。提高自我学习和增进绩效以及解决问题的能力；国家职业资格课程是以国家职业标准为导向，以不同岗位所需的基本能力为基础开发的职业资格课程体系；技术证书课程是为获得某种具体的国家职业资格提供必要的基础知识和理解力而开发的相关课程。第三，实施工学交替模式。主要采用现场教学与学校教育相结合的工学交替的培养模式，并在教育体制和体系上将教育与产业紧紧联系在一起，从课程开发、教学内容、培训标准、教学方式到师资力量等方面，双方相互合作，共同参与和承担。

三、澳大利亚的新学徒制

澳大利亚于 1996 年引进新学徒制（实质是将学徒制与受训生制合并而成）。尽管起步比英国晚，但澳大利亚学徒制是在一个以全国统一框架下的“培训包”为基础的新学徒培养项目下完成培训，并获得相关行业认可的技能的。其框架主要包括职业能力标准、职业培训标准与考核评估标准等三大部分。澳大利亚新学徒制课程强调市场导向，在课程开发中注重能力标准的统一性，将行业标准转化为课程，在学校、企业和行业等多种机构间建立了具有双元甚至多元特性的合作式教育体制，为学生和相关教育人员（教师、培训师、管理人员和相关团体等）提供一种“合作式”的教和学的环境。

与发达国家相比，我国的现代学徒制起步较晚，无论是理论还是实践都处于初级阶段，但随着国家大力发展职业教育的宏观政策的出台，未来以现代学徒制为代表的新兴职业人才培养模式必然在国内呈现一片欣欣向荣的景象。

第三节　物流管理专业现代学徒制的运行

一、人才培养目标定位

本专业培养具备良好的思想道德素质，遵纪守法，诚信，有责任心，掌握现代物流管理基本原理以及与现代物流相适应的成本管理、营销、法律、英语、计算机信息处理等综合知识，具备较强的现代物流管理和操作的技能，可在制造业、流通业以及各类物流企业从事仓储管理、配送管理、采购管理、运输调度、物流信息控制等供应链各环节的业务操作和一线高端技能型物流人才。

二、联合招生招工方式

学校在完成物流管理专业的招生工作后，企业根据其用人需求以及学生的意愿，与学校共同确定参加现代学徒制培养计划的学生。随后这些学生将签署两份合同书，即与学校签署的有关学校学习时间、内容与毕业等方面的《学习合同书》以及与企业签署有关企业培训时间、内容与待遇等方面的《学徒合同书》，明确双方在现代学徒制人才培养过程中的责与权。

三、教学方案制订

1. 明确专业建设定位，把握人才培养质量标准

按照高职教育规律，深刻理解专业内涵，深入行业或企业一线，广泛开展社会人才需求调查，要充分调动行业企业、社会力量参与人才培养工作，明确专业的职业岗位面向，对接行业（企业）岗位，准确定位人才培养目标，明晰知识、能力和素质要求，加强核心岗位、核心能力的分析，强化核心岗位－核心能力－核心课程（群）的对接，精细化构建课程体系；按照“认知实习→基础能力训练→专业技能实训→综合实践”的能力培养主线，精细化安排实践教学环节；要根据不同生源特点，充分体现因材施教，做好中高职教学计划的有机衔接，保证专业人才培养方案的科学性和规范性。

2. 贯彻“产学融合、工学结合”理念，深化人才培养模式改革

根据自身特点和条件，将工学结合的高职教育思想和理念体现在人才培养方案中，基于“平台教学、专业分流、方向定岗”思路，积极探索“订单培养”“工学交替”等人才培养模式，努力实现课程内容与职业标准对接，教学过程与生产过程对接，学历证书与职业资格证书对接。要将职业环境资源引入教学进程，素质教育贯穿始终，引导课程设置和教学改革，彻底改革以学校和课堂为中心的教学方式，突出人才培养的针对性、灵活性和开放性。

3. 优化课程体系，强化实践教学

以培养全面发展的职业人为目标，以“职场体验”“实境训练”和“顶岗历练”为核心要素加强课程重组和整合力度，规范课程名称，将职业技能竞赛与职业资格证书考证融入人才培养方案，推行“双证书”制度，形成和岗位（群）能力要求紧密衔接、特色鲜明、科学优化的课程体系，并开展项目教学、情景教学、案例教学、模拟教学等富有专业与课程特点的教学改革。按照认知实习、基础能力训练、专业技能实训、综合实践、顶岗实习的能力培养主线，循序渐进地安排实践教学内容，将实验、实习、实训、毕业设计、社会实践、顶岗实习等实践教学环节通过合理配置，构建灵活多样的实践课程教学模式，确保实践教学总学分（学时）的比例不低于 50%。

4. 推行学分制改革，全面推进素质教育

大力推进学分制改革，按照“素质 + 专业 + 岗位”专业人才培养设计思路，实施岗位方向教学，扩大选修课学分比例，贯彻落实分类分层教学，为实现培养目标以及学生个性发展提供更多时间和空间。各专业要立足人才培养过程全局，系统设计，统筹规划，坚持知识、能力、素质协调发展和综合提高，将知识育人、文化育人、实践育人贯穿其中，加强学生职业能力和职业素养、创新意识和创新能力的培养，体现素质教育，注重学生可持续发展能力的培养。

5. 融入中外合作要素，提升学生培养层次

积极借助中外合作交流平台，积极引入国外先进的教学理念和人才培养模式，充分考虑中外合作交流项目和学习内容，提升人才培养的质量和层次。对于已经开展中外合作交流的专业，要明确中外合作的时间、具体课程以及学分的认定。

四、课程体系开发

表 6.1　工作任务与职业能力分析

工作项目	典型工作任务	职业能力
1. 仓储管理	1-1 核对凭证，填写入库单	1-1-1 能正确核对入库凭证和填写入库单 1-1-2 会使用信息处理设备 1-1-3 能够与其他部门人员进行良好的合作、协调
	1-2 商品检验	1-2-1 能够根据检验要求和标准对入库商品进行检验
	1-3 商品入库	1-3-1 能够根据商品特性和客户的要求合理分配货位 1-3-2 能合理对商品堆码、上架、苫垫 1-3-3 能根据商品的特性和作业要求选择正确的搬运设备和搬运方法
	1-4 入库建帐栓标签	1-4-1 能够对入库的商品正确建立账册和拴挂标签 1-4-2 会使用信息处理设备
	1-5 出库计划	1-5-1 能根据客户要求正确制定出库计划
	1-6 货物出库操作	1-6-1 能够根据客户的出库要求和出库原则拣出待出库商品 1-6-2 能根据商品的特性和作业要求选择正确的搬运设备和搬运方法 1-6-3 能根据客户要求对商品进行再包装、制作和粘贴标签 1-6-4 会使用信息处理设备 1-6-5 能与其他部门人员进行有效合作和协调
	1-7 货物出库复核	1-7-1 能对货物出库进行正确复核
	1-8 出库建账	1-8-1 会根据所发出商品及时更新账册内容
	1-9 保管	1-9-1 能结合仓储管理知识进行仓库保管作业 1-9-2 能完成仓库安全与质量管理工作 1-9-3 清楚商品特性 1-9-4 能与其他部门人员进行良好的合作和协调
	1-10 库存管理	1-10-1 能实施仓储成本管理 1-10-2 能对库存实行合理控制 1-10-3 能进行库存成本核算
2. 配送和运输管理	2-1 运输调度	2-1-1 会运用运输管理和物流设施设备基本知识 2-1-2 会交通线路和公路里程的核算 2-1-3 会进行车辆调配 2-1-4 熟悉集装化应用，会选择合理的运输方式实现运输合理化 2-1-5 会成本核算和挑选物流设备
	2-2 配送	2-2-1 会运用商品配送专业知识 2-2-2 能组织配送 2-2-3 能进行配送线路设计和配送中心管理 2-2-4 会配送商务管理和机械化作业技术操作

续表

工作项目	典型工作任务	职业能力
2. 配送和运输管理	2-3 业务员	2-3-1 能够进行市场调查，实施市场预测 2-3-2 能有效进行客户关系管理与协调
	2-4 装卸搬运	2-4-1 会操作常用的装卸搬运工具 2-4-2 清楚各种商品的搬运技巧
	2-5 流通加工	2-5-1 清楚商品属性、包装技巧 2-5-2 清楚商品流通加工的基本方法，会使用相关的设备
	2-6 分拣	2-6-1 清楚货物分拣作业 2-6-2 会使用现代分拣工具 2-6-3 能与其他部门人员进行良好的合作和协调
	2-7 客服专员	2-7-1 能有效进行客户关系管理与协调 2-7-2 能有效进行企业内部协调 2-7-3 能与特定客户进行沟通
3. 采购管理	3-1 市场调查	3-1-1 会运用市场调查和情报收集方法进行调研 3-1-2 能撰写市场调查报告
	3-2 采购需求分析	3-2-1 能根据生产经营的需求确定采购的品种、数量、时间 3-2-2 能编制采购需求计划
	3-3 采购谈判	3-3-1 能有效运用谈判技巧、表达能力进行采购谈判
	3-4 签订采购合同	3-4-1 清楚采购合同签订的法律法规和合同格式 3-4-2 能对采购合同进行文字编辑
	3-5 填写采购订单	3-5-1 会填写采购订单 3-5-2 能清晰填写采购订单
	3-6 采购订单跟踪	3-6-1 能对发出的采购订单进行有效跟踪 3-6-2 能与供应商及时沟通协调解决问题
	3-7 采购结算	3-7-1 能及时准确地与供应商结算 3-7-2 能及时与供应商沟通协调解决问题
	3-8 采购预算	3-8-1 能根据生产经营要求编制采购预算表 3-8-2 能使用基础的财务知识和统计知识解决预算问题

表 6.2 职业能力课程设置

课程名称	工作任务（填编号）	职业能力（填编号）	课程目标及主要教学内容	技能考核项目与要求	学时
1. 管理学基础	1-10 2-3 2-7	1-10-1 2-3-1 2-3-2 2-7-1	通过本课程的学习，培养学生熟练运用计划、组织、领导、控制等管理职能的能力。 本课程主要内容包括管理理论演变、管理性质、职能和所处环境，重点讲授计划、组织、领导和控制四大管理职能。	能够具备管理者所应有素质与技能；能按照管理的四大基本职能对事务进行有效管理；能进行有效的个人管理；初步具备创业小微企业的能力。	54

续表

课程名称	工作任务（填编号）	职业能力（填编号）	课程目标及主要教学内容	技能考核项目与要求	学时
2．现代物流管理	1-3 1-6 1-9 2-1 2-2 2-4 2-5	1-3-1、1-3-2 1-3-3、1-6-1 1-6-2、1-6-3 1-6-4、1-9-1 1-9-2、1-9-3 2-1-1、2-1-4 2-2-1、2-2-2 2-4-2、2-5-1	通过本课程的学习，培养学生树立正确的物流观念，掌握物流的基本知识和基本职业技能。 本课程主要内容包括运输管理、仓储管理、装卸搬运管理、包装管理、配送管理、流通加工管理、信息管理等。	能用现代物流管理的方法对物流活动进行管理和控制；能对运输线路进行设计和优化；能根据不同商品的特性安排存储方法；能根据客户要求安排配送时间和方式；能对商品进行简单的加工包装；能对物流信息进行正确处理。	48
3．物流运筹学	2-1 2-2	2-1-1 2-1-2 2-1-3 2-2-3	通过本课程的学习，培养学生掌握运筹学的基本知识，具备利用运筹学来优化物流线路的能力。 本课程主要内容包括线性规划图解法、线性规划单纯形法、运输问题、整数规划、图与网络规划、网络计划、对策论等。	会运用运筹学方法来解决和优化相关物流问题；会把较实际的物流管理上的问题转化为数学模型加以解决。	54
4．市场调查与预测	3-1	3-1-1 3-1-2	通过本课程的学习，培养学生通过各种渠道获得市场相关信息与技术资料，以及撰写调查报告分析、预测市场的能力。 本课程主要内容包括市场调查设计、市场调查实施、调查资料整理和市场预测等。	能够设计市场调查方案；会设计合理的市场调查问卷；能够正确地选用市场调查方法进行获取信息资料；会撰写市场调查报告；能对一般的市场经济现象进行预测。	54
5．仓储与配送管理	1-1 1-2 1-3 1-4 1-5 1-6 1-7 1-8 1-9 1-10 2-2	1-1-1、1-1-2 1-1-3、1-2-1 1-3-1、1-3-2 1-3-3、1-4-1 1-4-2、1-5-1 1-6-1、1-6-2 1-6-3、1-6-4 1-6-5、1-7-1 1-8-1、1-9-1 1-9-2、1-9-3 1-9-4、 1-10-1 1-10-2、 1-10-3 2-2-1、2-2-2 2-2-3、2-2-4	通过本课程的学习，培养学生系统地掌握现代仓储与配送管理的理论知识，掌握商品配送的基本程序，熟悉配送中心管理的主要环节及工作流程，具备对仓储和配送作业进行基本管理的能力。 本课程主要内容包括仓库与仓库设备、仓库经营管理、仓库保管流程、库存控制、仓库安全与质量管理。	能对仓储与配送的流程进行正确的管理与控制；能根据不同商品的属性安排不同的储存方法；能进行正确的出入库操作；会使用仓库的软硬件设备；会运用专业知识对入库商品进行检验。	64

续表

课程名称	工作任务（填编号）	职业能力（填编号）	课程目标及主要教学内容	技能考核项目与要求	学时
6. 运输管理	2-1	2-1-1、2-1-2 2-1-3、2-1-4 2-1-5	通过本课程的学习，培养学生掌握各种运输方式的管理特点、根据实际情况来选择最佳运输方式与路径的能力。 本课程主要内容包括运输的主要方式、不同运输方式组织的特征、不同货物运输管理的特点、运输方面的法律法规等。	会根据客户的需求选择恰当的运输方式；会根据不同的运输方式设计最优的运输路线；会根据货物的特点进行不同的运输管理。	64
7. 生产运作管理	2-5 3-2	2-5-2 3-2-1	通过本课程的学习，培养学生分析和解决现代制造和服务企业生产运作系统问题的实际操作能力。 本课程主要内容包括生产与运作管理的基本概念、原理和方法，要求学生在牢固掌握传统的生产与运作基本理论与方法基础上，进一步了解生产与运作管理学科的最新发展，了解本课程最新理论和方法。	能够制定运营战略，进行企业选址、生产布局、工艺选择，制定生产计划，进行作业控制、质量管理、设备管理、现场管理等。	64
8. 采购管理	3-2 3-3 3-4 3-5 3-6 3-7 3-8	3-2-1、3-2-2 3-3-1、3-4-1 3-4-2、3-5-1 3-5-2、3-6-1 3-6-2、3-7-1 3-7-2、3-8-1 3-8-2	通过本课程的学习，使学生掌握商品采购的基本工作内容，熟悉采购计划下达、采购单生成、采购单执行、到货接收、检验入库、采购发票的收集与采购结算的整个流程。 本课程主要内容包括采购需求计划的编制、供应商的选择与谈判、采购方式的确定、采购订单的跟踪与货物验收、货款结算。	会根据企业生产经营要求编制采购计划，寻找供应商；掌握跟供应商谈判的基本方法；能及时跟进货物订单，确保货物及时到达；能跟供应商及时解决货款结算问题。	64

续表

课程名称	工作任务（填编号）	职业能力（填编号）	课程目标及主要教学内容	技能考核项目与要求	学时
9．第三方物流管理	1-1 1-2 1-3 1-4 1-5 1-6 1-7 1-8 1-9 1-10 2-1 2-2 2-3 2-4 2-5 2-6 2-7	1-1-1、1-1-2 1-1-3、1-2-1 1-3-1、1-3-2 1-3-3、1-4-1 1-4-2、1-5-1 1-6-1、1-6-2 1-6-3、1-6-4 1-6-5、1-7-1 1-8-1、1-9-1 1-9-2、1-9-3 1-9-4、-10-1 1-10-2、 1-10-3 2-1-1、2-1-2 2-1-3、2-1-4 2-1-5、2-2-1 2-2-2、2-2-3 2-2-4、2-3-1 2-3-2、2-4-1 2-4-2、2-5-1 2-5-2、2-6-1 2-6-2、2-6-3 2-7-1、2-7-2 2-7-3	通过本课程的学习，培养学生第三方物流管理的能力。 本课程主要内容包括第三方物流认知、第三方物流企业运作、服务方案设计、第三方物流企业服务管理、第三方物流企业成本核算与绩效评价。	能熟练运用第三方物流企业业务的基本管理方法；能根据客户需求设计产品和服务方案；能与客户进行良好的沟通，为客户提供专业的服务。	64
10．供应链管理	2-2 3-1 3-2 3-3 3-4 3-5 3-6 3-7 3-8	2-2-1、2-2-2 2-2-3、2-2-4 3-2-1、3-2-2 3-3-1、3-4-1 3-4-2、3-5-1 3-5-2、3-6-1 3-6-2、3-7-1 3-7-2、3-8-1 3-8-2	通过本课程的学习，培养学生协作意识和能力，让学生在掌握供应链管理基本理论和方法的基础上具备供应链基本业务流程的管理能力和选择、评价合作伙伴的能力。 本课程主要内容包括供应链管理认知、供应链的构建、供应链管理中的需求、采购、库存管理、供应链管理中的合作伙伴选择、业务外包、业务流程重组、供应链管理中的信息管理和绩效评价。	会运用供应链设计的原则、内容和方法对供应链进行优化；能对供应链上的伙伴进行正确的选择和管理；能熟练运用供应链管理环境下企业业务流程重组的主要特征和方法对业务流程进行简单重组。	64

表 6.3 教学环节时间分配表（单位：周）

内容 学期	军训及始业教育	课堂教学	实训周（考证周等）	毕业实践	机动	课程考核	总计
一	2	16	0	0	1	1	20
二	0	18	0	0	1	1	20
三	0	16	2	0	1	1	20
四	0	16	2	0	1	1	20
五	0	6	12	0	1	1	20
六	0	0	0	16	1	1	18
总计	2	72	16	16	6	6	118

表 6.4 课程体系与核心课程

培养模块	序号	课程名称	专业核心课	学分	计划学时			考核方式	学期分配周课时数						备注
					共计	理论教学	实践教学		一	二	三	四	五	六	
									16 周	16 周	16 周	16 周	16 周	16 周	
基本素养模块	1	思想道德修养与法律基础		3	48	48		考查	3						
	2	军训与军事理论		1	36	36		考查	2w						集中安排
	3	毛泽东思想和中国特色社会主义理论体系概论		4	72	72		考试		4					
	4	形势与政策		1	16	16		考查	+1	+1	+1	+1			机动安排
	5	大学英语		8	136	82	54	考试	4	4					
	6	体育		2	68	4	64	考查	2	2					
	7	计算机文化基础		4	68	34	34	考试	2	2					
	8	高等数学（一）		3	48	48		考试	3						
	9	高等数学（二）		2	36	36		考试		2					
	10	大学生心理健康教育		2	36	18	18	考查		2					
	11	大学生职业发展与就业指导		2	38	19	19	考查	+1			+1	+1+1		机动安排
	12	公共选修		4	78	52	26	考查		2	2	2			
职业基础模块	13	经济学基础		3	48	30	18	考查	3						
	14	现代物流管理	√	3	48	30	18	考试	3						
	15	客户关系管理		3	48	30	18	考查	3						
	16	管理学基础		3	54	36	18	考查		3					
	17	物流运筹学		3	54	36	18	考试		3					

续表

培养模块	序号	课程名称	专业核心课	学分	计划学时			考核方式	学期分配周课时数						备注
					共计	理论教学	实践教学		一	二	三	四	五	六	
									16周	16周	16周	16周	16周	16周	
职业技能模块	18	仓储与配送管理	√	4	64	34	30	考试			4				
	19	运输管理	√	4	64	34	30	考试			4				
	20	电子商务与物流		4	64	34	30	考查			4				
	21	生产运作管理		4	64	40	24	考试			4				
	22	仓储与配送软件实训		3	54		54	考查			2w				集中安排
	23	国际货运代理		3	48	30	18	考查				3			
	24	ERP 实训		3	48		48	考查				3			
	25	物流硬件综合实训		3	54		54	考查				2w			集中安排
	26	第三方物流管理	√	4	64	34	30	考试				4			
	27	采购管理	√	4	64	34	30	考试				4			
	28	物流信息技术		2	32	16	16	考查				2			
	29	供应链管理	√	4	64	40	24	考试				4			
	30	市场调查与预测		3	54	36	18	考试					9		
	31	经济法（物流方向）		2	36	36		考查					6		
	32	物流供应链软件实训		3	54		54	考查					9		
	33	企业顶岗实习		12	288		288	考查					12w		集中安排
职业拓展模块			8	136	68	68	考查		2	2	2	6			
毕业实习模块	35	毕业实习		12	288		288	考查						12w	
	36	毕业综合实践报告		4	96		96	考查						4w	
总　计				139	2600	1095	1505		23	26	22	24	30	24	

表 6.5 职业拓展模块课程设置

拓展模块	课程名称	学分	计划学时			考核方式	学期分配周课时数				备注
			共计	理论教学	实践教学		二	三	四	五	
							18 周	16 周	16 周	6 周	
模块一	商务礼仪	2	36	18	18	考查	2				三选一
	商务谈判	2	36	18	18	考查	2				三选一
	商品学	2	36	18	18	考查	2				三选一
模块二	港口与航运	2	32	16	16	考查		2			三选一
	单证制作	2	32	16	16	考查		2			三选一
	物流与报关	2	32	16	16	考查		2			三选一
模块三	会计电算化	2	32	16	16	考查			2		三选一
	物流成本管理	2	32	16	16	考查			2		三选一
	企业经营沙盘模拟	2	32	16	16	考查			2		三选一
模块四	人力资源管理	2	36	18	18	考查				6	三选一
	客户关系管理	2	36	18	18	考查				6	
	冷链物流管理	2	36	18	18	考查				6	

表 6.6 独立实践教学环节安排表

序号	实践教学项目	学期	周数	主要教学形式	内容和要求	地点	考核方式	学时数
1	仓储与配送软件实训	3	16	指导	模拟企业仓储与配送过程，并在运行中学会发现问题和解决问题	实训室	考查	54
2	ERP 实训	4	16	上机	掌握 ERP 系统的销售、采购、库存和成本核算模块操作	机房	考查	48
3	物流硬件综合实训	4	2	指导	学会使用基本的现代物流设备，掌握物流系统的控制方法	实训室	考查	54
4	物流供应链软件实训	5	6	指导	模拟供应链运行，并在模拟过程中注重团队配合，发现并解决问题	实训室	考查	54
5	企业顶岗实习	5	12	实习	完成顶岗实习的各项内容	校外	考查	288
6	毕业实习	6	12	实习	完成毕业实习规定的各项内容	校外	按毕业实习实施细则的规定考核	288
7	毕业综合实践报告	6	4	指导	完成毕业综合实践报告的写作和答辩	校外	按毕业综合实践报告、毕业设计（论文）管理规定（试行）考核	96

表 6.7　教学学时比例表

项目 分配	基本素养模块	职业基础模块	职业技能模块	职业考证模块	职业拓展模块	毕业实践模块	总课时
数量	680	252	1116	32	136	384	2600
比例（%）	26.16	9.69	42.92	1.23	5.23	14.77	100

五、教学过程安排

1．时间安排

本专业学制三年，共 6 个学期。第 1 至第 5 学期为校内授课学期，第 6 学期为毕业实习和毕业综合实践报告撰写期。校内授课学期的第 1 学期教学周数为 16 周，第 2 ～ 4 学期均为 18 周，第 5 学期为 6 周。其中第 3、4、5 学期均安排有一个实训周（实训周上课时间根据机房情况和任课教师情况，系里统一安排），第 5 学期安排学生去校企合作单位进行顶岗实习。寒暑假和五一、十一、元旦等节假日则用于学生的实践和技能竞赛培训等，不安排校内授课。

2．课程模块

课程体系包含基本素养模块、职业基础模块、职业技能模块、职业考证模块、职业拓展模块、毕业实践模块。基本素养模块的课程由学院公共基础部、人文旅游系和工程技术系完成；职业基础模块的课程由工商管理系和财务贸易系共同完成，其中管理学基础和经济学基础由工商管理系工商企业管理教研室完成，会计基础由财务贸易系会计教研室完成；职业技能模块、职业考证模块的课程主要由工商管理系物流管理教研室、工商企业管理教研室以及财务贸易系的国际经济与贸易教研室的专任教师和兼职教师完成；职业拓展模块是为丰富学生的知识面而开设的，分为商务管理、海运管理、财务管理、企业管理四个方向，具体开设的课程则由教研室根据实际情况作出选择；毕业实践模块包含毕业实习和毕业综合实践报告撰写，毕业实习需在校内教师和校外教师的共同指导下完成，毕业综合实践报告需在实习的基础上完成。

3．课程性质分类及要求

课程分为纯理论课、理论与实践课、纯实践课。纯实践课上课地点需安排在校内实训室或校外实习场地，实践课程成绩要注重对过程的考核，不采用期末考试卷的形式，成绩采用百分制或两级制（合格 / 不合格）；其他的课程成绩可根据期末考试卷成绩和平时成绩来定。

学生要求在校期间至少完成三门公共选修课的学习，学生可根据自身的爱好和时间选择相关课程。第五个学期安排学生去校企合作单位进行顶岗实习，完成人才培养与企业的对接。在这一过程中，学校和教师借助企业提供的资源对学生进行职业化训练，帮助学生在实践中了解工作状态，掌握工作技能，培养职业素质。

六、教学保障措施

1. 教材编写

教材形式可多样，如讲义、任务书、PPT、相应的辅助文档以及物流相关公司的观摩教学、现场教学等。讲义一般支持工作过程中所需知识和技能的描述，出现问题的解决措施等；任务书一般用于项目的使用；PPT、辅助文档一般用于知识介绍、技术支持等；企业的观摩教学、现场演示教学比较直观，在前期开展主要用于整个流程的认识，中后期对细节部分加以深化，有助于学生感性和理性的认识等。

教材文字表述应简明扼要，内容展现应图文并茂、突出重点，重在提高学生学习的主动性和积极性。教材应突出实用性，前瞻性，良好的扩展性，充分关注行业最新动态，紧跟行业前沿技术，与业界前沿紧密沟通交流，将相应课程相关的发展趋势和新知识、新技术及时纳入其中，做到年年更新，月月跟进。

2. 教学方法

在教学上应采用教、学、做一体化模式，通过教师对岗位的分解和任务的明细，由学生通过对任务的完成掌握课程所要求的职业能力，逐步使学生在实训和实践活动中了解工作流程。

教学方法应注重培养学生的自学能力、知识拓展能力、社会适应能力等；在培养学生独立分析问题、解决问题、总结问题的能力同时，教师应鼓励学生发掘发现问题；在团队中引导学生与人沟通、交流和相互协作的能力同时，应提倡坚持个体的合理主见，激发其创新的勇气和意识。

在教学过程中教师应充分使用任务驱动教学法、案例教学法、讲授法等多种教学方法，积极参与到学生的学习过程当中去，以了解并及时解决最新的问题。

3. 教学评价

评价按任务进行，采取中间过程和最终结果评价相结合的方式，重视对中间过程的评价；同时也应重视对实训操作能力的检验，以及对工作态度、团队协作及沟通能力的检验。评价的方式可以采取教师评价和企业评价相结合的方式。

4. 课程资源的开发与利用

积极利用电子期刊、数字图书馆、各大网站等网络资源，使教学内容丰富实际，使学生知识和能力的拓展成为可能。

搭建校企合作平台，充分利用本行业的企业资源，满足学生参观、实训和毕业实习的需要，并在合作中关注学生职业能力的发展和教学内容的调整。

与企业工作人员、专家共同开发教材和实验实训指导书，使教学内容更好地与实践结合以满足未来实际工作需要。

5．升学渠道

本专业学生可通过专升本、自学考试、远程函授等各种形式的高等学历教育进一步提升学历水平，接受物流管理、工商企业管理等专业本科层次教育。同时，本专业学生在校期间和毕业以后，也可以通过网络学习与培训、参加相关职业资格证书考试（如助理物流师、中级物流师、高级物流师等）等途径继续本专业的后续深化学习。

七、制度建设

制度是“规范人的行为、调节人的关系的正式规则”，“在本质上是关于权力和利益关系安排和协调的一套规则体系”，或者说，制度本质上是对于利益的安排和维护。就现代学徒制度来讲，它主要是对学徒的学习秩序进行安排，以维护各参与者（企业、学校、学徒）的利益。从制度设计层面来讲，现代学徒制度的构建需要处理以下几个问题：首先是促进企业和学校参与的制度设计；其次是企业和学校的责任制度设计；第三是企业、学校和学徒的利益保障制度设计。三个环节环环相扣，其中，第一个问题又是基础，如果基础没有打好，则无法谈到其他的环节。

对制度的需求主要起源于这样的认识：一个新的制度能够为参与者带来原来得不到的利益。综观国外现代学徒制的发展，企业主动参与的原因主要在于：第一，为行业企业培养技术型人才；第二，参与现代学徒制可以为企业树立在行业内的形象；第三，国家对于现代学徒制的企业参与者有一定的政策优惠和资金补助。这三个方面的利益所在成为企业积极参与现代学徒制的主要动力。

现代学徒制的建设，需要几个方面的制度构建为依托。首先，应建立财政支持制度。包括对企业的税收优惠政策、项目资金支持政策等。其次，应完善国家职业资格制度。职业资格制度是衡量人才培养标准的重要依据。第三，建立项目监督评价制度。政府以制度形式规范项目发展秩序，但是监督主体要由第三方社会组织担任。

就学校层面而言，主要建立职业能力发展程度作为教学评价标准和健全校企合作管理体制机制。综合职业能力发展的程度是衡量现代学徒制人才培养质量的基本标准，因此也是教学评价的标准。在此，教学评价方式为表现性评价与结果评价的结合。评价工作与教学活动同步进行，且分两个阶段，第一阶段是在校内实训中心完成基础职业能力培养与评价，第二阶段是在企业生产车间，完成综合职业能力培训与评价，评价活动贯穿教学的整个过程。健全校企合作管理体制机制。建立了校、企、会三方合作管理体制，分两个层级。第一层是由企业、行业、学院组成的校企合作董事会，负责长远规划、近期发展重点，以及解决组织机构内部资源调配等。第二层是由学院专业带头人和行业企业的技术领军人才组成的专业指导委员会，是从专业建设的角度建立的合作管理机构，重点是解决人才培养方案问题。

八、证书获取

1. 毕业要求

（1）完成人才培养方案中各门课程的学习，毕业总分达到 139 分；（2）至少取得下列一项职业资格证书。

2. 职业资格证书

表 6.8 职业资格证书列表

序号	职业资格证书名称	发证机关	相应职业岗位	备注
1	物流员资格证书	劳动和社会保障部	仓管员、采购员、配送员、调度员	首选取得
2	助理物流师资格证书	劳动和社会保障部	仓管员、采购员、配送员、调度员	鼓励取得
3	营销师资格证书	人力资源和社会保障部职业技能鉴定中心	营销专员、市场专员、客服专员	鼓励取得
4	跟单员资格证书	中国国际贸易学会	跟单员、外贸员	鼓励取得
5	ISO 内审员资格证书	国家质量认证培训中心	内审员	鼓励取得

九、小结

现代学徒制通过校企深度合作，实行招生与招工、学习与工作、校园与工厂、教师与师傅、教室与车间、学生与学徒等六个方面的结合对学生进行以技能培养为主的现代人才培养模式。现代学徒制的顶岗实习模式可以帮助学生直接适应毕业后的就业岗位在职业技能、职业素养、职业成长等各方面都提前进行岗位适应，以学校教育为基础，以企业技工师傅对学生专业技能培养为过程，以校企双赢为结果，全面提高实习专业对口率，切实提高岗位技能。

第四节 物流管理专业 1+X 证书

一、物流管理专业 1+X 证书背景

2019 年 1 月，国务院关于印发《国家职业教育改革实施方案》的通知要求，

深化复合型技术技能人才培养培训模式改革，借鉴国际职业教育培训普遍做法，制订工作方案和具体管理办法，启动“1+X”证书制度试点工作。2019 年 4 月，教育部等四部门印发《关于在院校实施“学历证书 + 若干职业技能等级证书”制度试点方案》的通知，正式启动“学历证书 + 若干职业技能等级证书”（简称“1+X”证书）制度试点工作。2019 年 6 月，首批“1+X”证书制度试点院校名单公布，其中，建筑信息模型（BIM）首批“1+X”证书制度试点院校 320 所、Web 前端开发 422 所、老年照护 231 所、物流管理 355 所、汽车运用与维修 465 所、智能新能源汽车 195 所。物流管理专业是第一批试点专业。

二、物流管理专业 1+X 证书申报

2019 年 4 月 17 日，教育部发布《关于做好首批 1+X 证书制度试点工作的通知》（教职成司函〔2019〕36 号），首批启动试点的为建筑信息模型（BIM）、Web 前端开发、物流管理、老年照护、汽车运用与维修、智能新能源汽车等 6 个职业技能等级证书（以下简称证书）。试点院校以高等职业学校、中等职业学校（不含技工学校）为主，本科层次职业教育试点学校、应用型本科高校及国家开放大学等积极参与。职业院校一般为省级及以上示范（骨干、优质）高等职业学校、国家中等职业教育改革发展示范学校、具有行业特色的有关院校等。

2019 年 9 月 11 日，教育部发布《关于做好第二批 1+X 证书制度试点工作的通知》（教职成司函〔2019〕89 号），组织申报电子商务数据分析、网店运营推广、工业机器人操作与运维、工业机器人应用编程、特殊焊接技术、智能财税、母婴护理、传感网应用开发、失智老年人照护、云计算平台运维与开发等 10 个职业技能等级证书（以下简称证书）。试点院校以高等职业学校、中等职业学校（不含技工学校）为主，本科层次职业教育试点学校、应用型本科高校及国家开放大学等积极参与。职业院校一般为省级及以上示范（骨干、优质）高等职业学校、国家中等职业教育改革发展示范学校、专业特色明显的有关院校等。

2019 年 10 月 25 日，教育部发布《关于扩大 1+X 证书制度试点规模有关事项的通知》（教职成司函〔2019〕98 号），在落实教育部等四部门《关于在院校实施“学历证书 + 若干职业技能等级证书”制度试点方案》关于“省级及以上示范（骨干、优质）高等职业学校和‘中国特色高水平高职学校和专业建设计划’入选学校要发挥带头作用”要求的基础上，统筹支持其他积极性高、具备试点条件的院校自主参与试点。具备良好工作基础，符合试点工作条件的院校均可参与，以学生自愿参与为基础，合理确定试点规模，不做规模限制。

物流管理专业培训评价组织是中国物流与采购联合会培训部。

三、组织实施

1. 师资培训

在开展 1+X 证书考试前，要对相关专业来说进行培训，目的是达到培训师或者考官的要求。一般采用封闭式或者线上集中培训，培训时间为一周左右。培训后考核合格发给相应证书。

2. 软硬件环境准备

（1）考试软件。截至目前，由中国物流与采购联合会培训部免费提供使用。

（2）硬件环境。场地温度在 15 摄氏度到 30 摄氏度之间，网络、电力具备，无噪声或者低噪声，场地面积在 50 平方米以上。电脑、手持终端各不少于 6 台，打印机、条码打印机各 1 台，托盘货架 2 组，托盘 20 个，模拟货品 1 批（不少于 10 种），纸箱、胶带若干。

3. 组织培训和考试

试点期间，选拔优秀学生免费考试。考试前，适当对其进行辅导，争取较高通过率。

四、物流 1+X 证书的特点

相对于其他证书，物流 1+X 证书软件与硬件结合，尤其是对操作提出了要求，符合现代职业教育的特点，能够锻炼学生思维，提升学生技能。

第五节　“中高职一体化”高职阶段物流管理专业人才培养方案

一、培养对象与学制

（1）培养对象：“中高职一体化”高职阶段学生。

（2）学制：全日制二年。

（3）合作学校：温州二职。

二、人才培养目标

本专业群对接温州市物流产业，培养适应区域经济和社会发展需要，拥护党的基本路线，思想政治坚定、德技并修、全面发展，适应现代物流快速发展的需要，具有良好的沟通表达能力和团队协作精神，具备实践能力和创新意识，掌握现代物流管理基本原理以及与现代物流相适应的成本管理、营销、法律、英语、计算机信息处理的知识，具备较强的现代物流管理和操作的技能等知识和技术技能，面向仓储管理、配送管理、运输调度、物流信息控制等供应链领域的高素质劳动者和技术技能人才。

三、就业面向与人才规格

（一）职业岗位群与核心能力（见表6.9）

表6.9　职业岗位群与核心能力

专业（方向）	职业岗位		主要工作任务	岗位核心能力
物流管理专业（方向）	主岗位	仓储岗位	1. 核对凭证，填写入库单 2. 商品检验 3. 商品入库 4. 入库建账拴标签 5. 出库计划 6. 货物出库操作 7. 货物出库复核 8. 出库建账 9. 保管 10. 库存管理	1. 能正确核对入库凭证和填写入库单 2. 能够根据检验要求和标准对入库商品进行检验 3. 能够根据商品特性和客户的要求合理分配货位；能合理对商品堆码、上架、苫垫 4. 能够对入库的商品正确建立账册和拴挂标签 5. 能根据客户要求正确制定出库计划 6. 能够根据客户的出库要求和出库原则拣出待出库商品；能根据客户要求对商品进行再包装、制作和粘贴标签 7. 能对货物出库进行正确复核 8. 会根据所发出商品及时更新账册内容 9. 能结合仓储管理知识进行仓库保管作业 10. 能对库存实行合理控制；能进行库存成本核算
		配送岗位	1. 配送 2. 装卸搬运 3. 流通加工 4. 分拣	1. 会运用商品配送专业知识 2. 能组织配送 3. 能进行配送线路设计和配送中心管理 4. 会配送商务管理和机械化作业技术操作 5. 会操作常用的装卸搬运工具 6. 清楚各种商品的搬运技巧 7. 清楚商品属性、包装技巧 8. 清楚商品流通加工的基本方法，会使用相关的设备 9. 清楚货物分拣作业 10. 会使用现代分拣工具 11. 能与其他部门人员进行良好的合作和协调
	拓展（发展）岗位	运输调度岗位	1. 运输调度 2. 运输管理 3. 客服管理	1. 会运用运输管理和物流设施设备基本知识 2. 会交通线路和公路里程的核算 3. 会进行车辆调配 4. 熟悉集装化应用，选择合理运输方式，实现运输合理化 5. 会成本核算和挑选物流设备 6. 能有效进行客户关系管理与协调 7. 能有效进行企业内部协调 8. 能与特定客户进行沟通

（二）人才培养规格

1．专业能力

（1）具备物流信息组织、分析研究与开发利用的基本能力；

（2）具备熟练使用办公软件和简单的数据录入、数据整理、数据计算和数据分析的能力；

（3）具备物流仓储作业、运输作业、配送作业等操作技能层面上的能力；

（4）具备处理和解决物流现场问题的基本能力；

（5）具备基本的外语和计算机应用的能力。

2．方法能力

（1）能根据工作需要收集、整理、加工、处理相关信息；

（2）能根据客户需要结合本专业知识，提出问题的解决方案；

（3）能将专业知识灵活运用到实际工作中，解决实际问题。

3．社会能力

（1）具备一定的团队合作、协调人际关系的能力

（2）具备较强的语言表达能力，善于和不同的客户交流、沟通；

四、毕业标准

（一）学分要求

获得至少 93.5 学分，其中全院性公共选修课及第二课堂素质拓展学分合计不少于 12 学分。

（二）职业资格证书要求

1．证书获取范围（见表 6.10）

表 6.10 基本技能证书与职业资格（技能）证书

<table>
<tr><th>序号</th><th>证书类型</th><th>证书名称</th><th>级别</th><th>发证机构</th><th>考证安排</th><th>支撑课程</th></tr>
<tr><td>1</td><td rowspan="3">基本技能证书</td><td>浙江省高校计算机等级证书</td><td>一级</td><td>浙江省教育厅</td><td>每年 4 月、11 月</td><td>计算机基础</td></tr>
<tr><td>2</td><td>全国高等学校英语应用能力等级证书</td><td>B 级</td><td>高等学校英语应用能力考试委员会</td><td>每年 6 月、12 月</td><td>大学英语</td></tr>
<tr><td>3</td><td>浙江省大学英语等级证书</td><td>三级</td><td>浙江省教育厅</td><td>每年 6 月、12 月</td><td>大学英语</td></tr>
<tr><td></td><td rowspan="2">物流管理专业（方向）职业资格（技能）证书</td><td>物流师职业资格证书</td><td></td><td>全国职业认证中心</td><td>每年 6 月、12 月</td><td>现代物流管理</td></tr>
<tr><td></td><td>物流管理职业技能等级证书（1+X）</td><td>中级</td><td>中国物流和采购联合会</td><td>每年 6 月、11 月</td><td>物流管理职业技能等级证书（1+X）培训</td></tr>
</table>

	物流管理专业（方向）职业资格（技能）证书	国际货运代理行业从业人员岗位专业证书		中国国际货运代理协会	每年 10 月	国际货运代理
		中华人民共和国特种作业操作证		浙江省质量技术监督局		物流硬件实训
		2+1 现代学徒顶岗实习证书		由顶岗实习企业与学校一同认定并开具		顶岗实习
		阿里巴巴跨境电商人才证书		阿里巴巴集团		电子商务实务
		二级办公软件高级应用技术		浙江省教育厅		计算机基础

2．证书获取要求

至少取得 1 本基本技能证书或职业资格（技能）证书。

五、课程体系与核心课程（教学内容）

（一）典型工作任务与职业能力分析（见表 6.11）

表 6.11　工作任务与职业能力分析表

典型工作任务	职业能力
T1：仓储与配送管理	A1-1：能对仓储与配送的流程进行正确的管理与控制 A1-2：能根据不同商品的属性安排不同的储存方法 A1-3：能进行正确的出入库操作 A1-4：会使用仓库的软硬件设备 A1-5：会运用专业知识对入库商品进行检验
T2：第三方物流管理	A2-1：能熟练运用第三方物流企业业务的基本管理方法 A2-2：能根据客户需求设计产品和服务方案 A2-3：能与客户进行良好的沟通，为客户提供专业的服务
T3：运输管理	A3-1：能用现代物流管理的方法对物流活动进行管理和控制 A3-2：能对运输线路进行设计和优化 A3-3：能根据不同商品的特性安排存储方法 A3-4：能根据客户要求安排配送时间和方式
T4：供应链管理	A4-1：会运用供应链设计的原则、内容和方法对供应链进行优化 A4-2：能对供应链上的伙伴进行正确的选择和管理 A4-3：能熟练运用供应链管理环境下企业业务流程重组的主要特征和方法对业务流程进行简单重组

注：①表中“典型工作任务”栏以 T 开头进行编码，例如“T2”表示第 2 项典型工作任务的代码。

②表中“职业能力”栏以 A 开头进行编码，例如“A2-3”表示第 2 项典型工作任务对应的第 3 项职业能力的代码。

（二）课程体系架构

1．学生职业岗位能力成长导图

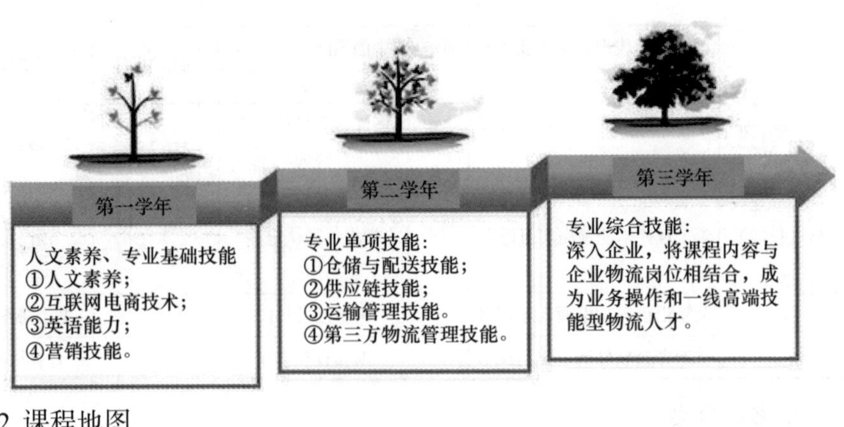

第一学年
人文素养、专业基础技能
①人文素养；
②互联网电商技术；
③英语能力；
④营销技能。
第二学年
专业单项技能：
①仓储与配送技能；
②供应链技能；
③运输管理技能。
④第三方物流管理技能。
第三学年
专业综合技能：
深入企业，将课程内容与企业物流岗位相结合，成为业务操作和一线高端技能型物流人才。

2. 课程地图

总学分
93.5分
课程类型
公共基础/选修、素质拓展
公共基础必修课：“基础”、“概论”、形势与政策、大学生心理健康、体育与健康、军事、职业生涯规划与就业指导、大学生创业教育、阅读指导与读书实践、人工智能导论、劳动教育
公共选修课：计算机基础。
学分：
25.5分
课程类型
群平台及专业方向课业方向课
群平台必修课：（带★为核心课程）
现代物流管理★、管理学基础、电子商务实务、市场营销学、连锁经营与管理
专业方向课：
专业模块课程：第三方物流管理★、供应链管理★、仓储与配送管理★、运输管理★、物流信息技术物流信息技术、国际物流、经济学基础等
综合训练课程：仓储与配送软件实训、物流综合实训、专业社会实践、顶岗实习、毕业设计。
学分：
41分
课程类型
专业拓展选修课
专业拓展课：绿色物流、物流与报关、冷链物流、物流成本管理、物流管理案例分析、物流管理职业技能等级证书（1+X）培训等。
学分：
7.5分

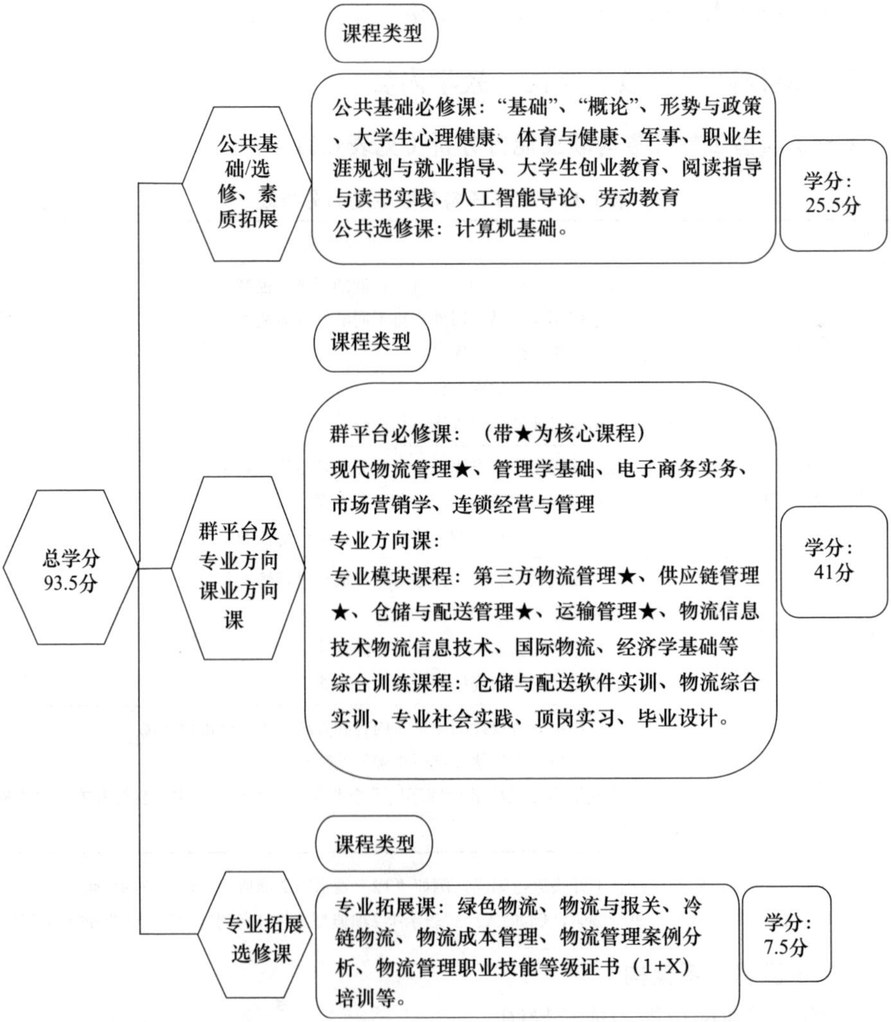

（三）专业核心课程（见表6.12）

表6.12　专业核心课程设置表

序号	课程名称	典型工作任务	主要教学内容	开设学期	参考学时
1	仓储与配送管理	A1-1 A1-2 A1-3 A1-4 A1-5	本课程主要内容包括仓库与仓库设备、仓库经营管理、仓库保管流程、库存控制、仓库安全与质量管理。	4	56
2	第三方物流管理	A2-1 A2-2 A2-3	本课程主要内容包括第三方物流认知、第三方物流企业运作、服务方案设计、第三方物流企业服务管理、第三方物流企业成本核算与绩效评价。	4	56
3	运输管理	A3-1 A3-2 A3-3 A3-4	本课程主要内容包括运输的主要方式、不同运输方式组织的特征、不同货物运输管理的特点、运输方面的法律法规等。	4	56
4	供应链管理	A4-1 A4-2 A4-3	本课程主要内容包括供应链管理认知、供应链的构建、供应链管理中的需求、采购、库存管理、供应链管理中的合作伙伴选择、业务外包、业务流程重组、供应链管理中的信息管理和绩效评价	3	56

注：表中“典型工作任务”栏填写表3中任务编号。

六、学时与学分分配（见表6.13）

表6.13-1　物流管理专业课程资源一览表（“中高职一体化”高职阶段）

课程类别与性质		课程门数	实施分层分类教学的课程门数	备注
公共基础课	必修	11	0	
	限选	1	1	
公共选修课与素质拓展活动	任选	7	7	
群平台课	必修	5	4	
专业（方向）课	限选	11	0	
专业拓展课	任选	5	0	
合计		40	12	
本专业中分层分类课程数占总课程数比例：30 %				

注：公共选修课与素质拓展活动均实施分层分类教学，课程及活动数统一按7门计。

表 6.13-2　物流管理专业（方向）课时与学分分配表（“中高职一体化”高职阶段）

<table>
<tr><th colspan="2" rowspan="2">课程类别与性质</th><th rowspan="2">课程门数</th><th colspan="2">基本学分分配</th><th colspan="2">基本学时分配</th><th colspan="3">其他重要学分学时分配</th><th rowspan="2">备注</th></tr>
<tr><th>学分</th><th>学分占比</th><th>学时</th><th>学时占比</th><th>选修学分</th><th>小班化学时</th><th>实践学时</th></tr>
<tr><td rowspan="2">公共基础课</td><td>必修</td><td>11</td><td>21.5</td><td>23.0%</td><td>464</td><td>26.8%</td><td>0</td><td>0</td><td>280</td><td></td></tr>
<tr><td>限选</td><td>1</td><td>4</td><td>4.3%</td><td>60</td><td>3.5%</td><td>4</td><td>0</td><td>60</td><td></td></tr>
<tr><td>公共选修课与素质拓展活动</td><td>任选</td><td>7</td><td>12</td><td>12.8%</td><td>90</td><td>5.2%</td><td>12</td><td>90</td><td>30</td><td></td></tr>
<tr><td>群平台课</td><td>必修</td><td>5</td><td>7.5</td><td>8.0%</td><td>140</td><td>8.1%</td><td>0</td><td>0</td><td>70</td><td></td></tr>
<tr><td>专业方向课</td><td>限选</td><td>11</td><td>41</td><td>43.9%</td><td>836</td><td>48.3%</td><td>19</td><td>0</td><td>546</td><td></td></tr>
<tr><td>专业拓展课</td><td>任选</td><td>5</td><td>7.5</td><td>8.0%</td><td>140</td><td>8.1%</td><td>7.5</td><td>0</td><td>70</td><td></td></tr>
<tr><td colspan="2">合计</td><td>40</td><td>93.5</td><td>100%</td><td>1730</td><td>100%</td><td>42.5</td><td>90</td><td>1056</td><td></td></tr>
<tr><td colspan="11">本专业（方向）选修学分占总学分比例：45.5 %
本专业（方向）小班化学时占总学时比例：5.2 %
本专业（方向）实践教学学时占总学时比例：61.0 %</td></tr>
</table>

第六节　智慧供应链专业群人才培养方案

一、专业群结构

电子商务专业，专业代码 630801，核心专业

市场营销专业，专业代码 630701

物流管理专业，专业代码 630903

连锁经营管理，专业代码 630604

二、培养对象与学制

（一）培养对象：普通高中毕业生

（二）学制：全日制三年

三、人才培养目标

本专业群对接温州市现代服务产业，培养适应区域经济和社会发展需要，拥护党的基本路线，思想政治坚定、德技并修、全面发展，适应互联网、大数据、人工智能与实体经济需要，具有良好的沟通表达能力和团队协作精神，具备实践能力和创新意识，掌握电子商务、物流管理、市场营销等知识和技术技能，面向浙南模式供应链领域的高素质劳动者和技术技能人才。

电子商务专业（方向）的人才培养目标是：面向现代制造业和服务业、依托服装、鞋类和现代服务一线，培养思想政治坚定、德技并修、全面发展，适应区域经济社会发展对人才的需要，具有创新精神、具备创业实践能力的素质，掌握网络营销、电商运营、网络推广、网店美工、电商客服等知识和技术技能电子商务领域的高素质技术技能人才。

市场营销专业（方向）的人才培养目标是：面向服装、鞋类、快消品、零售、房产、汽车、互联网、教育培训等行业管理、服务一线，培养市场开发和管理领域，具备岗位群工作的基本理论知识和职业能力，从事销售代表、公关专员、客服专员等一线工作的高素质技术技能型人才。

物流管理专业（方向）的人才培养目标是：面向物流领域生产一线，培养具备良好的思想道德素质，遵纪守法，诚信、有责任心，掌握现代物流管理基本原理以及与现代物流相适应的成本管理、营销、法律、英语、计算机信息处理的知识，具备较强的现代物流管理和操作的技能等知识和技术技能，面向仓储管理、配送管理、运输调度、物流信息控制等供应链领域的高素质劳动者和技术技能人才。

连锁经营管理专业（方向）的人才培养目标是：培养适应经济社会发展和文化传承创新需要，掌握卖场管理、客户服务、销售促进、人员管理、采购配送知识，具备完成连锁企业门店营运管理、营销策划、门店开发与设计、商品采购、物流配送、特许加盟等工作能力，面向各类超市、百货店、专卖店等连锁企业中的大型门店中层管理岗位和小型门店店长等技术型岗位，进而发展到连锁企业总部营销管理、品类管理、采购管理、物流管理或自主创业等技能型岗位的德智体美全面发展，具有可持续发展能力的高素质技术技能型人才。

四、就业面向与人才规格

（一）职业岗位群与核心能力（见表 6.14）

表 6.14 职业岗位群与核心能力

专业（方向）	职业岗位		主要工作任务	岗位核心能力
电子商务专业（方向）	主岗位	网店运营	负责 B2C 网站运营和淘宝店铺管理；处理图片、编辑网页；负责商品发布与维护，能够策划促销活动，胜任文字编辑工作。	1. 有相关 B2C 网站管理和淘宝店铺管理经验，会处理图片、编辑网页； 2. 能胜任商品发布与维护、促销活动策划、文字编辑等工作； 3. 会关键词优化； 4. 会直通车推广。
		网店客服专员	负责网站和淘宝网店的客服工作，与客户沟通，完成销售和售后工作。	熟悉客服工作，沟通、协调、亲和能力强； 熟悉客服技巧和沟通礼仪，有吃苦耐劳精神，能承受相应精神压力。
	拓展（发展）岗位	网络营销	调研与市场分析； 网络推广； 网络营销策划与实施	1. 能进行网络营销调查问卷的撰写与发放； 2. 会根据调研结果撰写基本的调研报告； 3. 能运用相关方法进行市场细分与市场定位； 4. 会进行搜索引擎推广； 5. 会电子邮件推广； 6. 会网络广告推广； 7. 能进行网上营销策划 8. 能进行网络营销实施 9. 会网络营销效果评价
		网店美工	负责网站及网店产品拍摄、图片设计与修饰。	具有扎实的美工功底，懂色彩搭配，对版面布局有独到见解，有创造力，懂摄影艺术，熟悉 PS 软件。
市场营销专业（方向）	主岗位	销售专员	1. 客户需求分析 2. 业务洽谈 3. 客户关系维护	1. 熟练运用 FAB 法则，掌握客户需求 2. 会运用沟通技巧中商务谈判策略和商务谈判技巧 3. 提升销售满意度促进二次购买和转介绍能力
		公关专员	1. 市场调查与预测 2. 营销策划 3. 广告策划 4. 公共关系 5. 互联网及新媒体 e 触及策划	1. 会制订并实施调查方案，能进行市场预测 2. 会进行市场分析，制订市场营销策划方案 3. 会广告创意策划，能制作编辑平面广告、视频广告，能进行社会化媒体的传播 4. 会运用公关技巧和公关策略，策划执行公关主题活动 5. 熟练运用互联网策划及组织能力，策划相关互联网及新媒体的网络行销

续表

<table>
<tr><th>专业（方向）</th><th colspan="2">职业岗位</th><th>主要工作任务</th><th>岗位核心能力</th></tr>
<tr><td rowspan="2">市场营销专业（方向）</td><td rowspan="2">拓展（发展）岗位</td><td>销售主管</td><td>1. 组建管理销售团队
2. 选拔培养激励团队，提升销售业绩
3. 寻找精准客户群体，开拓销售渠道</td><td>1. 具有丰富的电话销售、渠道销售、网络销售等实战方法和技巧，管理能力强；
2. 较强的销售组织、销售培训和销售执行能力，能够激励团队工作，责任心强；
3. 有很强的应变能力，思维敏捷、资源整合能力强；
4. 客户意识强、目标意识强，能承受工作压力</td></tr>
<tr><td>公关经理</td><td>1. 制定年度品牌公关策略方案
2. 策划和组织品牌公关活动
3. 发布高质量品牌传播文章
4. 关注媒体报导，协调处理公关危机</td><td>1. 具有优秀的文案策划能力及新闻稿和深度文章的写作能力；
2. 对于品牌、公关传播有高度的热情和兴趣，思维活跃、对新事物充满热爱；
3. 有敏锐的新闻嗅觉，良好的沟通、执行、抗压能力。</td></tr>
<tr><td>物流管理专业（方向）</td><td rowspan="2">主岗位</td><td>仓储岗位</td><td>1. 核对凭证，填写入库单
2. 商品检验
3. 商品入库
4. 入库建账拴标签
5. 出库计划
6. 货物出库操作
7. 货物出库复核
8. 出库建账
9. 保管
10. 库存管理</td><td>1. 能正确核对入库凭证和填写入库单
2. 能够根据检验要求和标准对入库商品进行检验
3. 能够根据商品特性和客户的要求合理分配货位；能合理对商品堆码、上架、苫垫
4. 能够对入库的商品正确建立账册和拴挂标签
5. 能根据客户要求正确制定出库计划
6. 能够根据客户的出库要求和出库原则拣出待出库商品；能根据客户要求对商品进行再包装、制作和粘贴标签
7. 能对货物出库进行正确复核
8. 会根据所发出商品及时更新账册内容
9. 能结合仓储管理知识进行仓库保管作业
10. 能对库存实行合理控制；能进行库存成本核算</td></tr>
<tr><td></td><td>配送岗位</td><td>1. 配送
2. 装卸搬运
3. 流通加工
4. 分拣</td><td>1. 会运用商品配送专业知识
2. 能组织配送
3. 能进行配送线路设计和配送中心管理
4. 会配送商务管理和机械化作业技术操作
5. 会操作常用的装卸搬运工具
6. 清楚各种商品的搬运技巧
7. 清楚商品属性、包装技巧
8. 清楚商品流通加工的基本方法，会使用相关的设备
9. 清楚货物分拣作业
10. 会使用现代分拣工具
11. 能与其他部门人员进行良好的合作和协调</td></tr>
</table>

续表

专业（方向）	职业岗位		主要工作任务	岗位核心能力
	拓展（发展）岗位	运输调度岗位	1. 运输调度 2. 运输管理 3. 客服管理	1. 会运用运输管理和物流设施设备基本知识 2. 会交通线路和公路里程的核算 3. 会进行车辆调配 4. 熟悉集装化应用，选择合理运输方式，实现运输合理化 5. 会成本核算和挑选物流设备 6. 能有效进行客户关系管理与协调 7. 能有效进行企业内部协调 8. 能与特定客户进行沟通
连锁经营管理专业（方向）	主岗位	门店销售岗位	1. 推销技术 2. 业务洽谈 3. 客户服务 4. 商品陈列	1. 能进行有效的推销、促销工作 2. 能恰当运用销售语言与顾客交流，能合理处理顾客的异议 3. 能熟知并运用 4PS 策略对企业营销进行相关分析 4. 能合理地布置和陈列各类商品
		大型门店中层管理岗位	1. 门店管理 2. 消费心理分析 3. 商品分类 4. 商品鉴别	1. 能进行有效的推销、促销工作 2. 能合理地布置和陈列各类商品 3. 能运用商品的分类标准及特点对商品进行简单分类 4. 能分析售卖者和购买者消费心理，完成推销工作
		小型门店店长岗位	1. 连锁门店统筹 2. 订单管理 3. 库存管理 4. 采购、配送信息管理 5. 人员信息管理 6. 商品布局	1. 合理安排员工工作时间和工作任务 2. 有效行使各项管理职能 3. 贯彻执行管理规章制度 4. 能选择物流配送方式 5. 能协助建设物流配送中心 6. 能参与连锁店面开发、参与制定加盟店拓展策略 7. 能统筹连锁店面资源
	拓展（发展）岗位	总部行政岗位	1. 营销策划 2. 促销管理 3. 企业人力资源管理 4. 品牌管理 5. 定价管理	1. 能在指导下进行目标选择与市场定位 2. 能贯彻连锁企业经营战略 3. 能协助指导连锁企业门店策略、定价策略、营销策略、品牌策略与公共关系策略 4. 能协助指导连锁企业名牌战略

（二）人才培养规格

1．本专业群对应岗位群的通用能力和素质要求

（1）专业能力：商务运营与客服能力、客户管理及服务能力、订单执行能力、市场营销能力、大数据分析及运用能力、物流管理能力

（2）方法能力：能及时学习最新的供应链相关政策和法规；能利用各种渠道提升业务技能；能独立自主学习，不断获取新知识。

（3）社会能力：团队协作、交际与沟通能力、创新与解决问题能力、心理承受能力、社会责任能力、灵活应变能力、良好的职业道德。

2．各专业（方向）对应岗位的专项能力和素质要求

（1）电子商务（方向）专业能力

①掌握电子商务基本理论，熟悉电子商务类型和应用行业；

②掌握网店装修技巧；

③掌握网店运营与推广技巧；

④掌握商务数据分析方法；

⑤掌握网络推广具体方法，会进行 SEO、网站诊断；

⑥了解客户服务心理，客户关系管理内涵的认知；掌握建立、保持、恢复客户关系策略；

⑦具备搜索引擎、门户网站、即时通讯工具等网络营销工具的基本技巧；

⑧会编辑网络文案，策划网络广告；

⑨能解决企业电子商务运作问题，可以进行方案制定和网络销售策划；

⑩具备团队管理、网店运营及推广的能力。

（2）市场营销专业（方向）专业能力

①能够进行市场调查的计划、组织、实施和数据分析；

②能够进行市场开发和客户维护；

③能够设计和执行销售促进的各项方案；

④能够设计和执行公关活动的各项方案；

⑤能够进行广告策划和文案撰写；

⑥能够进行商务谈判及应用文书写作；

⑦能运用网络营销常见工具搜索引擎、门户网站、社交媒体等；

⑧会编辑网络文案，制作网络广告，制定网络销售策划方案；

⑨会建立和运作网店，实施网络创业创新；

⑩能够对耐用品如汽车及快销品进行相应的市场运作和销售拓展。

（3）物流管理专业（方向）专业能力

①具备良好的物流基础和行业认知，掌握物流标准化和信息化知识。

②具备使用物流信息系统进行数字化和智能化物流管理的能力；

③具备良好的物流市场开发和客户服务能力；

④具备物流仓储作业、运输作业、配送作业等操作技能层面上的能力；

⑤具备处理和解决物流现场问题的基本能力；

⑥具备物流行业道德与职业安全知识，了解物流相关政策与法规。

⑦具备绿色物流理念，了解环境保护和节能处理的知识。

⑧具备自我管理认知，有良好的团队合作及沟通交流能力。

（4）连锁经营管理（方向）专业能力

①具备职业岗位必需的分析能力、计算能力、信息收集与处理能力；

②具备一定的外语能力、写作能力、口头表达能力、组织能力；

③具备总部管理能力、人力资源管理能力、员工培训能力、商品定位与采购能力、商品陈列与促销能力、店面管理能力，连锁战略管理能力

④具备一定的经营与财务数据分析能力，并能根据数据分析结果确定淘汰商品；

⑤具备一定的商品库存周转意识和门店成本控制意识；

⑥具备良好的沟通、协调和执行能力，以及一定的团队管理能力；

五、毕业标准

（一）学分要求

电子商务专业，获得至少 137.5 学分，其中全院性公共选修课及第二课堂素质拓展学分合计不少于 32/18 学分。

市场营销专业，获得至少 146 学分，其中全院性公共选修课及第二课堂素质拓展学分合计不少于 32/18 学分。

物流管理专业（方向），获得至少 138.5 学分，其中全院性公共选修课及第二课堂素质拓展学分合计不少于 32/18 学分。

连锁经营管理专业，获得至少 133.5 学分，其中全院性公共选修课及第二课堂素质拓展学分合计不少于 32/18 学分。

（二）职业资格证书要求

1．证书获取范围（见表 6.15）

表 6.15　基本技能证书与职业资格（技能）证书

序号	证书类型	证书名称	级别	发证机构	考证安排	支撑课程
1	专业群通用的基本技能证书	浙江省高校计算机等级证书	一级	浙江省教育厅	每年 4 月、11 月	计算机基础
2		全国高等学校英语应用能力等级证书	B 级	高等学校英语应用能力考试委员会	每年 6 月、12 月	大学英语
3		浙江省大学英语等级证书	三级	浙江省教育厅	每年 6 月、12 月	大学英语
4		1+X 证书（网店运营推广职业技能等级证书、物流管理职业技能证书、商用车销售等级证书等）	初级 / 中级		每年 6 月，12 月	网络营销 物流管理 推销技术
5	电子商务专业职业资格（技能）证书	阿里巴巴跨境电商人才证书	初级	阿里巴巴集团	每年 5 月	跨境电子商务
6		助理电子商务师	初级	浙江省人力资源和社会保障厅	每年 5 月	电子商务实务
7		助理网络编辑师	初级	浙江省人力资源和社会保障厅	每年 5 月	助理网络编辑师
8		行业企业经历认可证书		由顶岗实习企业跟学校一起认定并开具		
9	市场营销专业职业资格（技能）证书	职业经理人证书		中国职业资格认证中心		职业经理人
10		助理电子商务师	初级	浙江省人力资源和社会保障厅	每年 5 月	电子商务实务
11		人力资源管理师（四级）	中级	人力资源和社会保障部	每年 5 月、11 月	人力资源管理
12		汽车销售服务市场厂方认证证书	中级	各品牌汽车主机厂	每年 5 月	汽车营销
13		行业企业经历认可证书	中级	由顶岗实习企业跟学校一起认定并开具	每年 5 月	
14	物流管理专业（方向）职业资格（技能）证书	物流师职业资格证书		全国职业认证中心	每年 6 月、12 月	现代物流管理
15		物流管理职业技能等级证书	中级	中国物流和采购联合会	每年 6 月、11 月	物流管理职业技能等级证书（1+X）培训
16		国际货运代理行业从业人员岗位专业证书		中国国际货运代理协会	每年 10 月	国际货运代理
17		中华人民共和国特种作业操作证		浙江省质量技术监督局		物流硬件实训

续表

序号	证书类型	证书名称	级别	发证机构	考证安排	支撑课程
18		2+1 现代学徒顶岗实习证书		由顶岗实习企业与学校一同认定并开具		顶岗实习
19		阿里巴巴跨境电商人才证书		阿里巴巴集团		电子商务实务
20	连锁经营管理专业职业资格（技能）证书	职业经理人证书		中国职业资格认证中心		职业经理人
21		助理电子商务师		浙江省人力资源和社会保障厅		电子商务实务
22		人力资源管理师（四级）		人力资源和社会保障部		人力资源管理
23		行业企业经历认可证书		由顶岗实习企业跟学校一起认定并开具		

注：专业群各专业（方向）的职业资格（技能）证书可以在群内专业中相互选择。

2. 证书获取要求

电子商务专业：学生毕业时必须取得至少 1 本基本技能证书或职业技能证书。

市场营销专业：学生毕业时必须取得至少 1 本基本技能证书或职业技能证书。

物流管理管理专业：学生毕业时必须取得至少 1 本基本技能证书或职业技能证书。

连锁经营管理专业：学生毕业时必须取得至少 1 本基本技能证书或职业技能证书。

六、课程体系与核心课程（教学内容）

（一）典型工作任务与职业能力分析（见表 6.16）

表 6.16　工作任务与职业能力分析表

典型工作任务		职业能力
电子商务专业	T1：网店客服	A1–1：会引导客户促成购买或帮助客户购买； A1–2：会处理售中、售后服务； A1–3：会维护客户关系。
	T2：网店运营	A2–1：会选品、店铺基本设置、开直通车； A2–2：会分析数据，进行数据优化； A2–3：会活动策划，站外引流。
	T3：网店美工	A3–1：会使用 PS 等作图软件； A3–2：会制作产品主图、海报、详情页； A3–3：会摄影，懂简单的图片后期处理。

续表

典型工作任务		职业能力
市场营销专业	T1：新媒体策划	A1-1：会制定实施调查方案，进行市场预测； A1-2：会制订能制订营销战略和4PS营销战术； A1-3：会制订实施新媒体营销策划方案
	T2：销售推广	A2-1：会顾客接近技巧、会运用销售促进策略 A2-2：会运用商务谈判技巧，能促成商务谈判成交
	T3：客户服务	A3-1：会客户挖掘 A3-2：会客户维系 A3-3：会客户管理
物流管理专业	T1：现代物流管理	A1-1：培养学生树立正确的物流观念 A1-2：掌握物流的基本知识和基本职业技能。
	T2：仓储与配送管理	A2-1：能对仓储与配送的流程进行正确的管理与控制 A2-2：能根据不同商品的属性安排不同的储存方法 A2-3：能进行正确的出入库操作 A2-4：会使用仓库的软硬件设备 A2-5：会运用专业知识对入库商品进行检验
	T3：第三方物流管理	A3-1：能熟练运用第三方物流企业业务的基本管理方法 A3-2：能根据客户需求设计产品和服务方案 A3-3：能与客户进行良好的沟通，为客户提供专业的服务
	T4：运输管理	A4-1：能用现代物流管理的方法对物流活动进行管理和控制 A4-2：能对运输线路进行设计和优化 A4-3：能根据不同商品的特性安排存储方法 A4-4：能根据客户要求安排配送时间和方式
	T5：供应链管理	A5-1：会运用供应链设计的原则、内容和方法对供应链进行优化 A5-2：能对供应链上的伙伴进行正确的选择和管理 A5-3：能熟练运用供应链管理环境下企业业务流程重组的主要特征和方法对业务流程进行简单重组
连锁经营管理专业	T1：门店运营	A1-1：会选品、店铺基本设置； A1-2：会分析数据，进行数据优化； A1-3：会活动策划
	T2：客户服务	A2-1：会客户挖掘 A2-2：会客户维系 A2-3：会客户管理
	T3：供应链管理	A3-1：会运用供应链设计的原则、内容和方法对供应链进行优化 A3-2：能对供应链上的伙伴进行正确的选择和管理 A3-3：能熟练运用供应链管理环境下企业业务流程重组的主要特征和方法对业务流程进行简单重组

注：①表中“典型工作任务”栏以T开头进行编码，例如“T2”表示第2项典型工作任务的代码。

②表中“职业能力”栏以A开头进行编码，例如“A2-3”表示第2项典型工作任务对应的第3项职业能力的代码。

（二）课程体系架构

1. 电子商务专业课程导图

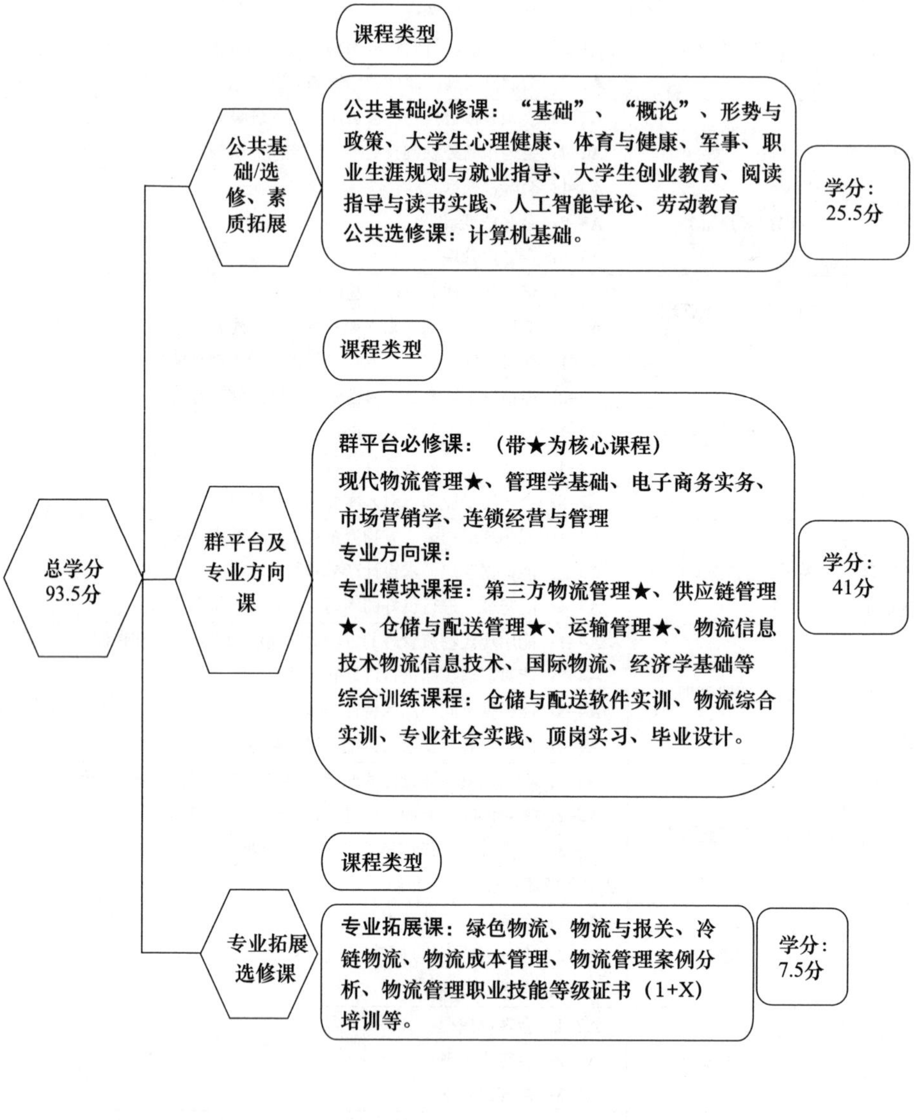

总学分
93.5分

公共基础/选修、素质拓展

课程类型

公共基础必修课："基础"、"概论"、形势与政策、大学生心理健康、体育与健康、军事、职业生涯规划与就业指导、大学生创业教育、阅读指导与读书实践、人工智能导论、劳动教育
公共选修课：计算机基础。

学分：
25.5分

群平台及专业方向课

课程类型

群平台必修课：（带★为核心课程）
现代物流管理★、管理学基础、电子商务实务、市场营销学、连锁经营与管理
专业方向课：
专业模块课程：第三方物流管理★、供应链管理★、仓储与配送管理★、运输管理★、物流信息技术物流信息技术、国际物流、经济学基础等
综合训练课程：仓储与配送软件实训、物流综合实训、专业社会实践、顶岗实习、毕业设计。

学分：
41分

专业拓展选修课

课程类型

专业拓展课：绿色物流、物流与报关、冷链物流、物流成本管理、物流管理案例分析、物流管理职业技能等级证书（1+X）培训等。

学分：
7.5分

2．市场营销专业

课程类型
公共基础/选修、素质拓展
公共基础必修课：“基础”、“概论”、形势与政策、大学生心理健康、体育与健康、军事、职业生涯规划与就业指导、大学生创业教育、阅读指导与读书实践
公共选修课：大学语文、计算机基础。
学分：55分
课程类型
总学分144.5分
群平台及专业方向课
群平台必修课：（带为核心课程）市场营销学、电子商务实务、现代物流管理、连锁经营管理、管理学基础
专业方向课：
网络营销、跨境电子商务、电商运营★、新媒体营销、移动电子商务★、视觉营销。
综合实训课：电子商务沙盘、智慧零售创新创业、专业考证、专业社会实践、顶岗实习、毕业实习。
学分：85.5分
课程类型
专业拓展选修课
专业拓展课：网页制作、广告文案、数码摄影技术、网店客服、消费心理学、淘宝直播、商品管理、视觉营销、电子商务法等。
学分：4分

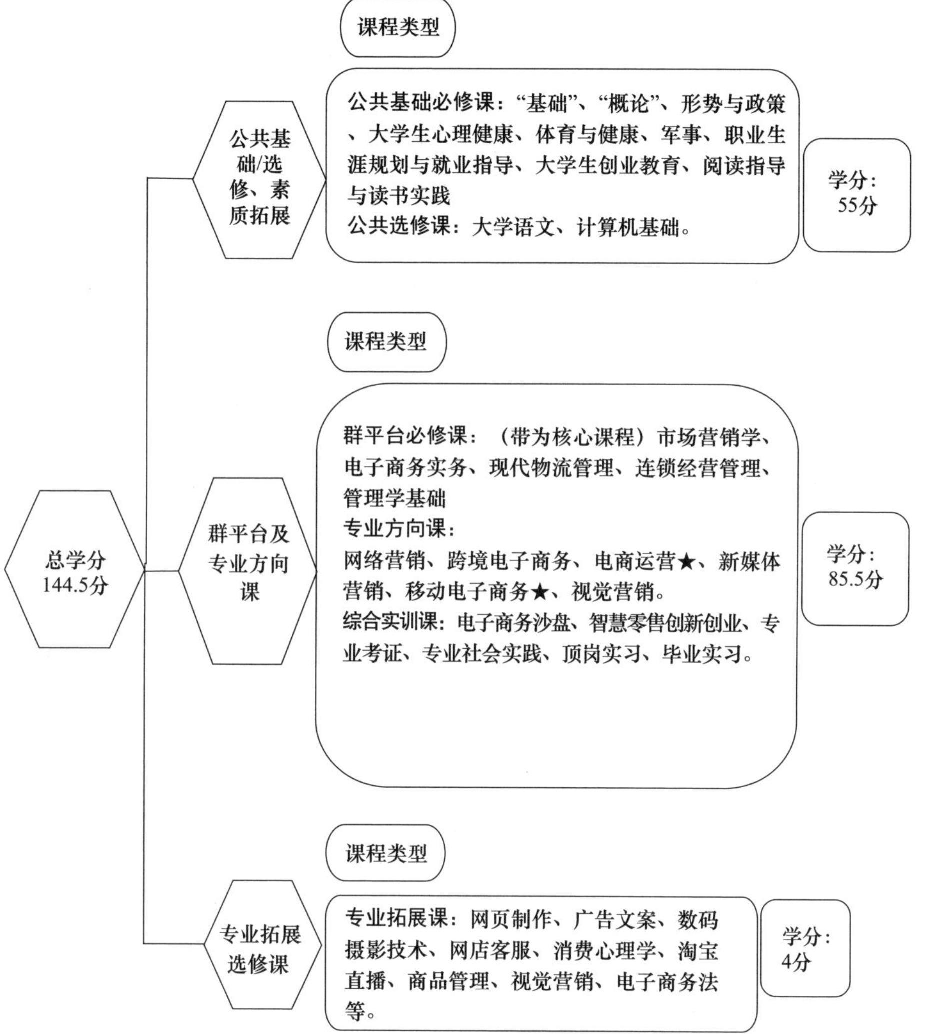

3．物流管理

高端技能型专门人才
制造业物流
流通业物流
第三方企业物流物流
供应链
职业岗位实践
运输
仓储
配送
营销
供应链
管理
职业技能课程、单项实训课程、综合实训课程
职业基础素质课程和职业基本理论课程
方向技术能力
培养学生制造业、流通业以及各类物流企业从事物流供应链各环节操作和一线管理的能力。
技术能力
主要培养本专业的职业技术能力、核心技能，使其具备较强的现代物流管理的技能。
基础能力
主要培养职业道德、创新精神、基础能力，以通用能力培养为主，兼顾专业基础能力培养。

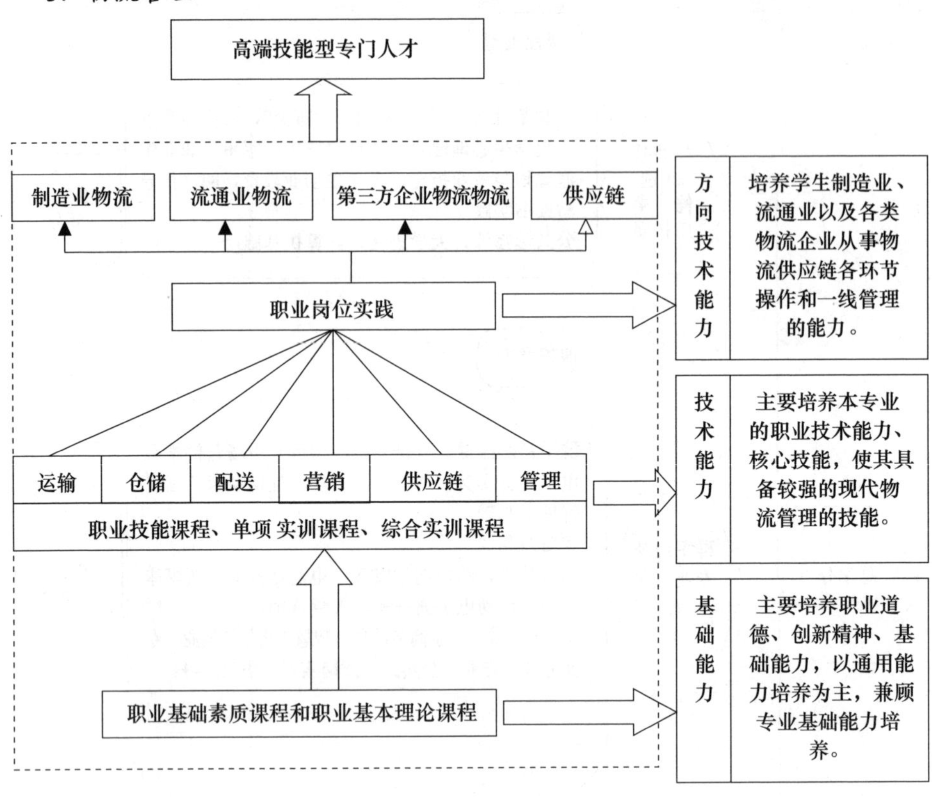

4. 连锁经营管理专业

总学分
138.5分

公共基础/选修、素质拓展

公共基础必修课："基础"、"概论"、形势与政策、大学生心理健康、体育与健康、军事、职业生涯规划与就业指导、大学生创业教育、阅读指导与读书实践、人工智能导论、劳动教育
公共选修课：高等数学、计算机应用基础。

学分：33分

课程类型

群平台及专业方向课

群平台必修课：（带★为核心课程）
现代物流管理★、管理学基础、电子商务实务、市场营销学、连锁经营与管理
专业方向课：
专业模块课程：第三方物流管理★、供应链管理★、仓储与配送管理★、采购管理★、运输管理★、物流信息技术、国际物流、经济学基础等
综合训练课程：仓储与配送软件实训、物流综合实训、智慧零售创新创业、企业经营沙盘模拟、专业社会实践、顶岗实习、毕业设计。

学分：76分

课程类型

专业拓展选修课

专业拓展课：绿色物流、物流与报关、冷链物流、物流成本管理、物流管理案例分析、物流管理职业技能等级证书（1+X）培训等。

学分：7.5分

（三）专业群课程设置

1. 专业群平台课程（见表 6.17）

表 6.17　群平台课程设置表

课程代码	课程名称	典型工作任务	主要教学内容	参考学时
	市场营销学	T1：新媒体策划	本课程主要内容包括市场营销环境分析、市场营销调查、消费者行为分析、市场定位以及市场营销组合策略等。	26

续表

课程代码	课程名称	典型工作任务	主要教学内容	参考学时
	电子商务实务	T2：网店运营	本课程主要内容包括电子商务概述、电子商务的模式、网络营销基础、电子支付与安全、电子商务与物流、店铺运营等	26
	现代物流管理	A1-1 A1-2	本课程主要内容包括运输管理、仓储管理、装卸搬运管理、包装管理、配送管理、流通加工管理、信息管理等。	26
	管理学基础	T1：新媒体策划；T5 供应链管理	管理者与管理工作、管理思想的演变、管理决策、计划、组织、领导、控制七个方面。	30
	连锁经营管理	T1：门店运营；T5 供应链管理	本课程内容主要包括连锁经营实质与特征；直营连锁、特许连锁、自由连锁等基本模式；连锁经营的组织结构设计；零售业连锁等多种业态；	30

注：表中“典型工作任务”栏填写表 3 中任务编号。

2．专业核心课程（见表 6.18）

表 6.18　专业核心课程设置表

专业（方向）	序号	课程名称	典型工作任务	主要教学内容	开设学期	参考学时
电子商务专业	1	跨境电子商务	T2	主要内容包括国际货物交易洽商、合同订立和合同条款，跨境电子商务基本知识、运作流程和运营知识，网络贸易方式等内容。	3	60
	2	网络营销	T1	主要内容包括网络营销概述、网络营销环境及影响因素分析、网络营销市场分析、网络营销策略、收集与发布商务信息、网络市场调研、“新”网络营销、网络广告、网站建设及推广、在线营销活动、网络客服。	2	60
	3	电商运营	T2	主要内容包括电商运营的概念、电商平台选择、商品选择、渠道规划、网店运营与推广、客户关系管理、电商物流等。	3	60
	4	移动电子商务	T2	主要内容移动电子商务安全管理、移动电子商务平台与管理、移动商务交易业务管理与实现、数据分析、微信公众号运营等。	4	64
	5	新媒体营销	T1	主要内容包括新媒体运营的方法与策略、产品运营的思路及重点、内容运营的核心与技巧、活动运营的策划与执行。	4	60
	6	视觉营销	T3	主要内容视觉营销的体现与布局、视觉的影像传达、商品图片的处理、促销图的视觉营销设计、店铺首页视觉营销设计、详情页视觉营销设计等。	4	64

续表

专业（方向）	序号	课程名称	典型工作任务	主要教学内容	开设学期	参考学时
市场营销专业	1	市场营销学（一）	T1	本课程主要内容包括市场营销环境分析、市场营销调查、消费者行为分析、市场定位以及市场营销组合策略等。	1	26
	2	市场营销学（二）	T2	本课程主要内容包括产品组合及品牌策略、定价策略和方法、渠道策略以促销组合策略等。	2	30
	3	新媒体营销	T1	本课程主要内容包括社会化社区媒体营销、社会化发布媒体营销、社会化娱乐营销和社会化商务媒体营销等。	1-2	84
	4	市场调查与预测	T1	本课程主要内容包括市场调查设计、市场调查实施、调查资料整理和市场预测等。	4	64
	5	推销技术	T2	本课程主要内容包括推销准备、寻找顾客、推销接近、推销洽谈、推销成交、推销管理等。	4	64
	6	客户关系管理	T3	本课程主要内容包括识别与开发客户资源、分析客户的商业价值、提升客户的满意度和客户的忠诚度、核心客户的管理以及客户关系管理系统的设计与建设等。	3	60
物流管理专业（方向）	1	现代物流管理	T1	本课程主要内容包括运输管理、仓储管理、装卸搬运管理、包装管理、配送管理、流通加工管理、信息管理等。	1	56
	2	仓储与配送管理	T2	本课程主要内容包括仓库与仓库设备、仓库经营管理、仓库保管流程、库存控制、仓库安全与质量管理。	3	56
	3	第三方物流管理	T3	本课程主要内容包括第三方物流认知、第三方物流企业运作、服务方案设计、第三方物流企业服务管理、第三方物流企业成本核算与绩效评价。	3	56
	4	运输管理	T4	本课程主要内容包括运输的主要方式、不同运输方式组织的特征、不同货物运输管理的特点、运输方面的法律法规等。	4	56
	5	采购管理	T3	本课程内容主要包括采购需求的确定方法，采购计划的编制方法、采购预算编制、供应商选择、采购合同的洽谈、签订和审批；采购物料的验收与检验方法，库存管理的功能和库控制的方法；招标采购的运作程序；JIT 采购技术的实施等。	3	56
	6	供应链管理	T5	本课程主要内容包括供应链管理认知、供应链的构建、供应链管理中的需求、采购、库存管理、供应链管理中的合作伙伴选择、业务外包、业务流程重组、供应链管理中的信息管理和绩效评价	3	56

续表

专业（方向）	序号	课程名称	典型工作任务	主要教学内容	开设学期	参考学时
连锁经营管理专业	1	连锁企业门店运营实务	T1	本课程内容主要包括门店布局与商品陈列的方法、理货员的作业要领、柜台接待的步骤、收银员作业管理、进销存的作业流程、促销活动的组织、门店损耗的防范、顾客投诉的处理	1	52
	2	连锁企业门店选择	T1	连锁企业门店选址是企业开发市场的一个重要环节，课程介绍内容包括：选址体系、CIS 设计、门店内外部设计的原则和技巧扩张策略等	2	60
	3	品类管理	T3	本课程的内容有品类定义、品类角色定位、品类评估、制定品类目标和选择品类策略等。	3	60
	4	采购管理	T3	本课程内容主要包括采购需求的确定方法，采购计划的编制方法、采购预算编制、供应商选择、采购合同的洽谈、签订和审批；采购物料的验收与检验方法，库存管理的功能和库控制的方法；招标采购的运作程序；JIT 采购技术的实施等。	3	45
	5	市场调查与预测	T1	本课程主要内容包括市场调查设计、市场调查实施、调查资料整理和市场预测等。	4	64
	6	仓储与配送	T3	本课程主要内容包括仓库与仓库设备、仓库经营管理、仓库保管流程、库存控制、仓库安全与质量管理。	4	48

注：表中“典型工作任务”栏填写表 3 中任务编号。

七、教学进程表（见附表）

八、学时与学分分配（见表 6.19）

表 6.19　-1 智慧供应链专业群课程资源一览表

课程类别与性质		课程门数	实施分层分类教学的课程门数	备注
公共基础课	必修	11	0	
	限选	3	3	
公共选修课与素质拓展活动	任选	7	7	
群平台课	必修	5	5	
专业（方向）课	限选	13（电子商务） 15（市场营销） 17（物流管理） 13（连锁经营管理）	13（电子商务） 15（市场营销） 17（物流管理） 13（连锁经营管理）	

续表

课程类别与性质		课程门数	实施分层分类教学的课程门数	备注
专业拓展课	任选	9（电子商务） 10（市场营销） 5（物流管理） 10（连锁经营管理）	9（电子商务） 10（市场营销） 5（物流管理） 10（连锁经营管理）	
合计		48（电子商务） 51（市场营销） 48（物流管理） 49（连锁经营管理）	37（电子商务） 40（市场营销） 37（物流管理） 38（连锁经营管理）	
专业群中分层分类课程数占总课程数比例：77 %（电子商务） 78 %（市场营销） 77 %（物流管理） 78 %（连锁经营管理）				

注：公共选修课与素质拓展活动均实施分层分类教学，课程及活动数统一按 7 门计。

表 6.19 －2 电子商务专业（方向）课时与学分分配表

课程类别与性质		课程门数学分	基本学分分配		基本学时分配		其他重要学分学时分配			备注
			学时	学分占比	选修学分	学时占比	小班化学时	实践学时		
公共基础课	必修	11	24	17.18%	524	19.66%	0	0	316	
	限选	3	9	6.18%	156	5.85%	9	0	96	
公共选修课与素质拓展活动	任选	7	22	15.12%	180	6.75%	22	180	60	
群平台课	必修	5	7.5	5.84%	138	5.18%	0	0	64	
专业（方向）课	限选	13	59	15.12%	368	13.81%	59	0	1080	
专业拓展课	任选	9	16	9.62%	218	8.18%	16	0	136	
合计		48	137.5	100%	2656	100%	106	180	1752	
本专业（方向）选修学分占总学分比例：77.1 % 本专业（方向）小班化学时占总学时比例：6.8 % 本专业（方向）实践教学学时占总学时比例：66.0 %										

表 6.19 -3 市场营销专业（方向）课时与学分分配表

课程类别与性质		课程门数学分	基本学分分配		基本学时分配		其它重要学分学时分配			备注
			学时	学分占比	选修学分	学时占比	小班化学时	实践学时		
公共基础课	必修	11	24	16.4%	508	19.2%	0	0	316	
	限选	3	9	6.2%	156	5.9%	9	0	96	
公共选修课与素质拓展活动	任选	7	22	15.1%	180	6.8%	22	180	60	
群平台课	必修	5	7.5	5.1%	134	5.1%	0	0	58	
专业（方向）课	限选	15	65	44.5%	1324	50.3%	65	0	1066	
专业拓展课	任选	10	18.5	12.7%	332	12.6%	18.5	0	152	
合计		51	146	100%	2634	100%	114.5	180	1748	
本专业（方向）选修学分占总学分比例：78.4 % 本专业（方向）小班化学时占总学时比例：6.8 % 本专业（方向）实践教学学时占总学时比例：66.4 %										

表 6.19 -4 物流管理专业（方向）课时与学分分配表

课程类别与性质门数		课程	基本学分分配		基本学时分配		其它重要学分学时分配			备注
		学分	学时	学分占比	选修学分	学时占比	小班化学时	实践学时		
公共基础课	必修	11	24	18.1%	508	21.7%	0	0	316	
	限选	3	9	6.5%	156	6.4%	9	0	96	
公共选修课与素质拓展活动	任选	7	22	15.9%	180	7.3%	22	180	60	
群平台课	必修	5	9.5	6.9%	168	6.8%	0	0	70	
专业（方向）课	限选	17	66.5	48.0%	1394	56.8%	66.5	0	188	
专业拓展课	任选	5	7.5	5.4%	140	5.7%	7.5	0	70	
合计		48	138.5	100%	2546	100%	105	180	1760	
本专业（方向）选修学分占总学分比例：75.8 % 本专业（方向）小班化学时占总学时比例：7.3 % 本专业（方向）实践教学学时占总学时比例：71.7 %										

表 6.19 –5 连锁经营管理专业（方向）课时与学分分配表

课程类别与性质		课程门数学分	基本学分分配		基本学时分配		其它重要学分学时分配			备注
			学时	学分占比	选修学分	学时占比	小班化学时	实践学时		
公共基础课	必修	11	24	18.0%	508	8.3%	0	0	316	
	限选	3	9	6.7%	156	6.2%	9	0	96	
公共选修课与素质拓展活动	任选	7	22	16.5%	180	7.2%	22	180	60	
群平台课	必修	5	7.5	5.6%	138	5.5%	0	0	70	
专业（方向）课	限选	13	53.5	40.1%	1217	48.5%	0	0	1047	
专业拓展课	任选	10	17.5	13.1%	310	12.4%	0	0	140	
合计		49	133.5	100%	2509	100%	31	180	1729	
本专业（方向）选修学分占总学分比例：23.2 % 本专业（方向）小班化学时占总学时比例：7.2 % 本专业（方向）实践教学学时占总学时比例：68.9 %										

注：公共选修课与素质拓展活动均为小班化教学，小班化学时按 180 统计，均为 B 类或 C 类课程实践学时按 60 学时统计。

第七节 “四位一体”模式下培养高端技能型物流管理人才研究

一、绪论

（一）研究目的

通过对浙江省高职物流管理专业人才培养进行研究，探索“四位一体”（四位：政府、企业、行业和院校联盟；一体：学校；学校是纽带和中心）模式在培养高技能物流管理人才中的应用，希望培养出适合区域经济发展的、能支撑物流产业发展的大量合格物流管理人才。

（二）研究意义及背景

浙江省地处长三角核心地带，经济活跃，贸易频繁，物流需求量大。全国最长的海岸线、数量最多的海岛，使浙江成为不折不扣的海洋大省。浙江外贸货物 90% 以上通过港口运输，同时国家又在浙江沿海设立石油、粮食等战略物资储备基地，众多中央企业纷纷抢滩布局，很多长江沿线地区进出的大宗散货也通过浙江港口转运，港口货物吞吐量持续攀升。到 2012 年末，浙江物流业对经济贡献率将超过13%，物流产业增加值将达到3600亿元，物流产业占服务业的25%，成为服务业的支柱产业。

目前浙江物流园区建设已形成国家、省、市、县“四级共建”格局，交通物流基地网络建设全面推进。全省范围内规划建设物流园区22个、物流中心60个以上、一定数量的配送中心和200个农村物流站点。截至目前，共完成物流园区投资33.6亿元，安排补助资金4574万元。已建成的物流园区、中心数量达到51个，占全国的7.6%，位居全国第二。

“十二五”期间，浙江物流园区的总投资将达到73亿元，重点推进7个衔接两种以上运输方式的省级重点物流园区建设，推动综合运输的发展，到2015年建成属于国家运输枢纽和地区性运输枢纽的交通物流基地24个。

然而，高端技能型物流管理人才的缺乏却成为物流产业大发展的“瓶颈”。根据调查，浙江现有物流企业中，中、高级物流管理人员不到10%。很多企业急需大量中、高级物流管理人员，尤其是有理论和一定实践经验的物流管理人员。目前物流从业人员普遍素质偏低，物流企业人才严重匮乏。以温州为例，全市物流企业的从业人员中，物流专业大专及以上毕业的人员不到1%，物流行业的快速发展与人才培养的严重滞后形成鲜明对比，高技能人才的缺乏极大地限制了温州市现代物流的发展。

（三）研究内容

（1）校企合作办学模式的回顾。梳理国内外校企合作办学模式的机制、特点和路径，总结相关经验。

（2）高职物流管理专业“四位一体”校企合作办学的探索和实践。校企合作培养高技能物流管理人才就是要利用学校和企业两种不同的环境和资源优势，采取学校教育与企业生产实践相结合的方式，最大限度地满足企业对高技能人才素质的要求，最快速度提高职业技术学院学生的岗位适应能力，有效缩短高技能人才培养周期，加快高技能人才培养，使学校培养目标和企业需求紧密对接。此外，政府的引导作用，行业协会关于行业标准的指导作用以及院校联盟产生的资源共享优势对职业教育的健康有序发展同样重要。“四位一体”逻辑关系如下图1所示。

良好的校企合作能够“就业难”“招工难”问题迎刃而解。“企业招工难与学生就业难”这一对矛盾的根本原因，是因为毕业的学生现有的知识、技能、观念不能适应社会经济发展和产业结构调整后带来的职业、职位岗位的变化，学校培养出来的人才不能满足社会的需求所导致的。过去，很多学校没有找好与市场的结合点，在开办专业、培养人才等方面闭门造车，缺乏与市场的沟通。在专业设置上带有一定的盲从性和随意性，学校在设置专业时不考虑本校实际，一味开设所谓的“热门”专业，致使专业趋同现象十分严重，专业人才的产出与岗位需求不成比例，供给严重大于需求，造成所谓的学生“就业难”和企业“招工难”的现象出现。建立合作以后公司与学校可以通过双方的展示平台进行深入的交流和磋商，寻求双方最匹配的专业人才，达到供需的平衡与满足，有利于学校“围绕市场办学校，依托行业设专业，根据岗位定课程”，采用“订单式培养”模式，为企业、为社会培养“适销对路”的人才。这样，企业不仅满足了企业用工需求，使生产一线的专业技术人才得到了充实，促进了企业的发展；学校也建立了稳固的实习、实训基地和解决了学生就业问题，真正实现人才培养与企业需求达到“同步”，可以说实现了双赢。校企合作除了能够培养合适的人才，促进学生就业外，在科研、资源共享方面还有很大的合作空间。学校和企业双方都具有各自的资源优势。如学校有大量的藏书及各种技术资料，即科研水平较高；而企业有生产设施、信息资源、专业人员等优势，还有着资金的优势。双方合作，建立优势互补的良性合作关系。

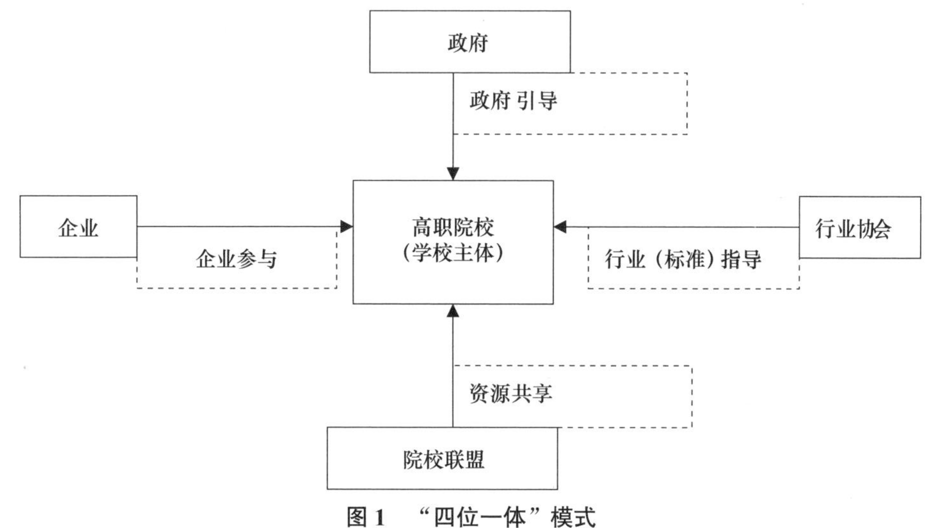

图1　“四位一体”模式

（3）“四位一体”模式总结（绩效评价）。通过“四位一体”模式的实践，对相关各方进行调研，总结得失，为进一步提高物流管理人才质量积累经验和培养路径。

（四）重点和难点分析

“四位一体”模式下的重点和难点在于工学结合的开展。在以往工学结合实践中，我们发现物流企业存在性别歧视：男学生可以全部去实习，而对女学生却“敬而远之”。作为学校，不可能只安排男学生而不安排女学生去顶岗实习，因此尽管校企双方都有合作意愿，但由于当前的很多物流企业还是以“体力好”作为工作的基本条件，导致合作双方有一定分歧。一方面，企业应该逐步改善劳动环境，使相关工种也适合女性劳动者；企业要改变观念，转变思路，进行技术升级，使劳动岗位的性别差异消失；另一方面，学校应加大思想教育，培养学生不怕苦、不怕累的优良作风。

（五）研究方法及创新点

1. 研究研究方法

通过校企合作实践，实地走访，座谈等方式进行调查研究，选取典型案例，统筹分析，最后形成研究报告一份。

第一、确定技术路线。本研究运用工学结合，面对面访谈，实证性调查等方法，做到理论与实践结合。

第二、组成研究团队。利用团队优势进行合作研究。在整个研究团队中，成员有高校讲师，也有企业负责人，研究领域包括了管理学、法学、经济学和教育学，专业结构合理。充分利用学校优势，开展大型面对面的实地调查。

2. 创新点说明

（1）提出了系统性强的“四位一体”的高技能物流管理人才培养模式。以“四位一体”的提法高度概括了培养高技能物流管理人才的路径。

（2）创新高技能物流管理人才职业教育网络。通过“四位一体”网络中各个节点和网络关系，打造新型高技能物流管理人才培养机制。

（3）打造“多元合作，互利共赢”的全社会参与职业教育路径。学校、政府、企业、行业协会和兄弟院校共同参与，共同培养物流管理人才，产需对接，产学研一体，实现教育效益最大化。

二、文献综述

当前，对培养高技能人才的办学模式比较一致的看法就是校企合作。关于校企合作问题的研究，国外出现较早，早在20世纪初便有了校企合作办学方面的尝试。20世纪80年代以来，英、美、德、澳等职业教育较为发达的国家，根据本国的特点和需要，从理论和实践两方面对校企合作问题进行了更为广泛而深入的探索和研究，涌现出一系列特色鲜明的校企合作制度、模式和项目，如美国的合作教育（Cooperative Education）、社区学院（Community College）以及STW（School to Work 从学校到工作）、STC（School to Career 从学校到职场），德国的“双元制”，英国的CTC（City Technology College 城市技术学院）、MA（Modern Apprenticeship 现代学徒制）和TVEI（Technical and Vocational Education Initiatives 技术与职业教育试点计划），澳大利亚的TAFE（Technical and further Education 技术与继续教育）和NA（New Apprenticeship 新学徒制）

等。伴随着研究的深入，一大批对这些制度、模式和项目进行的论证和总结也纷纷涌现。

对于校企合作的认识，大部分学者持肯定态度，并在此基础上对校企合作的历史、背景、发展进程、模式等进行了深入研究。Arthur 和 Elizabeth（1992）撰文分析了校企双方为什么需要合作，双方为发起和维持这种合作所共同或者单独可以采取的步骤，以及这种合作所带来的好处等。但是，Deron Boyles（1998）是少数在对校企合作一片赞扬声背后站出来提出异议的人之一，他认为在目前的自由市场经济条件下，私营企业把公立学校作为自己的培训基地，把学校变为市场，让学生成为没有鉴别能力的消费者。他还揭示了企业打着合作的幌子所举办的一些活动背后不可告人的动机，认为这种合作不是平等意义上的合作，对于公立教育没有多少积极的意义。更多的学者、研究机构是通过具体项目的实施来发现校企合作当中存在的问题，总结经验教训，从而为今后的校企合作工作提供参考。

我国学者在国外同行研究的基础之上，针对我国职业教育发展的现状，从20世纪90年代开始，对校企合作问题进行了一系列比较与实证研究，包括分析国外模式、借鉴国外经验、对我国校企合作过程中出现的问题献计献策等。例如，雷正光（2000）、姜大源（2006）、何文涓（2008）、高松（2013）等学者研究认为，德国的“双元制”是一种国家立法支持、校企合作共建的职业教育办学模式。我国的“校企合作”与德国的“双元制”有诸多相似之处，但又存在不小的差异。我国职业教育应认真借鉴德国的“双元制”，力推行“校企合作”办学之路。石伟平、徐国庆（2001）、关晶（2003）、顾月琴（2013）、王娟娟（2013）等从美国实施 STW 和 STC 策略的背景、途径、理论框架等不同程度和视角进行了研究。周红利、周雪梅（2013）根据瑞士官方权威资料勾勒出了瑞士职业教育体系的全貌，认为瑞士职业教育始终围绕劳动力市场需求与人的发展，建立了以职业资格认证和学历教育为链接点的四通八达的职业教育体系，实现了科技创新、技术进步、素质提高和生产发展的良性循环。娄秋艳等（2013）、杜黎霞等（2013）、杨征（2013）对实践教学模式进行了探讨。叶荣荣等（2012）、吴曙光等（2013）对高职教学模式提出了建议。姜大源（2008）、柳燕君（2009）探讨了高职课程教学改革；郑志军（2012）、段春晖（2012）、唐立新（2010）具体的讨论了物流管理专业建设的思路。

关于校企合作的研究是职业教育不能回避的研究，在这一方面，我们既有许多成功的经验，更有许多有待深入探究、实践和总结的新内容。研究与探索适合我国国情、特别是地区经济发展和学校实际的校企合作模式，对职业教育的发展，提高技能型人才培养的水平，强化为经济社会服务的能力，都具有十分重要的意义。

三、“四位一体”模式中高职院校及企业、政府、行业协会、院校联盟的互动关系

（一）“四位一体”模式的网络结构

“四位一体”模式网络结构的参与者包括高职院校、企业、政府、行业协会、院校联盟。五方通过组织结构性的安排、制度性的设计等机制，通过信息互通、资源互享等合作方式，达到物流管理人才培养效率与效能的最大化。

政府主要是通过立法、宏观政策、制定规划，加大对学校的投入，引导和推动高技能人才培养；学校则承担人才培养的组织、实施工作等；企业进行生产，制造出新的产品，转化成规模产业，在这个过程中需要大量的人才，同时也提供了人才的实习实践场所；行业协会通过制定标准等在学校、企业和政府中充当“中间人”角色，发挥独特的作用；院校联盟则能够发挥资源共享的作用，各加盟学校在师资、实习基地等多方面互相支持和利用。具体来说，企业是系统的动力源，是其他主体行动的动力源泉；高职院校是系统的知识库，为其他主体的行为选择提供理论指导和依据；政府则是系统的调控器，引导其他主体的行为方向；行业协会是系统“传导器”，吸收和传递各种信息；院校联盟是系统的“催化剂”，加速各类资源在系统的流动。各个主体通过相互依存、相互支撑，发挥各自的作用才能完成系统整体目标。在开展人才培养活动的过程中，高职院校、企业、政府、行业协会、院校联盟的主体作用和定位各有不同，在目标和功能上的相互依赖与相互补充，使得高职院校、企业、政府、行业协会、院校联盟结合为一个有机整体。

（二）“四位一体”模式下的高职院校物流管理人才培养途径

1．通过积极的社会调研，学校对物流管理专业进行改造

（1）依据物流人才的需求与行业特点对物流专业重新定位

现代物流业的快速发展对物流岗位职业技能提出了新要求，复合化和专业化是其显著特征。物流岗位职业复合化是指物流人才知识结构的复合化，要求物流人才首先接受“宽口径”培养，要求做到“厚基础、宽口径、应变能力强”，可以胜任多个物流岗位，成为“多面手”。

物流职业岗位专业化是指物流人才的专业知识扎实，专业技能突出，各个层次的人才均能符合岗位要求。与区域经济发展适应的人才是市场需要的人才，企业对人才的需求决定着专业设置、建设和发展的方向，学校必须树立专业建设动态调整的理念，从地方经济的实际出发，充分考虑学校所处区域经济的特点及当地物流业的现状，有侧重地进行专业及方向的选择，适时调整人才培养方案。

（2）科学制订物流专业人才培养方案

专业人才培养方案是人才培养工作的纲领性文件，也是学校的“法规”，一经制定，需要认真遵守和执行。没有科学的人才培养方案，就不可能有好人才培养结果。制订物流专业人才培养方案，应从以下几项工作入手。

首先，要进行充分的社会调研和专家论证。在制订物流管理专业人才培养方案的过程中，要遵循教育教学规律，处理好社会需求与人才培养工作的关系，通过充分的调研和专家论证，对社会人才需求状况进行全面了解和准确的分析。设计好课程和课时，区分好职业素养课程、专业基础课程、专业技能课程和职业拓展课程，要逐渐提高实践课程比重。尽管美国学者 Murphy 和 Poist 曾将物流管理人才的技能分为商业、物流和管理三大类（又分别细分为 33、18 和 32 种具体技能），但在现实中，我们可以根据区域经济的特点，着重提炼若干企业急需的技能，把这些技能通过人才培养方案加以特别关注。

其次，除了进行社会调研外，成立一个由院校专业建设组成员、著名物流企业的管理人员及物流行业协会的专家共同组成的专业建设委员会是必不可少的。该专业建设委员会的职责在于就企业的需求提出合理化建议，包括战略层面和技术层面。通过专业建设委员会，明确合格的物流管理专业学生应掌握的知识和所具有的技能，并通过相应的课程加以体现。

现代物流业兼具知识、技术、资本和劳动密集特点，属外向型和增值型的服务行业，其所涉及的领域十分广阔。在物流实际运作的过程中，商流、信息流、资金流贯穿于各个环节之中。因此，在设置课程的时候，要以物流岗位群所需知识和应用技能为依据。

当前物流企业的从业人员包括仓储、运输、采购、货车（叉车）司机和各类中基层管理员等，其对应的技能要求非常清晰。因此，物流管理专业人才培养模式应依据物流岗位群的各个岗位明确培养目标。调查发现，目前需求较多的是一些基本的操作岗位群和作业层管理岗位群，例如库管员、配运员、现场管理员、信息员和班组长等。一些企业的岗位设置并非采用岗位无缝连接，而是岗位之间有一定比例重叠的方式，这样就需要“多面手”来完成重叠环节的作业，这些要求都对我们课程体系设计提出了要求。

校企合作是培养合格物流管理人才的必由之路。现代物流业是实践性、操作性都很强的行业。按照行业惯例，一个物流专业毕业生从职场新人成为熟手，需要 3 年左右时间。缩短这个时间的最佳办法就是校企合作，加大物流企业对物流人才培养的参与度。通过师资互融（教师下企业挂职锻炼，同时聘请企业专家深入教学第一线，介绍企业文化、企业理念、企业业务操作程序等知识和技能），使学生掌握最实用的技术。校企共建课程是校企深度合作的体现，包括校企双方合作进行课程开发、课程设计、课程实施、课程评价、教材编写等工作，要求企业全程参与学生培养。

（3）“双证融通”的教学体系

“双证融通”即学生在毕业时除获得学历证书外，还必须获得专业的职业资格证书，这种教学体系的根本是解决如何进行人才培养的问题。要根据产学研合作教育的特点，设计出包括教学内容、教学方式、教学考评等体系构成的一个完整系统，保证一个培养合格学生的全过程。其总要求是坚持“双证融通”，强调理论教学与实践教学一体化。具体要求包括：

第一，按照职业岗位要求，调整课程内容及教学大纲，把职业资格标准中要求的知识与技能，融入相关课程教学大纲中。精讲文化基础课和专业基础课，加大职业能力训练的比例。

第二，将职业能力（获取职业资格证书）作为重要的教学目标，纳入教学计划。

第三，在教学方式上强调集理论教学与实验、实习、实训为一体，强调“真刀真枪”的实际工作经历，强调广泛应用以多媒体、计算机网络为代表的现代化教学手段。

（4）加强师资队伍建设

“师资兴则学校兴”，加强教师队伍的建设是提高教学质量的必要条件。建设一支能够适应高等技术应用型专门人才培养要求的、高素质的师资队伍，可以从数量和质量两方面入手。采取如下措施：

选派老师到企业顶岗实训，培养他们的实践操作技能；在校内采取“老”带“新”的方式，培养青年教师的实践教学技能；聘请企业和行业的专业技术人员为兼职教师，或引进社会上的能工巧匠，担任实训指导老师，充实教师队伍；每年有计划地安排中青年教师到知名大学进行访学或者到企业充当“访问工程师”，提高这些老师的理论水平和实践能力；鼓励教师获取本专业职业资格证书。

（5）加强校内外实习基地建设

学生具备一定的动手能力，能为企业创造价值，是企业愿意接受订单的重要前提。因此，校内外实训基地是培养高技能人才的不可缺少重要基础。

校内教学实验实训中心的建设应按照企业实际设计和布置，配备符合培养目标的常规设备和先进设备，并按照企业管理模式进行运作，使学生在实训过程中能够体验企业工作环境，培养企业意识。应该包括物流设备、物流影视及实战推演课件、实训手册、物流实验教学计划、物流操作单据、物流运作案例等整套方案。

校外实训基地是产学研合作教育的重要依托，学校必须通过多种途径与企业建立合作关系，成立有企业代表参加的专业指导委员会，校企双方紧密结合，形成全方位的校外实训网络。校外实训基地的基本形式有两种，一是直接将企业作为实训和工作场所，这是最普遍的一种形式；二是由企业提供设备，在校内按企业的要求建立实训和工作场所。学校要与运输企业、仓储配送企业、商贸流通企业、生产制造等企业合作，建立健全校外实训实习基地。在校外实习实训基地可大力推广开放式、交互式教学模式的运用，提高教学效果，实现专业主干课程的消化，将课堂知识实践化，同时完成毕业论文设计，结合校内物流模拟实验室的模拟训练经验，真正使学生具有现实物流操作能力，真正培养出符合企业实践需要的实用人才。

2．依托企业，实践多样的合作模式，实现双赢

依托企业要通过“产学研”结合的纽带，以企业为依托，实现双赢。一是依托企业的产品或项目将其作为契合点，加强校企之间的技术合作，共建人文社科类实训基地，实现双赢。二是依托企业先进的设备和生产场地条件进行实训教学。三是依托企业真实的职业环境，让学生在浓厚的职业氛围中锻炼培养、能更好地提高学生的职业技能和综合素质。四是依托企业具有丰富实践经验的技术人才资源优势，加强学校实训教学工作的力度，解决目前高职院校“双师型”教师不足的矛盾。其模式有下面几种：

（1）实行“订单式”培养模式。“订单式”人才培养模式是实现企业人才需求与学校人才培养有效接轨的方式之一，即学生毕业后，直接到企业就业。例如，浙江东方职业技术学院经贸系与人民电器、环宇电器等企业联姻，成立“人民电器营销班”和“环宇学院”，实行“订单式”培养，拓宽了毕业生的就业渠道，提高了毕业生的就业率。

（2）实行联合办学模式。联合办学模式就是校企双方共同研究人才培养方法与途径，企业深度融入学校的办学。例如浙江东方职业技术学院经贸系与温州静音轴承有限公司、世纪联华等单位实行联合办学，共同组成专业教学委员会，负责专业实训计划的制定，确定培养目标。实践证明，这种模式既解决了学校目前实训场地不足、实训指导教师欠缺的矛盾，同时，也解决了企业员工素质偏低、技术力量缺乏的矛盾，可谓互利双赢。

（3）实行产教研相结合模式。产教研是把生产、教学和科学研究三合一、互融互通的一种人才培养方式。例如，浙江东方职业技术学院经贸系与吉尔达鞋业等单位在联合办学的同时，开展产学研相结合。学校按实训计划要求，定期邀请人文社科类实训基地的专家和专业技术人员来校进行专题讲座、实训指导，开展教研活动。学校经常派教师到企业挂职锻炼，解决生产中存在的技术问题。

通过几年的磨合，校企双方配合默契，互利互惠，建立起长期的、稳定的合作机制。

（4）与企业合作编写合适的实训教材。教材质量不高一直是困扰学校的一个难题，通过与企业合作编写实训教材，一方面能够把实用的知识及时传递给学生，另一方面也提高了企业有关人员的理论水平和学校老师的实践能力，真正实现了多赢的局面。比如我院与企业联合编写的《管理能力综合实训》就是参考了企业的意见后编写而成，实践效果非常好；另外，与企业进行系列教材的编写，也获得了老师和企业的支持。

（5）实施校企合作、互惠互利，可使实训基地可持续性发展，同时企业应尽到一定的社会责任。行业协会、企业集团要尽可能地主动关心、支持、参与高职实训基地建设与教育，明白高职教育培养的数以千万计的专门人才始终是其取之不竭的人力资源。企业要了解高职教育，帮助实训基地分析各专业高职人才的知识点和能力点，派出人员参与实训基地的培训教育，提供技术应用项目。同时，也要最大限度地接纳高职院教师和高职学生的实习、实训，吸收学生就业，积极参与社会培训，实现基地自身的更新功能。行业、企业要加大对高职教育的参与力度，要和教育主管部门共同建设高等职业教育的管理体制，由高职教育主管部门牵头成立相关专门机构来指导、协调和管理校企合作事宜，保证高职院校实训基地建设能够得到行业的广泛参与和企业的深层次合作。

我院在校外实训基地建设中，探索了校企合作、互利共赢，共同培养学生的新机制和新模式，重点建设了两类实训基地：第一、人民电器、环宇电器、人本轴承的等生产物流和服务实训基地。该类基地主要利用企业生产的淡旺季明显的特点，淡季安排学生参观工艺流程、了解企业文化和车间管理制度、掌握生产物流的一般技术、掌握基本的物流设备的管理和基本运用、了解企业物流成本体系和车间物流岗位员工的薪酬。旺季让学生进行顶岗工作，完成物流生产实习环节后，提高沟通能力。最后一个环节就是进行物流售后服务顶岗实习，了解企业的服务理念和文化。第二、温州市邮政物流局、温州顺丰快递、世纪联华、易初联花等物流运营商业模式实训基地。把该基地建设成能进行商业战略、商业管理流程、商业物流、商业广告、商品陈列、商品促销、商品销售、员工培训与激励、商业企业文化、商业信息系统、商业采购、客户关系管理等知识技能模块实训的实训基地。并通过顶岗实习，全面锻炼学生的自我管理、自我发展、沟通、解决问题、数字的运用、科技的运用等综合能力。校外实训基地是让学生对物流一般生产技术、物流运作等做全面的基础学习和锻炼，对温州的物流产业有较深入的了解，为学生日后担任物流各岗位打下基础。

3．行业协会

行业协会是个中间组织，在行业范围内有大量企业。通过行业协会对其会员单位的引导和介绍，将使企业与学校之间建立良好合作关系，从而解决学校实习条件短缺的问题。与行业协会合作，加大课程建设与改革的力度，积极与行业协会会员企业合作开发课程，根据技术领域和职业岗位的任职要求，改革课程体系和教学内容；建立突出职业能力培养的课程计划，规范课程教学的基本要求；改革教学方法和手段，融“教、学、做”为一体，培养学生的综合能力；加强教材建设，确保教材质量；重视优质教学资源和网络信息资源的利用，把现代信息技术作为提高教学质量的重要手段，不断推进教学资源的共建共享，提高优质教学资源的使用效率，扩大受益面。例如浙江东方职业技术学院经贸系与龙湾区企业家协会、温州市场营销协会等单位建立了良好的合作关系，企业家资源得到了很好的利用。

4．政府

办好地方高职院校，必须紧紧依靠地方政府加强领导、加强统筹。加强领导，就是把握学校的办学方向，使学校真正成为地方经济发展服务的骨干力量；加强统筹，就是统筹各方面的力量，支持学校的发展。

政府制定政策，引导鼓励企业和个人投资办学、捐资助学。高职教育培养区域经济发展所需要的人力资源，对区域经济发展有着极其重要的作用。学校应逐步摆脱对政府的过分依附关系，培育面向市场自主办学、自负盈亏的能力，主动融入区域经济发展，运用教育和培训手段，培养急需的人力资源。学校应不断提高办学效益，降低办学成本，使学校的贡献最大化。

针对校企合作、工学结合的各种配套法律法规应尽快出台。在工学结合过程中，偶尔会发生学生工伤事件，这就导致很多校企合作、工学结合项目开展起来困难重重。因此，政府应该尽快出台有关法律法规来保护各方面的合法权益，让参与各方都有法可依，更加有力的促进高职院校开展实践教学。

5．院校联盟

院校联盟可在办学模式、育人模式上相互借鉴，优势资源共享，全面提高联盟校的办学水平。院校联盟可互派教师、互派学生、互派干部，到对方执教、讲学、进修、学习或挂职锻炼；院校联盟的图书馆、实训基地相互开放，互通信息，开展合作研究，就共同关注的领域联合申报和承担国家、省部级重大研究项目研究，联合组建科学研究机构；在学校管理方面，院校联盟可进行信息沟通、交流办学思路、开展合作研究，在相同相似的重大改革举措方面实行联合互动，以求最佳的效益。

院校联建人文社科类实训基地一般是两所或更多院校根据优势互补、成本分担和资源共享的方式，自觉主动地联合共建的人文社科类实训基地。高职院校由于受到资金、设备、场地等的限制，在人文社科类实训基地的建设上常常会有捉襟见肘之感，经常是有了宏伟的规划蓝图，却无奈于囊中羞涩而不得不暂时将规划搁浅。联合在地域、专业等方面相近的兄弟院校共同建设人文社科类实训基地，在一定程度上可以缓解由于客观条件的不足而带来的此类问题。为了使合作卓有成效，合作的利益诸方应在相互沟通、相互理解的基础上制订科学合理的合作方案，合作方案应该包括人文社科类实训基地的建设和管理等各方面的问题。根据合作诸方的实际情况，实现合作的方式可以灵活多样。比如对于投资额高、成本大的人文社科类实训基地，可以采取共同投资、共同管理、共同使用的方式；对于各自具有的优势专业，可以采取交叉联建，资源互补共享的方式。无论采用何种方式，最终的目的就是实现优势互补，促使效益最大化。比如，浙江东方职业技术学院、浙江工贸职业技术学院和温州科技职业技术学院等单位，在院校联建人文社科类实训基地方面就有广泛的共识，有的专业已经在尝试合作建设人文社科类实习基地。

“路漫漫其修远兮，吾将上下而求索”。高职院校“四位一体”模式下培养高端技能型物流管理人才的路还很漫长，需要得到各个方面的支持，各个方面也应在自己力所能及范围内努力探索一条具有中国特色的建设之路，只有这样，我们的高职教育才能做到两翼齐飞，才能真正健康发展，我们也才能够真正达到教育强国的目标。

第八节　总结与展望

开展深入的校企合作，加强企业、学校与学生之间的有机联系是研究重点，我国职业教育因为缺乏自己清晰的定位，在人才培养的定位上一直处于模糊和不断修正阶段，体现在具体的课程设置、教学内容的选择和实习实训的设计与安排等方面没有明确的标准，很多学校往往根据普通高等教育的样子设置，虽然经过多年的职业教育改革，在办学模式和教育模式上有了一定的改善，但没有形成理论性、系统性和标准性的东西，缺乏指导性。培养出的人才偏理论学习，在职业能力方面欠缺，与行业、企业和社会对人才的需求有一定距离，不能满足行业、企业的需求。同时，企业因没有参与到学校教学，招聘不到适合企业的人才，人才进入企业后不能直接上岗，还要进行进一步的再培训，不利于企业效益的提高。学生由于不了解真实的工作环境，缺乏真实环境中的实习、实训和工作经验，对自己该掌握的知识和技能没有明确的认识和把握，对就业方向不明确，缺乏学习的动力和主动性。而现代学徒制的最大特点是将职业学校的教育和学生将来所要就业的行业企业有机地结合在一起。这种联系的存在使学生通过实习实训加深对企业的了解，对自己将来所要从事的工作岗位、工作内容、工作对象、工作环境和工作前景有了更加深入和真实的认识与了解，并通过工学交替的学习方式在工作中学到了自己真正需要的知识和技能，也有利于把学校学习的东西运用到实践中，把知识转化为技能和能力。这样就克服了以往传统职业教育中以教材为主，在学校中学习的弊端，将企业、学校与学生之间的有机联系起来。现代学徒制的培养目标是应用型、技术型和创造型的人才，适应了企业对人才的要求。同时，通过工学交替和顶岗实习，学生能够提前适应，也有利于缓解学生的就业心理压力和科学地规划职业生涯。

综上所述，物流管理专业现代学徒制的中国本土化实践还处于刚刚起步阶段，面临的任务还很艰巨，这需要所有物流人共同努力，共同探索。只有大家齐心协力，才能最终培养出符合经济发展的物流管理人才。

参考文献

[1] 赵志群，陈俊兰 . 现代学徒制建设——现代职业教育制度的重要补充［J］. 北京社会科学，2014，01：28-32.

[2] 关晶，石伟平 . 现代学徒制之“现代性”辨析［J］. 教育研究，2014，10：97-102.

[3] 王振洪，成军 . 现代学徒制：高技能人才培养新范式［J］. 中国高教研究，2012，08：93-96.

[4] 杨小燕 . 现代学徒制的探索与实践［J］. 职教论坛，2012，09：17-20.

[5] 梁幸平 . 订单式培养与现代学徒制对比研究［J］. 无锡商业职业技术学院学报，2014，03：50-52.

[6] 张阳，王虹 . 现代学徒制在高职院校人才培养中的实践与探索——基于“双导师”的视角［J］. 中国职业技术教育，2014，33：77-80.

[7] 赵鹏飞，陈秀虎 . “现代学徒制”的实践与思考［J］. 中国职业技术教育，2013，12：38-44.

[8] 董泽芳 . 高校人才培养模式的概念界定与要素解析［J］. 大学教育科学，2012，03：30-36.

[9] 袁世鹰，郑伦仁，曹中秋，张开洪 . 多样化人才培养模式与个性化人才培养方案研究［J］. 中国大学教学，2003，03：10-11+21.

[10] 邹非 . 现代学徒制中国本土化实践初探——以物流管理专业为例［J］. 三门峡职业技术学院学报，2017，16（01）：60-64.

[11] 雷正光 . 德国双元制模式对我国职教改革发展的借鉴意义［J］. 职教通讯，2000（12）：

[12] 姜大源 . 德国职业教育［J］. 中国职业技术教育，2006（1）：

[13] 何文涓 . 浅析德国的“双元制”与我国的“校企合作”—德国的“双元制”对我国职业教育的启示［J］. 教育学术月刊，2008（2）：

［14］高松．德国双元制职业教育及其在高等教育领域的发展［J］．河北师范大学学报（教育科学版），2013（1）：
［15］徐国庆、石伟平．西方 STW 比较分析框架述评［J］．教育发展研究，2001 年 4 月
［16］关晶．析美国加州 STC 改革［J］．职教论坛，2003 年 17 期
［17］顾月琴．从 STW 到 STC：世纪之交美国职业教育改革探析［J］．职教论坛，2013.（3）
［18］王娟娟．美国 STC 理念及其对我国职业教育的启示［J］．职教通讯 .2013.4
［19］周红利、周雪梅．瑞士职业教育体系与管理体制［J］．中国职业技术教育 .2013 年 3 期
［20］娄秋艳、勾学荣、刘洪沛．实践类课程教学模式的研究与实践［J］．北京邮电大学学报（社会科学版）.2013 年 1 期
［21］杜黎霞，卢志辉．高职高专经管类专业实践教学模式改革探析［J］．长春师范学院学报 .2013 年 06 期
［22］杨征等．面向应用能力培养的实践教学模式探索［J］．高等教育研究学报 .2013.1
［23］叶荣荣，余胜泉，陈琳．活动导向的多种教学模式的混合式教学研究［J］．电化教育研究 . 2012 年 09 期
［24］吴曙光，李新生．基于“知识 + 技能”的高职教学模式建构［J］．职业技术教育 .2013 年 05 期
［25］姜大源．世界职业教育课程改革的基本走势及其启示——职业教育课程开发漫谈［J］．中国职业技术教育，2008（27）
［26］柳燕君．以工作过程为导向的课程模式研究与课程开发实践［J］．中国职业技术教育，2009（9）
［27］郑志军．物流管理专业建设的研究与实践［J］． 物流技术，2012（3）：158-160.
［28］段春晖．浅谈高职院校物流管理专业建设［J］． 湖北经济学院学报，2012（9）：174-175.
［29］唐立新．高校物流管理专业建设及教学模式研究［J］． 物流工程与管理，2010 年第 9 期：
［30］Arthur G. Sharp，Elizabeth O. Sharp. The Business-Education Partnership［M］. International Information Assoeiates.Ine.，1992.
［31］Deron Boyles.American Education and Corporations：The Free Market Goes to School［M］.Garland Publishing，Inc.，1998.

第七章　物流企业员工满意度

第一节　绪论

一、研究研究目的、意义、趋势判断、需求分析及背景阐述

当前，物流产业蓬勃发展，其产值在 GDP 中所占比重有逐年上升的趋势。然而，不可否认的是，物流企业在发展中也遇到了一些障碍，由满意度低造成的优秀员工流失是企业碰到的一大难题。国内物流基层员工的普遍状况是准入门槛低，年轻人多。据统计[①]，中国约有 30% 的物流基层员工是 25 到 35 岁之间，约有 28% 的物流基层员工是 35 ～ 45 岁之间，超过 45 岁的不到 5%。对于大多数员工，法定 40 小时的工作时限常常是遥不可及的，因为加班是经常的事。人才管理难度大，流动率高是普遍现象。

本研究的主要目的是要找出哪些因素对员工满意度影响大，哪些因素影响小，哪些没有明确的影响，并深入地探究员工满意度与离职倾向的关系，由此为企业在留住人才等方面提供参考建议。在人力资源日常工作中，人力资源部会接到很多来自员工和经理的抱怨，比如有些员工会抱怨工资涨得幅度跟不上生活成本的涨幅，工作服好几年没有换新的了，还有其他各种不满；经理也会抱怨现在的员工很难管理，要求做事情之前总会提出很多条件，而有些条件是他们的权利范围之外的，所以经理们也会向人力资源部抱怨。其实，这些抱怨的真实意愿中，10% 的抱怨是确实不满意，而剩余部分可能是其他因素影响了员工的想法。因此，员工的真正需求与实际情况偏差较大，了解真实需求后，才能够提供有效对策。

本研究的理论意义在于为物流行业的满意度研究提供一些理论依据和案例分析。目前关于员工满意度的研究已经较多，但已有的研究大部分是在餐饮、休闲娱乐等行业，关于物流行业员工满意度的研究国内并不多，由于行业之间的不

① http：//www.vsharing.com/k/SCM/2004-3/474594.html

同，企业规模和管理模式的不同，所以本研究是有理论价值的。

本研究的现实意义在于能够为提高员工满意度、破解优秀员工流失难题提供解决方案。对于很多物流企业来说，本身利润率较低，而过高的员工离职率，使得企业成本增高。管理难度加大，甚至原有客户被离职员工带走后，导致竞争力的下降，这对于物流企业来说可能是致命的。如何才能减少企业优秀员工的流失，这已经成为摆在物流企业面前的难题。所以，本研究具有较大的现实价值。

二、研究主要研究内容、重点、技术关键和难点分析

本研究通过对民营物流在职人员进行满意度调查，分析满意度的影响因素，并且就一些影响因素与离职意向的关系进行探讨。然后，根据所研究的企业现在人力资源方面的相关管理制度，并结合企业现实情况，考虑多方面因素，得出对提高员工满意度并降低人员流失的切实可行对策，为我国民营物流企业的人力资源管理工作和企业的整体管理规范化进程提供参考价值。

本研究的研究重点是探讨民营物流企业员工的满意度现状，并在对现状进行认真分析的基础上找到影响员工“满意”和“不满意”的因素，进而提出解决问题的思路。

本研究的技术关键是各类研究方法的综合运用。从问卷设计到数据分析，定性方法与定量方法相结合，精准运用统计技术是本研究研究的技术关键。

本研究的难点在于问卷设计要科学合理，既要符合民营物流企业的特点，又要能准确测度员工满意的程度。问卷设计要严格按照社会调查的技术路线，最终使得设计的问卷信度和效度达到较好水平。

三、研究研究方法及创新点说明

本研究采用理论分析和实证分析相结合的方法，针对案例设计了切合实际的调查问卷，运用实地问卷考察和访谈相结合的分析方法，找出影响民营物流企业员工满意度的各个因素，进而进行描述性分析、信效度分析和方差分析等统计分析。

四、本章小结

研究民营物流企业的员工满意度是十分必要的，也是十分需要的。这是由民营物流企业的性质决定的，民营物流企业已经成为我国市场经济的重要组成部分，在我国的市场经济中做出了很多贡献。但是民营物流企业也有致命的弱点，那就是大多数民营物流企业是由个人创办的，管理者一般文化程度不高，喜欢根

据经验和主观意志管理，随意性大，很多时候，员工的命运与前途是企业经营者一人说了算。这种管理模式不利于企业的可持续性发展，必然会引起员工对企业管理上的不满，进而产生跳槽离职的想法，这也就是民营物流企业员工流动率居高不下的原因。通过对具体案例的员工满意度进行数据处理和理论分析，可以得出民营物流企业员工满意度的现状并对其原因进行分析，针对现状及原因提出了提高民营物流企业员工满意度的措施，解决民营物流企业目前所面临的问题，提高员工的工作积极性，改善管理层与员工之间的关系，使民营物流企业能够快速地向前发展。

第二节　文献综述

国内外有关员工满意度的研究有员工满意度影响因素研究、员工满意度效应研究和员工满意度测量研究等方面。

一、国外研究

员工工作满意度的概念最早是在 1935 年由 Hoppock 提出，之后有很多专家学者也开始研究。Maslow（1954）提出需求层次理论，认为人的需求分为五个层次，由低到高依次为：（1）生理层面需要：如食物、水、住所、性满足以及其他生理需求；（2）安全需要：保护自己免受身体与情感伤害；（3）社交需要：如爱情、友情、亲情、归属感及被接纳感；（4）尊重需要：包括自尊、自主、成熟感、地位、认可等；（5）自我实现的需要：成长与发展、自身的潜力发挥、理想实现等。这五个层次的需要成阶梯性排列，只有当低层次需要得到部分满足时，才会促使人们有较高层次的需求。低层次需求与高层次需求途径不一样，前两个层次需要外界条件辅助，而后三个层次则主要依靠内驱力来完成。Currivan（1999）提到员工满意度是指员工感觉到工作本身可以满足或者有助于自己的工作价值观需要，而产生的一种愉悦的感觉程度。Robbins（1998）提出，一个具有工作满意感的员工能给企业组织带来更高的生产力，因为工作满意感会减少优秀员工缺勤、离职之类的影响生产力的行为。工作满意度实际上与多种因素相联系，比如身体因素、心理因素、人口统计因素、情境因素、工作场所因素、报酬因素等，概括来说，可以将影响工作满意度的因素分为工作相关因素和员工个人特质相关因素（Buchko，1992；Herzberg，1959 等）。

大量的理论研究表明工作满意度对员工工作态度以及对企业的很多方面产生重要影响，比如，员工满意度与员工的出勤率、工作绩效、员工离职意向和流失率等有着密切的联系，这些影响企业的文化、人员成本、竞争力和战略的实现（Frank，1977；Terborg，1982；Christopher，1982；Ferris，1983；Steel，1984）。

二、国内研究

对员工满意度研究，国内期刊的论文从进入新世纪以来显著增加，这主要是随着人力资本在经济发展中的作用日益显现，同时伴随着知识经济时代的到来，大多企业已经开始认识到，员工满意度具有重要的商业价值。

骆征文等（2014）基于对成都市物流公司员工的调查结果，建立层次分析模型，得到影响员工满意度各因素的权重系数，然后通过模糊综合评判法，得到物流公司员工满意度的量化评价结果，并由此提出相关建议。李敏（2014）以员工满意度的调查和管理作为研究对象，对山西省商业银行的员工满意度展开调查。根据调查数据，利用结构方程模型研究了员工满意度影响因素对总体满意度的影响程度。结果显示：岗位满意度、前景满意度、组织满意度、薪酬满意度对总体满意度有显著正影响，上司满意度对总体满意度影响不显著。通过对浙江某大型连锁超市员工满意度及员工离职意向的调查问卷数据分析，研究超市员工满意度及离职意向现状，通过回归分析找出导致员工离职的因素，并据此提出相应对策建议。刘玥伶（2014）通过对浙江某大型连锁超市员工满意度及员工离职意向的调查问卷数据分析，研究超市员工满意度及离职意向现状，通过回归分析找出导致员工离职的因素，并据此提出相应对策建议。罗文卿（2014）以员工满意度为中心，将山东省创意产业员工作为研究对象，采用结构方程模型和因子分析方法，查找影响创意产业员工满意度的主要因素。结果显示，工作挑战、薪酬水平、发展机遇、工作自由度、团队协作等因素对员工的工作感受、个人期望、工作产出、工作转移产生显著的影响，是影响创意产业员工满意度的主要因素。其中，工作挑战、工作方式对员工工作感受的影响明显；工作自由度对员工个人期望的影响程度显著，并对工作转移产生影响；团队协作则直接对工作产出发挥显著作用。谢源虎等（2014）认为要想提高员工的服务质量，必须要从员工的满意度入手，提高员工的满意度，可以有效增强员工的服务质量。现阶段我国的很多企业都忽视了企业员工满意度的重要性，最终导致了企业的人才流失情况严重，并且由于企业对员工没有相应的激励奖励制度，最终导致了员工的工作积极性下降，服务质量也大幅度下降，使企业的进步缓慢。谢玉华等（2013）基于中国情景运用实证方法探索新生代员工参与对员工满意度的内在影响机制。研究表明，新生代员工参与管理、参与监督、参与决策对员工满意度有显著的正向影响；参与意向（参与管理意向、参与监督意向、参与决策意向）在员工参与（参与管理、参与监督、参与决策）对员工满意度的影响过程中起调节作用。基于此，企业应重视员工参与尤其是高层次的参与监督、参与决策制度建设，培养并提升员工参与意向，完善新生代员工满意度管理。邵建平等（2013）通过动态跟踪调查，整理相关数据并进行统计分析后得到了以一次加薪所提升的员工薪酬满意度为结果变量、以时间为因变量的薪酬满意度时间变化数量模型，是一个类似“之”字形的曲线。李敏等（2013）基于问卷调查所获得209份有效样本数据，实证考察了组织支持感在员工组织职业生涯管理感知与员工工作满意度之间的中介作用。结果表明，员工组织职业生涯管理感知对组织支持感和员工工作满意度均有显著正向影响；进一步地，组织支持感在组织职业生涯管理的晋升公平、职业发展信息对工作满意度的影响中起部分中介作用，在职业发展认识对工作满意度的影响中起完全中介作用。孙宴娥（2013）以来自于不同行业的员工为样本，应用结构方程分析方法，实证检验了工作满意度在组织承诺对员工谏言行为影响中的中介作用。

三、小结

对国内外研究成果进行了概述，各类专家学者的模型大多数是通过对员工进行满意度调查，并以访谈为辅助工具，进行定性和定量的分析，以构成员工满意度的各因素满意程度的总和为衡量的标准，但不同的专家和学者对满意度的构成因素有各自的看法，并且根据实际情况设计出各种测量满意度的评估模型也不同，至于什么是最标准的员工满意度的测量方法，至今还没有一个最好的答案。同时，对于不同行业、不同规模的企业，情况也有所不同，所以所做出的模型也不一定都适合任何企业，那就要根据实际情况，按照理论修改模型和测量方法。

第三节 问卷设计及实施

一、问卷设计

有关员工满意度调查，国际上比较公认的有明尼苏达量表（Minnesota satisfaction questionnaire），工作说明表JDI（job descriptive index），工作满意调查表JSS（job satisfaction survey），一般工作量表JIB（job in general scale），整体工作满意度量表OJS（Overall Job Satisfaction）等。

明尼苏达MSQ量表分为长式量表（21个量表）和短式量表（3个分量表）。短式MSQ量表包括内在满意度、外在满意度和一般满意度三个分量表，其主要维度是：能力使用、成就、活动、提升、权威、公司政策和实施、报酬、同事、创造性、独立性、道德价值、赏识、责任、稳定性、社会服务、社会地位、监督——人际关系、监督——技术、变化性和工作性等。长式 MSQ 量表包括 100 个题目，可测量工作人员对 20 个工作方面的满意度及一般满意度。

工作说明表 JDI 是由 Smith、Kendall & Hulin（1969）等人编制而成，共包括五个方面：工作本身、薪水、升迁、同事、直属上司、公司群体等，是最为常见的员工满意度调查方式。它的特点是填答时不受教育程度的限制，只要选择不同的形容词就可以完成。受试者在各方面分量表的得分总和即为整体工作满意情形，得分越高，满意度越高，测试效果良好，被大多数研究人员采用。

工作满意调查表 JSS 是由斯佩克特（Spector，1985）编制的。它通过 36 道题目描述了工作的九个方面（每个方面 4 道题），这九个方面包括报酬、晋升、管理者、利益、偶然奖励、操作程序、同事、工作本身和交际。它原来被用于评估人际服务，非盈利组织以及社会机构中的满意度。

整体工作满意度量表 OJS 是由贾奇等（Judge，Boudreau&Bretz，1994）编制的。它通过 3 道题目评估了整体满意度，包括盖洛普（Gallop）调查问卷中涉及工作满意度的部分（要求被试通过“是或否”选择来回答题目的工作描述最贴切的面孔）和一道要求被试回答题目对工作感到满意的时间百分比的题目。这 3 道题目的答案均已经过标准化，然后再进行总合以形成对整体工作满意度的综合测量指标。

第四节　对策和建议

对于员工需求，许多企业的管理者总是根据直觉与经验进行判断，这往往与实际情况存在比较大的差距。若想得到真实、可靠的信息，唯有结合员工满意度调查进行深入的分析研究，采取针对性的措施，才能收到实效。通过本次对某物流公司员工进行满意度调查及对调查结果的统计分析可以看出，员工满意度水平遍较低，这不仅不利于公司的日常管理经营，更不利于公司的管理创新及发展壮大。公司管理亟需改善，人才激励也需不断加强。本文根据满意度调查所得数据及分析结果，结合物流公司特点与实际，对公司改进管理、提高员工满意度提出以下几方面的建议。

一、完善更具公平性与竞争性的薪酬福利体系及考核体系

通过调查得知，物流公司员工的对薪酬福利体系满意度不高，究其原因，员

工认为公司的薪酬福利体系对内不其有公平性，对外不具有竞争性。该公司员工的薪酬在行业中属于中游水平，随着物价的不断上涨，原有的薪资水平已不能满足员工的需求，员工的普遍不满在所难免。由此看来，只有完善公司现有的薪酬福利体系才有可能更接近员工的需求，才能激励员工，提高员工满意度。

对此，公司应采取措施实现薪酬的公平性，做到横向公平与纵向公平兼具。薪资调查是目前公认的确定一个企业薪酬水平的重要手段，建议公司可以结合行业及各统计单位发布的薪酬状况报告，针对全员进行一次仔细深入的薪酬状况调查，掌握各岗位真实的薪酬水平，及时调整公司的薪酬水平。对公司而言，所有员下之间的薪酬标准与尺度达到一致；对员工个人而言，薪酬设计应具有延续性，现在及将来的投入产出比与过去相比应该保持定比例的增长。此外，建议公司充分考虑同行业薪酬市场的水平及竞争对手的薪酬水平，保证公司的薪酬水平在市场上具有一定的竞争力，能充分的吸引和留住公司发展所需的战略性和关键性人才。对于企业来说，对员工进行科学有效的激励不仅可以吸引更多的优秀人才到企业中来，而且还有助于激发内部的潜能，促使员工更大限度的发挥其才能和智慧。同时，对于留住优秀人才、造就良性的竞争环境等都有非同一般的意义。员工激励的形式多样，可采用精神激励，比如情感激励、目标激励、考核激励、榜样激励、危机激励等；也可采用物质激励，如晋升工资、颁发奖金等。物质利益是人们生活和发展的基础，是基本的利益，不同的人对物质利益的要求并不相同，有的很强烈，有的则很淡薄，但总体说来，物质利益是人生阶段中最重要的个人利益之一，采用物质激励方法也是管理中常见和重要的激励方法。根据以上背景，建议公司采取多种激励方法完善激励机制，调动员工的积极性，从而实现激励效果。

对于员工福利，一方面要提高公司员工的福利水平，另一方面应丰富公司的福利项目，改变单纯发放过节费的现状，可以组织员工外出旅游、集体生日等活动。这样做一方面丰富了员工业余生活、缓解了工作压力，还可以增进员工之间的交流。同时，培训、休假等都可以是公司福利的一部分，运用得当可以起到更大的激励作用。建议公司可以尝试目前流行的弹性福利计划，在一定范围内让员工有自主选择的权力。这可能会增加公司管理的复杂性，可以先实行小范围的选择，逐步改进。

二、完善公司内部制度建设

对公司员工进行满意度调查的结果表明，员工对于公司总体满意度水平较低。公司的制度管理没有统一的部门，各项制度的起草分别由同职能部门负责，制度的独立性强，缺乏协调性，间接影响了企业的协调发展；制度的制定过程不够规范，常因一件事或某个人而出台一个新制度，针对性强，供适用范围太窄；制度的实施效果也难以保证，公司领导缺乏原则性，常因某些部门经理的据理力争而妥协，出现违背制度的现象。因此，应尽快完善公司内部制度建设。

公司应该设置专门的制度管理部门，负责牵头起草公司发展过程中的各项制度，并做好制度的下发、保管和制度实施监督、反馈等工作，在保证制度其有针对性和操作性的前提下提高制度之间的协调性。

年轻员工的自我约束能力较差，对于办公行政类制度的执行力有待提高，公司应加强培训，在新制度下发时，应进行全员培训，而不仅仅是只针对管理层员工。公司的导向很关键，对于年轻员工，公司要积极正确的加以引导，奖罚结合，确保制度的执行力，提高年轻员工对制度实施效果的满意度。

公司领导对于制度建设的态度尤为重要，公司制度实施效果无法保证，领导者负有直接的不可推卸的责任，建议领导者对制度的实施加以重视，将制度涉及的审批权限下放到相应部门，并在制度制定过程中将此内容明确写明在制度原文中，这样可以有效避免各部门主管有问题直接找到公司领导“谈条件”。同时，责任部门严格按照制度规定办事，并由制度管理部门负责监督，从而确保制度的实施效果，进而提高主管级员工对制度实施效果的满意度水平。

三、重视员工关系，加强有效沟通

人际关系是组织人际气氛的体现，企业人际关系具体表现为管理者与管理者之间，管理者与员工之间，以及员工与员工之间的关系。企业内部的沟通不仅仅局限于管理者和核心员工之间，管理者和基层员工的沟通也是十分必要的。通过和基层员工的沟通，管理者可以清楚了解到员工的思想动态，以此更好地做出经营决策。具体可以采取以下措施：

1. 引导员工认同企业价值观

国内外众多优秀企业的成功经验表明，优秀的企业文化可以凝聚和激励员工与企业共同发展，中小型民营企业可以创造自己的企业文化以此来营造气氛并改善人际关系。中小型民营企业经营者应该尽量做到让企业各层级人员之间建立良好的沟通渠道、建立透明、开放、和谐的人际氛围，正确处理和协调人际关系，不断创新发展，形成积极向上的内部环境。

2. 对不同的属性和特征的员工采取不同的沟通方法

对女性员工由于性格原因管理者可以选择委婉一点的沟通方式，多与其交流生活方面的话题，例如家庭关系等；而对于男性员工可以选择稍微直接一点的沟通方式，多与其交流工作方面的话题，例如职业前景等。

四、细分培训模式

物流行业的分公司一般分散在各地，分公司数量众多但平均员工数量少，人数多则一两百，少则十数人。这样就不像其他行业用集中培训的方式，因为培训成本相对较高。

现在的培训方式虽然成本比较低，但无法做到标准化的培训，各个公司人员培训水平和执行力不同，那么员工接受的内容也会有差异，所以应该细分培训模式，将培训按照组织层级分为：管理层培训、基层管理水平培训、基层操作技能培训。

管理层人员的培训采取外购的培训，数量可以少，但必须是精品，针对公司的现状挑选培训项目，外购的培训可以分为公司请外部讲师到公司培训和外派培训。对于请讲师到公司讲课这种方式需要集中培训，这个可以选择在公司集中开会的时候，以便节约差旅费用。

对于基层的培训通过提升内部培训的品质来降低成本，无需大量购买外部培训。管理水平的培训是培养各类基层主管的小团队管理能力和业务管理能力，侧重于行业知识、团队管理、沟通技巧等基础培训课程。由于基层管理人员的自觉性和学习积极性较高，所以无需讲师每次课程都亲临现场教学，这样建议先给基层管理人员分发各类培训教材或培训光盘，然后在每月或每季度到现场讲课并检查进度和解答问题，以强化其培训效果，实现管理技能提升的循序渐进，做到有的放矢。

操作技能的培训现在已经有内部培训讲师在执行，只是在讲授水平和教材上有欠缺。因为对操作技能的培训讲师操作经验丰富，在如何将技能复制给其他人上需要指导。所以，首先对操作技能讲师进行培训师培训，让他们知道如何讲解可以让学员理解，提高培训技能，这种培训可以加入基层管理素质培训中，让这类经验丰富的基层员工既可以成为后备管理人员，也可以成为技能人才，拓宽职业发展方向。然后编写适合基层操作培训使用的培训教材，应该简单明了，语言文字直白清楚，以便培训者和学员领悟理解。

五、建设快乐的企业文化

物流企业的社会地位并不高，很多人认为物流公司就是一个运输车队，他们经常把物流公司与快递公司相提并论，认为就是把货物送到就好，客户投诉大部分是晚点、损坏、丢失货物、服务态度差等，所以非物流行业的人对于物流公司人员什么好脸色，这就需要企业内部对员工重视。

在组织行为学中，有一个叫做情绪劳动的概念，指的是员工要在工作中表现出令组织满意的情绪状态，例如在服务行业中，员工需要面带微笑地去对待顾客，即使他们心情非常低落，也必须在顾客面前表现得笑容可掬。当员工没有真正感受到快乐时，情绪劳动能极大地破坏员工的工作积极性，从而使他们产生懈怠感。在物流行业中，情绪劳动的产生可能会很频繁，所以企业要在文化中建立快乐的员工理念。

1. 增加业余文化活动

在闲时组织小型的表演，自娱自乐也可以带动整个团队的快乐氛围。

2. 舒缓员工紧张情绪

在公司的文化宣传栏、纸质报纸、电子报纸中增加每周一个幽默笑话或哲理故事，这样可以在繁重的工作下，员工的紧张情绪得到缓解，还有开通总经理信箱，建立总经理和员工沟通渠道，建立投诉举报机制，让员工对抱怨和不合理的事情可以下情上达。

3. 适时激励员工

激发成就感，比如一句表扬，一个慰问，一个奖状都可以使员工快乐。

4. 树立优秀典型

榜样的力量是无穷的，设置各种各样的奖项来赞美与嘉奖员工，例如创意与勇气奖、美好心灵奖、实话实说奖以及最佳客户服务奖等，以他们做榜样，来激励其他员工。还可以每一年表扬忠诚员工，奖励那些在公司工作超过 10 年、20 年的员工，感谢他们对公司的奉献，激发其他员工的忠诚感。

5. 发扬主人翁精神

发扬主人翁精神，让员工有一定的自主权，比如业务员在送货后，发现小的破损，可以给客户免单。

6. 分享喜悦

在小团队中将快乐的事情以非正式渠道告知，比如在晨会开始前，告诉大家某同事开发了一个新客户；在中午吃饭时，说某同事荣升为父亲等等。

7. 成立各类娱乐社团

让员工有自己的兴趣爱好，成立棋类、书法、登山、钓鱼等各类文娱社团。

8. 为员工看到未来

为工作了 2 ～ 3 年的员工制定岗位轮换计划，让那些有潜力、有能力、对组织忠诚度较高的员工在公司内部尝试不同的工作岗位，以此帮助员工更全面地学习和实践企业的文化、技术和管理知识。另外帮助员工成长，外派到其他公司参观，参加外面的学习。

9. 改善工作环境

物流公司所在的地点一般都在郊区，生活设施配套不齐全，员工大部都会选择住在公司提供的宿舍中，公司所提供的生活条件好坏直接关系到员工生活品质和工作状态。事实上，这些与员工生活息息相关的生活环境只需要投入较少的资金和管理就可以得到改善。关于宿舍，可以考虑增加电扇和空调等电器设备，设立兼职宿舍管理员，对宿舍卫生的进行监督，并对防火防盗方面加强管理。关于食堂，可以实行外包制，每天要求公布菜单并不定时更新菜品。关于办公室，现在仓库里的工作人员没有坐的地方，可以建个板房，可以减少在严寒酷暑中来回从办公区域跑到仓库中，这也有利于货物查询和管理。

针对调查结果，我们提出了完善更具公平性与竞争性的薪酬福利体系及考核体系、完善公司内部制度建设、重视员工关系、细分培训模式、建设快乐的企业文化等建议。本研究以物流行业为背景，考察某物流公司的员工满意度，了解了员工满意度现状和影响因素，提出相应的改进建议，认为加强员工满意度建设，可以减少组织内优秀员工的损失，增强企业的竞争力。

研究采用理论分析和实证分析相结合的方法，针对案例设计了切合实际的调查问卷，运用实地问卷考察和访谈相结合的分析方法，找出了影响民营物流企业员工满意度的各个因素，进而进行描述性分析、信效度分析和方差分析等统计分析。本文有以下创新：

创新点 1：建立了适合民营物流企业的员工满意度评价指标体系。依据民营企业人力资源的特性以及民营企业员工满意度的宏观微观特征建立满意度评价指标体系，较好的把握到了指标体系的全面性和科学性。

创新点 2：研究主体的创新。国内对民营物流企业员工满意度的研究尚属起步阶段，在物流产业发展迅猛的今天，对民营物流企业这个主体进行研究尚不多见，本研究填补了这个空白。

创新点 3：研究方法的创新。本研究将尝试运用多种分析方法对研究进行研究，以保证结果的科学性。定性研究与定量研究相结合，最终找到合理的解决方案

由于资金、时间、研究手段等所致，本论文的研究还存在以下不足：

首先，由于客观条件与时间的受限，本研究只对一个物流民营企业进行调查研究，问卷发放的范围相对较小，以点带面的推测整个温州民营物流企业的员工满意度状况，其所能说明的程度是有限的。

其次，在调查过程中无法对被调查者的答题情况进行有效指导督促，有些人在答题过程中可能会敷衍了事，出现漏填，填错等现象，这样就会影响问卷结果的准确性和真实性。

第三，由于笔者知识的局限性，研究对民营物流企业满意度现状提出的改善建议的实用性，有待进一步完善和实践的检验。

员工满意度调查是一个长期的连续过程，本研究组将进行进一步的跟踪分析。此外，今后的研究方法、对相关理论的领悟等都有待进一步完善

参考文献

[1] 骆征文，徐小茹．基于层次分析法的物流公司员工满意度分析——以成都市物流公司调查结果为例 [J]．重庆工商大学学报（自然科学版），2014，04：56-60.

[2] 李敏．山西省商业银行员工满意度影响因素研究 [J]．科技和产业，2014，05：77-80+116.

[3] 刘玥伶．基于员工满意度调查的大型连锁超市留人策略研究 [J]．经济论坛．2014（05）

[4] 罗文卿．山东省创意产业员工满意度的主要影响因素研究 [J]．山东财政学院学报．2014（01）

[5] 谢源虎，赵春梅．企业员工满意度调查分析 [J]．现代商业．2014（11）

[6] 谢玉华，张群艳．新生代员工参与对员工满意度的影响研究 [J]．管理学报．2013（08）

[7] 邵建平，张晓媛，孟鑫．加薪后员工薪酬满意度变化规律实证研究 [J]．上海管理科学．2013（01）

[8] 李敏，黄怡．员工组织职业生涯管理感知对工作满意度的影响——组织支持感的中介作用 [J]．中国人力资源开发．2013（17）

[9] 孙宴娥．组织承诺对员工谏言行为的影响机理研究——以工作满意度为中介变量 [J]．财经问题研究．2013（03）

第八章　物流企业社会责任和诚信体系建设研究

改革开放以来，人们在享受经济迅猛发展带来生活水平提高的同时，也屡屡承受着由于生态环境破坏而引发的各种自然灾害，如酸雨、沙尘暴、雾霾、泥石流等，经济增长的同时也为此付出了巨大的环境代价。早在2004年3月，中国国家环境保护总局副局长潘岳指出，我国经济规模巨大，并在以惊人的速度增长。但是如果不改变目前高消耗、高污染的增长方式，我们将没有足够的资源和环境容量来支持今后的发展。构建和谐的生存环境已成为21世纪的一个综合性和全球性的问题。长期以来地方政府的政绩考核和官员选拔、任用过分注重经济业绩，助长了环境保护与经济增长的失衡。因此，在我国“调结构”“促转型”的背景下，进一步深入研究GDP增速压力与环境问题对于改革政府考核制度，引导各级政府树立科学的发展观和政绩观有重大现实意义。物流业是GDP的重要组成部分，研究物流业社会责任和诚信经营是一个重要研究命题。

第一节　绪论

一、研究研究目的、意义、趋势判断、需求分析及背景阐述

针对物流业存在的诚信缺失问题，有必要了解物流行业诚信问题现状，倾听政府、行业主管部门、企业、消费者各方意见，提出有针对性的物流诚信体系建设思路，这将对完善社会信用体系建设、提高物流市场诚信服务水平等有重要意义。

物流业作为国民经济发展中不可或缺的产业，与人民群众生产、生活密切相关，是支撑社会发展的重要支柱之一。物流业高速发展的同时，其背后存在的一些问题也逐渐暴露出来，受经济利益的驱动，一些物流企业在追逐利润最大化时

会违背诚实守信的原则，物流企业经营过程中的失信现象近年来日益严重。一些不诚信的问题逐渐暴露，成为影响物流企业发展的障碍因素。例如，由于客户获得的物流信息不对称，导致物流运营商价格欺诈现象时有发生；服务延迟；在代收货款时，卷款携逃现象；承诺的服务范围与实际提供的不一致并拒绝承担违约责任的现象；不经客户同意，违法泄露客户商业资料等。当前，世界经济环境瞬息万变，尤其是新冠疫情还没有得到完全控制，众多企业面临生存困境，甚至走向破产。诚信经营对企业来说显得尤其重要，诚信建设迫在眉睫，应引起社会各界的高度重视。

因此，研究物流企业的诚信问题，能够让企业健康发展，让经济细胞更加油活力，让群众生活的更开心、放心，对整个社会有重要意义。

二、与本研究相关研究成果及文献综述

在信用及信用评价研究方面，国外起步较早，无论是评价指标体系的建立还是评价模型的运用都比较成熟，特别是国外在信用评价模型的选择上灵活多变，能够综合运用多种评价方法，突出每种方法的优势，从而强化了模型整体的合理性和适用性，具有代表性的模型包括加权最小二乘支持向量机模型、融合聚类分析的数据挖掘模型、神经网络模型等。国内的信用评价研究工作虽然开展的较晚，但也取得了很大的进展，且国内信用评价研究大多在参考和借鉴国外相关理论的基础上，具体分析了我国信用及信用评价的现状，并从多方面探讨了我国信用评价的影响因素，对我国信用评价工作的发展更具针对性及适用性。

在物流企业诚信研究方面，国外研究侧重于两个方面。一是从物流业务外包出去的企业角度来评价承接该业务的物流企业的诚信状况，即物流外包风险；二是从物流企业间的合作方面展开诚信研究以及物流联盟风险。而国内研究则从物流企业自身服务经营过程方面对其进行诚信评价，在评价对象上，也将物流企业进行了详细区分，包括第三方物流企业、运输型物流企业、仓储型物流企业、综合型物流企业等；在指标体系的构建上，国内研究大多进行了实地调研，紧密联系物流行业诚信建设现状，从物流企业运营能力、财务状况、服务过程、社会责任等几个主要方面构建物流企业诚信评价指标体系。

三、研究内容、重点、技术关键和难点分析

1. 研究研究内容

（1）研究物流行业企业诚信现状；

（2）研究影响物流行业企业诚信的因素；

（3）凝练物流企业诚信体系的建设路径；

（4）形成物流企业诚信体系评价指标体系。

2. 研究研究重点

构建物流企业诚信评价指标体系是评价工作开展的基础。在全面参考一般企业诚信评价指标体系的基础上，结合物流企业自身特点，全面分析影响物流企业诚信水平的主要因素，归纳出企业基本信息、企业经营管理能力、企业服务水平、发展能力、企业财务水平、利益相关者社会责任六个信用评价要素；采取财务指标与非财务指标相结合的方式，力求全面反映企业诚信情况。最后结合指标体系构建原则，构建了物流企业信用评价指标体系，为整个物流市场信用评价指标体系的建设提供有效地参考。

第二节　理论基础及方法

一、物流业企业诚信现状

当前，国内学者对物流企业诚信现状进行了较多研究，并提出了解决思路。李峰（2016）以山东临沂为例，对商贸物流比较发达地区的物流业诚信建设现状及特点、物流业诚信建设存在的问题分析进行了阐述，并对加快推进物流业诚信建设提出了建议。汤金毅等（2019）对菏泽市传统物流业诚信建设情况进行了调查，认为菏泽市传统物流业诚信建设过程中存在资金沉淀现象、物流园区诚信建设不完善、代收货款协议达成条件简单、信息化技术手段应用比例偏低、从业人员业务素质不高等问题，针对这些问题提出了相应的解决思路。燕鸣等（2018）认为物流诚信缺失现状包括骗取货物、骗取货款、天价运费、利用加盟骗取钱财、网购物流失信等；认为诚信缺失的主要原因包括企业注册门槛低、企业恶性竞争加上市场监管机制不完善、物流业内部人员素质差、物流法律惩戒力度小；提出解决物流诚信缺失的对策包括完善物流法律法规、强化政府功能，规范市场管理制度、加大惩罚力度，加强民间组织对企业的约束力，利用网络信息技术等。王景利（2012）探讨了我国第三方物流企业诚信缺失的主要表现，包括承诺过度、实际服务较差而且不承担任何责任，违反规定泄漏其顾客的商业资料，经营代收货款业务不善而携款潜逃等，提出了从合约管制、加强物流企业内部管理制度建设、政府采取行政的手段管制物流企业、加强我国物流业行业协会的独立性、加强社会公众的监督等方面的对策。

二、物流业企业诚信指标体系的研究

学者们对物流业企业诚信指标体系的建立进行了探讨，采用的方法各不相同。徐章一等（2012）通过对湖北 1600 家企业的调研，认为运输型物流企业诚信指标体系应由基础指标、加分指标、减分指标和否决指标四个部分构成。陈鑫（2017）使用 FAHP 来进行诚信评价，从百度指数要素、企业基本素质要素、企业服务水平和企业社会评价四个方面构建了诚信评价指标体系。张莉（2013）运用网络层次分析法，提出企业服务能力、企业财务状况和企业诚信记录三因子诚信评价指标体系。李亚华（2009）结合物流行业特征，将模糊综合评价模型与物流企业诚信指标要素相结合，设计了基于模糊综合评价模型的物流行业征信评价模型。韩嵩（2019）结合我国物流企业的特点，从企业基本条件、企业经营管理能力、企业财务状况、企业社会责任、企业发展潜力和企业产品或服务六大方面构建指标体系。

三、简评

国内外对物流企业诚信评价进行了较多探讨，形成了较多理论。从研究诚信的必要性到指标体系的构建，形成了颇多的论述。然而，现有的文献对物流企业诚信指标体系还未达成共识，还有很多问题有待破解。本研究将结合现有研究，对物流企业诚信指标体系进行讨论，并对建立的指标体系进行实证检验，以期为物流企业的健康发展提供有意义的借鉴。

四、小结

对物流企业诚信研究方面的相关文献进行了回顾，对物流业企业诚信现状、物流业企业诚信指标体系等进行了系统回顾，本章为下面运用 AHP 分析法对物流业企业诚信指标体系的研究评价奠定理论基础。

第三节　物流企业诚信评价指标体系构建

一、指标体系构建原则与思路

1. 指标构建原则

（1）系统性原则

物流企业是由人、物、信息组成的系统，任何管理都是对系统的管理。系统性是认识管理本质和方法的最基本视角，在物流企业诚信管理的体系中起统帅作用。所谓系统，是指由相互联系和相互作用的若干部分组成，并具有特定功能的有机整体。自然界和人类社会有各种各样的系统。如人体有消化、呼吸、血液循环、神经等系统；自然界有动物、植物、分子、原子结构等系统；在宇宙，有各种行星系统；在社会国民经济领域，有工业、农业、商业、交通、文教、卫生等系统。系统广泛而大量存在，从宏观事物到微观事物都有系统存在的情形。在现代管理中，人们也可以把任何一个企业、单位或部门看成是一个系统。系统具有集合性、层次性、相关性的特点，系统是由若干要素结合而成，一个系统至少由两个或两个以上的子系统构成；系统结构是有层次的，构成一个系统的子系统分别处于不同的地位；系统内各要素之间相互依存、相互制约，表现为子系统同系统之间、系统内部子系统或要素之间。因此，物流企业各指标之间要符合系统性原则。

（2）科学性原则

科学性是指概念、原理、定义和论证等内容的叙述是否清楚、确切，历史事实、任务以及图表、数据、公式、符号、单位、专业术语和参考文献写得是否准确，或者前后是否一致等。在设计物流企业诚信评价指标体系时，必须以科学性为前提。物流企业诚信指标体系要符合客观实际，能反映出事物的本质和内在规律，即概念、定义、论点正确，论据充分，结果可靠。

（3）可操作性原则

可操作性指在对物流企业进行诚信评价时，建立的指标体系必须能够反映企业的共性，而且数据可获得。其指标要能反映不同物流企业的共同点，而不是反映一些企业的诚信状况，在对另一些企业进行诚信评价时却找不到相关数据。

（4）实用性原则

实用性原则指的可行性和可操作性。一方面是指标的设计要尽量做到精简，不能冗杂，即一项指标就能反映的信息不需要用两个指标来表述，尽量删除那些对物流企业诚信评价结果影响甚微的指标。另一方面是评价指标的数据要易于获取，如果一个指标的数据难以获取或根本无法获取，会大大增加评价工作的难度和成本。

2．指标体系构建思路

由于物流企业诚信评价涉及企业经营的全过程，而对企业诚信的影响因素又多种多样，指标结构复杂，且存在定性和定量指标，一些定量指标难以量化，且量纲不一致，模糊性较强，但物流企业诚信是一个综合的评价过程，因此，对初步选出的指标进行筛选是很有必要的。在进行指标遴选时，主要考虑以下几个影响物流企业诚信经营的因素。

（1）企业基本信息

企业基本信息是反映了企业基本情况，是企业维持生存发展的基础。通过对以往的调研，很多中小物流企业普遍存在人员素质不高，物流设施设备不完善，运营管理不科学、不规范的问题。这些问题往往会导致货物在运输过程中发生破损，提供的业务无法满足客户需求，无法将货物准确的送达客户手中，甚至存在违法、故意欺诈等风险，这些行为对客户的利益造成了巨大的损害，对物流行业的整体形象造成了极大的负面影响，从而阻碍了物流业的发展。因此在进行物流企业诚信评价时，要考虑物流企业整体的基本素质。

（2）企业经营管理能力

企业经营管理能力反映了经营基本情况、认证认可及资质信息、知识产权出质登记证书、股权出质登记信息等方面内容，是一个企业实力的一种体现。

（3）企业服务水平

物流企业的核心产品是服务，服务质量对物流企业来说是根本所在。服务质量决定了企业的经济效益，也为企业进一步发展奠定了基础。遵守物流行业的行规，坚持行业的基本信用道德，是物流企业的生存的根本所在。然而，在物流领域，经常会出现信息不对称、泄露行业机密、履约率低等问题。有学者认为，我国物流行业每年签约合同多达 40 多亿份，但最终的合同履约率仅为五成，主要是因为物流企业诚信意识的缺失以及相关部口的监管不到位，这些问题极大地阻碍了客户对物流行业的信任度，最终不利于物流行业的发展。因此，应该将物流企业的服务水平和质量纳入诚信评价中。

（4）发展能力

企业发展能力包括新技术应用、规划能力、信息化水平等，反映了企业适应外部环境变化的一种能力，也是企业永续经营的一种保障。

（5）企业财务水平

“仓廪实而知礼节”。物流企业能不能诚信经营，不单单取决于该企业愿不愿意诚信经营，还要看这个企业有没有实力维持诚信经营，财务状况就是其中的一个决定性因素。通常来说，物流企业的诚信经营、合同履约率很大程度上都能通过企业财务状况反映出来。一般而言，财务运作良好、无不良债务、现金流充裕的企业诚信水平普遍较高。在评价物流企业诚信水平时，企业财务状况至关重要。本文从财务和非财务两个方面构建物流企业诚信评价指标。针对财务指标，在充分借鉴国内外相关信用评级机构设立的财务指标的基础上，初步选定物流企业诚信评价财务指标，然后通过相关性分析以及因子分析对财务指标进行筛选。针对非财务指标，依据指标构建原则以及物流企业诚信影响因素，遴步构建非财务指标，通过向行业内相关机构和专家发放问卷的方式，对非财务指标进行筛选。

（6）利益相关者社会责任

社会责任是社会法和经济法中规定的个体对社会整体承担的责任，是由角色义务责任和法律责任构成的二元结构体系。责任分为两种：第一种是指份内应做的事，如职责、尽责任、岗位责任等。这种责任实际上是一种角色义务责任或者说是预期责任。第二种是因没有做好分内之事（没有履行角色义务）或没有履行助长义务而应承担一定形式的不利后果或强制性义务，即过去责任，如违约责任、侵权责任等。社会责任包括企业环境保护、安全生产、社会道德以及公共利益等方面，由经济责任、持续发展责任、法律责任和道德责任等构成。这里不仅指企业责任，还有其他的社会责任。利益相关者社会责任包括合同履约、纳税信用、信贷信用、工资及支付、福利与社保、社会贡献等内容，是企业的一种诚信体现。

二、建立物流企业诚信分析层次结构模型

本文根据唐叶云（2016）、浙江省标准化协会制定的“第三方物流企业信用评价指标”的研究成果，结合物流企业的实际情况，提出物流企业诚信评价标准和非诚信企业评价标准，如表 8.1、8.2 所示。对于诚信指数，我们可以评价其高低，对于非诚信指数，我们采取一票否决，即只要发生一项，该企业就存在失信行为。

表 8.1　物流企业诚信评价等级

<table>
<tr><th>一级指标</th><th>二级指标</th><th>三级指标</th><th>指标项名称</th><th>指标项说明</th><th>指标属性</th></tr>
<tr><td rowspan="11">诚信指数</td><td rowspan="11">基本情况</td><td rowspan="3">基础信息</td><td>登记、备案信息</td><td rowspan="3">用于评价企业向有关组织提供的各类信息的准确性、真实性情况</td><td>+</td></tr>
<tr><td>出资人及出资信息</td><td>+</td></tr>
<tr><td>主要人员信息</td><td>+</td></tr>
<tr><td rowspan="2">资金实力</td><td>注册资金</td><td rowspan="2">用于评价企业的经济实力</td><td>+</td></tr>
<tr><td>净资产</td><td>+</td></tr>
<tr><td>规章制度</td><td></td><td>物流企业财务管理、风险管理、客户管理、信用管理、危机管理、重大事项信息披露制度等规章制度</td><td>+</td></tr>
<tr><td>企业荣誉</td><td></td><td>企业获得的荣誉情况。用来判断企业的品牌、商誉</td><td>+</td></tr>
<tr><td rowspan="3">领导层品质</td><td>领导层遵守市场规则</td><td rowspan="3">包括企业董事长、法人代表、主要负责人等</td><td>+</td></tr>
<tr><td>领导层受奖情况</td><td>+</td></tr>
<tr><td>个人信用记录</td><td>+</td></tr>
</table>

续表

一级指标	二级指标	三级指标	指标项名称	指标项说明	指标属性
诚信指数	经营情况	基本面	经营状态	经营状态包括：开业、存续、停业、清算等	+
			主营业务		+
			注册商标		+
			职工人数		+
			企业网址		+
		认证认可及资质信息	证书名称		+
			证书编号		+
			发证机构		+
			发证日期		+
			证书有效期		+
		知识产权出质登记证书	出质人名称		+
			质权人名称		+
			知识产权出资额		+
			知识产权出资比例		+
		股权出质登记信息	出质人名称		+
			质权人名称		+
			股权出质额		+
	服务水平	服务保障	包装设备	主要包括填充设备、罐装设备、封口设备、裹包设备、贴标设备、清洗设备、干燥设备、杀菌设备等。	+
			仓储设备	主要包括货架、堆高车、搬运车、出入境输送设备、分拣设备、提升机、搬运机器人以及计算机管理和监控系统。	+
			集装单元器具	主要有集装箱、托盘、周转箱和其他集装单元器具。	+
			装卸搬运设备	主要包括起重设备、连续运输设备、装卸搬运车辆、专用装卸搬运设备等。	+

续表

一级指标	二级指标	三级指标	指标项名称	指标项说明	指标属性
诚信指数	服务水平	服务保障	仓库设备数量	各类专业化仓库、仓内设施、信息管理设备等	+
			流通加工设备	主要包括金属加工设备、搅拌混合设备、木材加工设备及其他流通加工设备。	+
			运输设备	对于第三方物流公司而言，包括载货汽车，和可直接利用社会的公用运输设备。	+
			设备完好率	现有设备中能够正常使用，性能完好的数量的比率。	+
		服务质量	时效性	时效性包括准时交货率。	+
			可靠性	可靠性包括客户投诉率与客户保持率。	+
			灵活性	灵活性包括平均响应时间、服务容量比、物流网点密度、客户需求满足率等。	+
			安全性	安全性包括技术投入率、平均货损货差率、安全交货率等。	+
			经济性	经济性包括增量收入成本比率、增量效用成本比率等。	+
			客户评价	第三方平台 SDR 评价数据，投诉处理	+
			顾客满意度	满意顾客数量 / 总调查顾客数量	+

续表

一级指标	二级指标	三级指标	指标项名称	指标项说明	指标属性
诚信指数	发展潜力	创新能力	创新投入、产出、应用	创新投入包括资金投入和人力投入等；创新产出能够体现物流企业较好的新产品盈利能力和成果转化能力，包括新产品、新服务；用 RFID/RF/GIS+GPS/ 条码等信息技术，车辆追踪技术，手持终端或录入设备，自动分拣技术，全程可视化监控，云端技术等的应用	+
		规划能力	物流战略规划		+
			物流系统空间布局规划	包括物流节点和物流通道等物流网络的空间布局	+
			物流信息平台规划	包括物流园区或物流中心等信息平台建设的规划	+
			物流运营管理体系规划	包括运营网络规划、运营人力资源规划、运营绩效评价的规划	+
		信息化水平	信息采集	信息采集的标准化和自动化水平	+
			信息平台建设	物流企业信息平台建设现状	+
			信息服务能力	利用信息平台为客户提供服务的能力	+
	财务状况	偿债能力	资产负债率	物流企业用其资产偿还长期债务与短期债务的能力。	+
			流动比率		+
			速冻比率		+
		盈利能力	净资产收益率	物流企业资本增值能力。对于上市物流企业，应包括每股收益、每股经营现金流等。	+
			主营利润业务率		+
			总资产报酬率		+
		运营能力	应收账款周转率（次）	物流企业运用各项资产以赚取利润的能力	+
			总资产周转率（次）		+

续表

一级指标	二级指标	三级指标	指标项名称	指标项说明	指标属性
诚信指数	财务状况	发展能力	资本保值增值率	物流企业发展壮大的潜在能力	+
			主营业务收入增长率		+
			年营业利润平均增长率		+
	利益相关者社会责任	合同履约		物流企业在上下游等合作方之间各类经济合同条款的遵守情况	+
		纳税信用	近三年纳税总额	物流企业在税务方面纳税情况	+
			纳税信用登记		+
		信贷信用	已清偿信贷总额	物流企业在银行、保险、担保等机构融资过程中的信用记录情况	+
			按时偿还信贷次数		+
			已付债券总额		+
			已付债券次数		+
			银行信用登记		+
		工资及支付	按时发放工资	企业员工工资水平及拖欠情况	+
		福利与社保	办理了法定保险	企业与劳动者签订劳动合同和为劳动者实施劳动保护等情况	+
		社会贡献	社会公益		+
			慈善捐助		+
			其他社会贡献		+

资料来源：根据唐叶云（2016）、浙江省标准化协会制订的“第三方物流企业信用评价指标”有关资料编制。

三、小结

物流企业诚信评价指标体系构建是比较复杂的一项工作，本章按照系统性原则、科学性原则、通用可比性原则、实用性原则，主要考虑企业基本情况、企业经营情况、企业服务水平、发展潜力、企业财务水平、利益相关者社会责任等方面因素，根据前期学者们的研究成果，结合物流企业的实际情况，提出物流企业诚信评价标准和非诚信企业评价标准。对于诚信指数，我们可以评价其高低，对于非诚信指数，我们采取一票否决，即只要发生一项且属实，该企业就存在失信行为。

表 8.2　非诚信企业评价标准

一级指标	二级指标	三级指标	指标项名称	指标项说明	指标属性
非诚信指数	社会不良记录	欠税信息	近三年欠税次数	包括由政府部门、行业协会、社会媒体公布的企业不良行为方面的信息；以及在工商、税务、海关等政府部门、金融机构、合作方以及其他组织中的违约记录；破坏合同、泄露商业机密	-
			欠税总额		-
			欠税统计日期		-
		金融机构违约信息			-
		公众披露的不良信息			-
		其他不良记录			-
	行政处罚记录		开局罚单部门	包括市场监管、海关、环保等部门的处罚	-
			处罚事由		-
			处罚内容		-
			处罚日期		-
			处罚机构		-
			分类监管等级		-
	司法执行记录		法院判决信息	包括司法机关对企业诉讼案件裁决结果的执行信息	-
			强制执行信息		-
	领导层受罚情况				
	客户投诉记录				-
	其他违法行为				-

资料来源：根据浙江省标准化协会制订的“第三方物流企业信用评价指标”、唐叶云（2016）有关资料编制。

第四节　基于层次分析法的物流企业诚信指数

一、研究方法

邹非等（2011）采用层次分析法（AHP）和模糊综合评价法对多层次评价体系进行了应用和验证，本文借鉴和采用这种方法对物流诚信体系进行分析。

层次分析法（AHP）是一个复杂的多目标决策问题，作为一个系统，目标被分解为多个目标或原则或规则，约束和多个指标的多个层次，评价标准和投票方案的具体顺序被分解为不同的层次，然后，通过求解判断矩阵特征向量计算每个级别的每个元素在优先级权重元素的层次结构上，最后，加权和层次方法合并每个替代解决方案对最终总目标权重，最终权重以及最优解决方案。

二、建立层次结构模型

根据它们的相互关系，决策目标，考虑因素（决策标准）和决策对象分为最高层，中层和最低层，确定层次结构图。最高级别是指决策的目的和要解决的问题。最低级别是指做出决策时的候选方案。中间层是指要考虑的因素和决策的标准。对于两个相邻层，上层称为目标层，下层称为因子层。

三、构造判断（成对比较）矩阵

在确定各个因素之间各个权重的权重时，如果是定性的结果，往往不容易被接受，因此提出了 Santy 一致矩阵法，即并非所有因素都放在一起进行比较，而是两两比较，此时在相对比例上最小化不同因素的属性来比较难度，以提高准确性。在标准的情况下，在其下的程序之间进行成对比较，并根据它们的重要性给出等级。a_{ij} 是因子 i 和因子 j 之间的显着性比较的结果。表 8.3 列出了 Saaty 给出的 9 个重要性级别及其指定值。由成对比较结果形成的矩阵称为判断矩阵。

$$a_{ij}=\frac{1}{a_{ji}}$$

表 8.3　比例标度表

因素 i 比因素 j	量化值
同等重要	1
稍微重要	3
较强重要	5
强烈重要	7
极端重要	9
两相邻判断的中间值	2，4，6，8

四、层次单排序及其一致性检验

对应于判断矩阵最大特征根 λ_{max} 的特征向量，经归一化（使向量中各元素之和等于 1）后记为 W。W 的元素为同一层次因素对于上一层次因素某因素相对重要性的排序权值，这一过程称为层次单排序。能否确认层次单排序，则需要进行一致性检验，所谓一致性检验是指对 a 确定不一致的允许范围。其中，n 阶一致阵的唯一非零特征根为 n；n 阶正互反阵 a 的最大特征根 $\lambda \geqslant n$，当且仅当 $\lambda=n$ 时，a 为一致矩阵。由于 λ 连续的依赖于 a_{ij}，则 λ 比 n 大的越多，A 的不一致性越严重，一致性指标用 CI 计算，CI 越小，说明一致性越大。用最大特征值对应的特征向量作为被比较因素对上层某因素影响程度的权向量，其不一致程度越大，引起的判断误差越大。因而可以用 $\lambda-n$ 数值的大小来衡量 A 的不一致程度。定义一致性指标为：

$$\mathrm{CI}=\frac{\lambda-n}{n-1}$$

CI=0，有完全的一致性；CI 接近于 0，有满意的一致性；CI 越大，不一致越严重。

为衡量 CI 的大小，引入随机一致性指标 RI：

$$\mathrm{RI}=\frac{\mathrm{CI}_1+\mathrm{CI}_2+\mathrm{L}+\mathrm{CI}_n}{n}$$

其中，随机一致性指标 RI 和判断矩阵的阶数有关，一般情况下，矩阵阶数越大，则出现一致性随机偏离的可能性也越大，其对应关系如表 8.4：

表 8.4　平均随机一致性指标 RI 标准值（不同的标准不同，RI 的值也会有微小的差异）

阶数	1	2	3	4	5	6	7	8	9	10	11
RI	0	0	0.58	0.90	1.12	1.24	1.32	1.41	1.45	1.49	1.52

考虑到一致性的偏离可能是由于随机原因造成的，因此在检验判断矩阵是否具有满意的一致性时，还需将 CI 和随机一致性指标 RI 进行比较，得出检验系数 CR，公式如下：

$$\mathrm{CR}=\frac{\mathrm{CI}}{\mathrm{RI}}$$

一般，如果 CR<0.1，则认为该判断矩阵通过一致性检验，否则就不具有满意一致性。

五、层次总排序

计算某一层次所有因素对于最高层（总目标）相对重要性的权值，称为层次总排序。这一过程是从最高层次到最低层次依次进行的。

六、具体计算

1. 构造判断（成对比较）矩阵

（1）二级指标相对于一级指标的判断矩阵

表 8.5 a 二级指标相对于一级指标的判断矩阵

诚信指数	基本情况	经营情况	服务水平	发展潜力	财务状况	利益相关者社会责任
基本情况	1.00	0.33	0.11	2.00	0.33	0.33
经营情况	3.00	1.00	0.20	2.00	0.50	0.33
服务水平	9.00	5.00	1.00	2.00	1.33	2.00
发展潜力	0.50	0.50	0.50	1.00	0.33	0.33
财务状况	3.00	2.00	0.75	3.00	1.00	2.00
利益相关者社会责任	3.00	3.00	0.50	3.00	0.50	1.00

（2）三级指标相对于二级指标的判断矩阵

表 8.5 b_1 三级指标相对于二级指标的判断矩阵

基本情况	基础信息	资金实力	规章制度	企业荣誉	领导层品质
基础信息	1	0.14286	2	0.5	0.2
资金实力	7	1	3.333333	0.5	0.33333333
规章制度	0.5	0.3	1	0.2	0.11111111
企业荣誉	0.3	2	5	1	0.5
领导层品质	5	3	9	2	1

表 8.5 b_2 三级指标相对于二级指标的判断矩阵

经营情况	基本面	认证认可及资质信息	知识产权出质登记证书	股权出质登记信息
基本面	1	3	4	2
认证认可及资质信息	1/3	1	1/2	1/2
知识产权出质登记证书	1/4	2	1	2
股权出质登记信息	1/2	2	1/2	1

表 8.5 b_3 三级指标相对于二级指标的判断矩阵

服务水平	服务保障	服务质量
服务保障	1	1/3
服务质量	3	1

表 8.5 b_4 三级指标相对于二级指标的判断矩阵

发展潜力	创新能力	规划能力	信息化水平
创新能力	1	2	1/3
规划能力	1/2	1	1/4
信息化水平	3	4	1

表 8.5 b_5 三级指标相对于二级指标的判断矩阵

财务状况	偿债能力	盈利能力	运营能力	发展能力
偿债能力	1	5	4	2
盈利能力	1/5	1	1/2	1/2
运营能力	1/4	2	1	2
发展能力	1/2	2	1/2	1

表 8.5 b_6 三级指标相对于二级指标的判断矩阵

利益相关者社会责任	合同履约	纳税信用	信贷信用	工资及支付	福利与社保	社会贡献
合同履约	1	1/5	1/3	3	3	7
纳税信用	5	1	3	5	5	9
信贷信用	3	1/3	1	3	3	7
工资及支付	1/3	1/5	1/3	1	2	3
福利与社保	1/3	1/5	1/3	1/2	1	3
社会贡献	1/7	1/9	1/7	1/3	1/3	1

2. 一致性检验

（1）二级指标相对于一级指标的判断矩阵

表 8.6 a 二级指标相对于一级指标的判断矩阵一致性检验

按行相乘	开 n 次方	权重 W_i	A_{wi}	A_{wi}/W_i	CI=（λ−n）/（n−1）	CR=CI/RI
0.01	0.4493	0.06	0.4104	6.67	0.10	0.08
0.20	0.7647	0.10	0.6731	6.43		
240.00	2.4929	0.34	2.2453	6.58		
0.01	0.4903	0.07	0.4627	6.89		
27.00	1.7321	0.24	1.4649	6.18		
6.75	1.3747	0.19	1.1775	6.26		
开 n 次方求和：7.3040			λ_{max}=6.50		一致性检验	

（2）三级指标相对于二级指标的判断矩阵一致性检验

表 8.6　b_1 三级指标相对于二级指标的判断矩阵一致性检验

按行相乘	开 n 次方	权重 W_i	A_{wi}	A_{wi}/W_i	CI=（λ−n）/（n−1）	CR=CI/RI
0.0285714	0.4911	0.078314	0.3943	5.03489	0.078854387	0.070405703
3.8888889	1.3121	0.209227	1.1766	5.623615		
0.0033333	0.3196	0.05096	0.2418	4.744053		
1.5	1.0845	0.17293	1.1140	6.441685		
270	3.0639	0.488569	2.3123	4.732845		
开 n 次方求和：6.2711			λ_{max}=5.32		一致性检验	

表 8.6　b_2 三级指标相对于二级指标的判断矩阵一致性检验

开 n 次方	权重 W_i	A_{wi}	A_{wi}/W_i	CI=（λ−n）/（n−1）	CR=CI/RI
2.2134	0.482052	2.0705	4.295277	0.073323	0.081469453
0.5373	0.117016	0.4782	4.086325		
1.0000	0.217792	0.9386	4.309704		
0.8409	0.18314	0.7671	4.188564		
4.5915		λ_{max}=4.219968		一致性检验	

表 8.6　b_3 三级指标相对于二级指标的判断矩阵一致性检验

按行相乘	开 n 次方	权重 Wi
0.33	0.58	0.25
3.00	1.73	0.75

备注：二阶无需做一致性检验

表 8.6　b_4 三级指标相对于二级指标的判断矩阵一致性检验

按行相乘	开 n 次方	权重 W_i	A_{wi}	A_{wi}/W_i	CI=（λ−n）/（n−1）	CR=CI/RI
0.6667	0.87	0.24	0.7198	3.02	0.01	0.02
0.125	0.50	0.14	0.4120	3.02		
12	2.29	0.63	1.8865	3.02		
	3.66		λmax=3.02		一致性检验	

表 8.6　b_5 三级指标相对于二级指标的判断矩阵一致性检验

按行相乘	开 n 次方	权重 W_i	A_{wi}	A_{wi}/W_i	CI=（λ−n）/（n−1）	CR=CI/RI
40	2.5149	0.520824	2.1872	4.199432536	0.056707	0.063008225
0	0.4729	0.097931	0.3927	4.010170148		
1	1.0000	0.207098	0.8815	4.256251154		
0.5	0.8409	0.174148	0.7340	4.214634989		
	4.8286		λ_{max}=4.170122207		一致性检验	

表 8.6　b6 三级指标相对于二级指标的判断矩阵一致性检验

按行相乘	开 n 次方	权重 W_i	A_{wi}	A_{wi}/W_i	CI=（$\lambda-n$）/（$n-1$）	CR=CI/RI
4.20	1.27	0.15	0.96	6.55	0.07	0.06
3375.00	3.87	0.45	2.87	6.42		
63.00	1.99	0.23	1.46	6.37		
0.13	0.71	0.08	0.52	6.25		
0.03	0.57	0.07	0.41	6.24		
0.00	0.25	0.03	0.18	6.27		
	8.67		λ_{max}=6.35		一致性检验	

3．层次总排序

表 8.7　层次总排序

一级指标	二级指标	三级指标	三级指标对二级指标排序	二级指标对一级指标排序	层次总排序
诚信指数	基本情况	基础信息	0.078313974	0.061519053	0.0048178
		资金实力	0.209227122		0.0128715
		规章制度	0.050959907		0.003135
		企业荣誉	0.172930312		0.0106385
		领导层品质	0.488568685		0.0300563
	经营情况	基本面	0.482052062	0.104699358	0.0504705
		认证认可及资质信息	0.117016155		0.0122515
		知识产权出质登记证书	0.217791604		0.0228026
		股权出质登记信息	0.183140179		0.0191747
	服务水平	服务保障	0.25	0.341303618	0.0853259
		服务质量	0.75		0.2559777
	发展潜力	创新能力	0.238487123	0.067124892	0.0160084
		规划能力	0.136499803		0.0091625
		信息化水平	0.625013074		0.0419539
	财务状况	偿债能力	0.520823657	0.237137177	0.1235067
		盈利能力	0.097930553		0.023223
		运营能力	0.207097905		0.0491106
		发展能力	0.174147886		0.0412969
	利益相关者社会责任	合同履约	0.146483842	0.188215902	0.0275706
		纳税信用	0.446642937		0.0840653
		信贷信用	0.230040833		0.0432973
		工资及支付	0.082427342		0.0155141
		福利与社保	0.065422625		0.0123136
		社会贡献	0.028982421		0.005455

4．案例

某物流公司成立于2014年，注册资本2180万元，资产5000万元，公司是在整合经开区和龙湾两区整体运力57%的基础上设立的，申峰、信义、光明、明珠等四十家物流企业均已加盟，是经开物流的股东公司，股东公司营业额合并约3.8亿元。公司现有一个中型公路物流园，位于滨海园区八路五道与六道之间，占地103.7亩，营业面积45157平方米，总投资8000万元。开通了广州、上海、成都、山东、无锡、贵阳等干线城市的货运班车，集“干线物流、物流快运、配送、物流电商、住宿、餐饮、汽修、汽配”于一体，它是大滨海地区的最大货运市场，全国公路物流的重要节点。

公司邀请10位专家对于该公司的各项指标进行评价，然后对结果进行整理统计，得到公司诚信指标评价，结果如表8.8所示。

表8.8　物流企业诚信评价

一级指标	二级指标	三级指标	好	较好	一般	较差	差
诚信指数 A	基本情况 B_1	基础信息 B_{11}	9	1			
		资金实力 B_{12}	8	2			
		规章制度 B_{13}	7	2	1		
		企业荣誉 B_{14}	9	1			
		领导层品质 B_{15}	9	1			
	经营情况 B_2	基本面 B_{21}	7	3			
		认证认可及资质信息 B_{22}	6	4			
		知识产权出质登记证书 B_{23}	7	3			
		股权出质登记信息 B_{24}	6	3	1		
	服务水平 B_3	服务保障 B_{31}	8	2			
		服务质量 B_{32}	9	1			
	发展潜力 B_4	创新能力 B_{41}	8	2			
		规划能力 B_{42}	7	3			
		信息化水平 B_{43}	9	1			
	财务状况 B_5	偿债能力 B_{51}	8	2			
		盈利能力 B_{52}	7	3			
		运营能力 B_{53}	9	1			
		发展能力 B_{54}	8	2			
	利益相关者社会责任 B_6	合同履约 B_{61}	7	3			
		纳税信用 B_{62}	9	1			
		信贷信用 B_{63}	8	2			
		工资及支付 B_{64}	7	3			
		福利与社保 B_{65}	6	4			
		社会贡献 B_{66}	6	4			

由层次分析法得到“基本信息 B_1”二级指标权重为：

W_{11}={0.078313974，0.209227122，0.050959907，0.172930312，0.488568685}

由上表构造出公司“基本情况 B1”隶属子集：

R_{111}={0.9，0.1，0，0，0}

R_{112}={0.8，0.2，0，0，0}

R_{113}={0.7，0.2，0.1，0，0}

R_{114}={0.9，0.1，0，0，0}

R_{115}={0.9，0.1，0，0，0}

因此得到公司基本素质指标中“基本情况 B_1”的模糊评价矩阵；

$$R_{11}=\begin{Bmatrix}0.9,0.1,0,0,0\\0.8,0.2,0,0,0\\0.7,0.2,0.1,0,0\\0.9,0.1,0,0,0\\0.9,0.1,0,0,0\end{Bmatrix}$$

进行模糊矩阵的复合运算，求得公司“基本情况 B_1”的隶属度评判值：

$B_1=W_{11}*R_{11}$=（0.8689　0.1260　0.0051　0.0000　0.0000）

同理得到“经营情况 B2”等其余因素的隶属度评判值：

B_2=（0.6700　0.1671　0.0183　0.0000　0.0000）

B_3=（0.8750　0.1250　0.0000　0.0000　0.0000）

B_4=（0.8489　0.1511　0.0000　0.0000　0.0000）

B_5=（0.8109　0.1891　0.0000　0.0000　0.0000）

B_6=（0.8029　0.1971　0.0000　0.0000　0.0000）

将公司各二级指标评价向量结合起来构成评价矩阵，根据前文算出的各二级指标的权重，算出公司诚信评价的模糊综合评价向量。

A==（0.8226　0.1600　0.0022　0.0000　0.0000）

将得出的模糊综合评价向量按优 =100 分，良 =80 分，中 =60 分，较差 =40 分，差 =20 分赋予分值。

则公司诚信评价最终得分为：

$$H=(0.8226\quad 0.1600\quad 0.0022\quad 0.0000\quad 0.0000)*\begin{bmatrix}100\\80\\60\\40\\0\end{bmatrix}=95.1968$$

物流企业诚信评价最后得分为95.1968分，表明该企业就较好诚信度，经了解，该企业被评为“浙江省商贸流通业诚信示范企业”称号，信誉较好。据此，本文构建的物流企业诚信评价指标体系能有效评价第三方物流企业的诚信状况。

第五节 小结

一、研究结论

本文通过对国内外物流企业诚信评价的相关理论进行研究分析，借鉴不同地区、不同行业领域的诚信建设经验，结合我国物流企业诚信发展现状、诚信建设中存在的问题以及面临的机遇，对我国物流企业诚信评价体系的建立进行了具有针对性的分析和研究。本研究完成的主要工作及结论如下：

（1）基于系统性、科学性、可操作性等原则，构建了物流企业诚信评价指标体系。在系统性回顾已有相关文献的基础上，结合我国物流企业自身特点，全面分析了影响物流企业诚信水平的主要因素，归纳出基本信息、经营管理能力、服务能力、事业发展能力、财务状况、利益相关者社会责任等六个诚信指数评价要素。

（2）采用客观赋权法确定了物流企业诚信指标的权重。在对指标权重计算的过程中，采用AHP法进行权重赋值，该法是客观的权重赋值方法，从而弥补了仅凭主观经验确定指标权重的不足，降低了权重赋值过程中的随意性，使物流企业诚信评价更为客观。

（3）采用模糊综合评价法对物流企业诚信水平进行评价。运用多层次模糊综合评价模型对物流企业进行诚信评价，能够同时兼顾评价过程中的模糊性以及指标体系的层次性，使评价结果更具合理性和科学性，从而为整个物流市场诚信评价提供有效地参考。

（4）构建的物流企业诚信评价指标体系和评价模型能有效地对物流企业进行诚信评价。在构建的物流企业诚信评价体系的基础上，通过对企业相关数据的搜集处理，运用多层次模糊综合评价模型对其进行诚信评价，得出企业诚信得分为95.1968分，验证了指标体系的可行性及评价模型的有效性。

二、研究展望

虽然本文对物流企业诚信评价进行了较为系统的研究，但还存在诸多问题值得进一步深入探讨，主要问题如下。

（1）财务指标样本不足。在确定权重的过程中，由于正处于尝试阶段，对于财务类指标选取的样本可能不够多，代表性不够全面，缺乏一定的客观性。希望在今后的研究中搜集更多物流企业财务样本，使评价结果更具代表性。

（2）证分析样本分布不均。本文实证分析选取的样本企业均为小微物流企业。希望在以后的研究中，探索出搜集大中型物流企业真实数据的方法。

参考文献

［1］何霖．广东省多式联运发展现状及对策分析［J］．物流科技，2018（10）：48-51.

［2］彭立明．以消费为驱动力的经济发展模式研究［J］．商务必读，2019（5）：200-201.

［3］徐国栋．融入“一带一路”建设打造国际物流节点城市［J］．中国经贸导刊，2018（8）：44-45.

［4］刘大成．以智慧供应链和供应链金融统领物流产业发展［J］．经济观察，2019（5B）：36-37.

［5］姜超峰．从物流中心到物流园区再到物流枢纽［J］．学术，2018（20）：50-51.

［6］王琛．城市物流枢纽空间布局方法的实证研究［D］．北京交通大学，2016.

［7］陆华王晓平等．“一带一路”沿线物流枢纽网络体系建设研究［J］．宏观经济研究，2018（11）：94-102.

［8］胡锦涛．坚定不移沿着中国特色社会主义道路前进为全面建成小康社会而奋斗——在中国共产党第十八次全国代表大会上的报告（2012 年 11 月 8 日）［Z］．北京：人民出版社，2012.

［9］周黎安．中国地方官员的晋升锦标赛模式研究［J］．经济研究，2007（7）：36-50.

［10］邹非，朱庆华，王菁．绩效驱动与环境污染：中国省域面板数据的经验研究［J］．生态经济，2016，32（11）：14-19.

［11］唐叶云．物流企业诚信评价体系研究［D］．中南林业科技大学，2016.

［12］浙江省标准化协会．第三方物流企业信用评价指标［R］.2020.

第九章　现代企业管理对物流业的启示

第一节　企业伦理

一、文献的回顾

企业伦理气氛（ethical climate）的概念首先由 Victor 和 Cullen 于 1987 年提出。Victor and Cullen（1987）把伦理气氛定义为组织内关于什么是道德行为和对道德问题如何处理的共同认识，并提出由道德标准（ethical criteria）和道德关注点（locus of analysis）两个维度构成的伦理气氛理论模型。所谓道德标准是指用来评判事情道德特性的方法或思想，道德关注点是指在处理道德问题时关注的是哪类群体。Victor 和 Cullen 得出了九种理论上的伦理气氛，它们是：自我利益（Self-interest）、友谊（Friendship）、个人道义（Personal morality）、公司利益（Company profit）、团队利益（Team interest）、规则和经营程序（Rules and procedures）、效率（efficiency）、社会责任（Social responsibility）、法律和专业规范（Laws and professional codes）。

Katz（1964）、Kahn（1966、1978）提出了"组织公民"的概念，并提出有效的组织应该有三种基本功能：一是必须吸引并留住员工；二是确保员工以可信赖的方式符合组织特定角色的要求；三是员工必须有创造性与自发性行为，其行为表现超越角色规范。Thompson（1967）提出了组织结构理论，对自觉合作行为的重要性作了详细的阐述。Bateman & Organ 于 1983 年正式提出组织公民行为的概念为（Organizational Citizenship Behavior，简称 OCB）。他们认为，组织公民行为是一种有利于组织的角色外行为和姿态，既非正式角色所强调的，也不是劳动报酬合同所引出的，而是由一系列非正式的合作行为所构成的。它是组织员工与工作有关的自主行为，既与正式奖励制度无任何联系，又非角色内所要求的行为，但能从整体上可以有效地提高组织效能。后来 Bateman 等人将 Katz 和 Kahn 提出的"组织公民"概念的第三种行为称之为"组织公民行为"，并把它定义为职务外行为，主要指对帮助同事和对组织的责任感。Organ 指出任何组织系统设计均不可能完美无缺，只靠员工份内的角色行为，很难有效达成组织目标，而必须仰赖员工主动执行某些角色要求以外的行为，以弥补角色定义之不足并促进组织目标的达成，此类行为即为“组织公民行为”。1997 年，Organ 对 OCB 又给予重新定义，认为它类似于 Bateman 等人在 1993 年提出的关系绩效，能对组织的社会环境和心理环境提供维持和增强作用，从而把组织公民行为和关系绩效的内涵统一起来。Organ 将组织公民行为定义为“不能直接和明确地受到组织的正式报酬系统承认、自主的个人行为，有利于组织有效性的个人行为”。在 Organ 等人的研究基础上，Podsakoff 等人（2000）对组织公民行为的各种观点进行了归纳总结，将其分为 7 个维度。

组织承诺（Organizational Commitment，简称 OC）是成员对特定组织及其目标的认同，并且希望维持组织成员身份的一种心理现象，是一种可以帮助组织降低其成员主动离职可

能性的成员与组织之间的心理联系。它首先是由美国社会学家 Beeker 于上个世纪 60 年代提出的。他认为组织承诺是随着成员对组织投入的增加而使其不得不继续留在该组织的一种心理现象，是随着其对组织的“单方面投入”的增加而产生的一种全身心参与组织各项工作的情感。之后，许多学者对组织承诺的内涵和外延做了更为深入的研究。

本文将研究性别差异导致的企业伦理气候、组织承诺与组织公民行为的差别，为企业未来组织岗位的设计和相关制度提供参考。

二、研究设计

本文采用随机抽样的办法，对 20 多家温州民营企业员工进行问卷调查，发出问卷 300 份，回收 210 份，剔除 15 份无效问卷，获得有效问卷 195 份。男性员工 44%，女性员工 56%；年龄在 30 岁以下的被调查对象占 80% 以上；被调查者普遍具有大专及以上学历，大多数在所在单位担任基层管理者或者中层管理者；在所在单位普遍工作 1 年以上，所在企业规模多数是中小企业，所在行业是服务业和制造业居多。

三、研究结果分析

（一）整体分析（见表 9.1）

1. 伦理气候中女性较男性注重，而在五个因素构面分析中，法规导向为两性共同认定的最高企业伦理，且男性比女性的得分高；关怀导向、个人利益为两性共同认定的较低的企业伦理，且女性在关怀导向、个人利益均比男性重视。

2．组织承诺中男性的情感承诺、道德承诺比女性低，而在持续承诺方面则略高于女性；情感承诺则是两性共同的最高组织承诺。

3．组织公民行为中男性的组织公益、人际利他比女性低，而在坚守本分方面则略高于女性；无论是男性和女性组织公民行为中均倾向于组织公益最优先，其次为人际利他，最后为坚守本分。

4．无论男性还是女性，他们都最重视组织公民行为，其次为伦理气候，最后为组织承诺。

表 9.1　描述统计结果

	男性		女性	
	平均值	标准差	平均值	标准差
伦理气候	3.244	1.208	3.377	1.166
组织承诺	2.943	1.175	3.02	1.126
组织公民行为	3.328	1.084	3.416	1.245
法规导向	3.828	1.06	3.824	1.04
关怀导向	2.724	1.146	2.92	1.057
独立判断	3.164	1.137	3.532	1.11
公司利益	3.328	1.12	3.47	1.20
个人利益	2.759	1.124	2.839	1.194
情感承诺	3.185	1.148	3.394	1.09
持续承诺	2.942	1.165	2.913	1.125
道德承诺	2.671	1.121	2.75	1.062
坚守本分	3.03	1.173	2.946	1.408
组织公益	3.6	0.94	3.77	1.02
人际利他	3.41	1.014	3.618	1.085

（二）各个构面的分析

1．伦理气候

伦理气候中，男性以法规导向得分最高，其次依次为公司利益、独立判断和个人利益，最后为关怀导向；女性以法规导向得分最高，其次依次为独立判断、公司利益和关怀导向，最后为个人利益。在对法规导向的看法的调查中，男性和女性都是“公司希望每位员工都能确实遵守公司的规章制度”这个问题得分最高，说明人们对这个问题的看法非常一致且持肯定看法。其次，男性和女性都对“员工遵守公司里的规章制度是很重要的”“公司希望每位员工都确实遵守政府法令或职业规范”“公司不允许任何有损公司利益的事情发生”这三个问题的看法也比较一致且持肯定看法。

表 9.2 伦理气候

衡量变项项目	男		女	
	平均值	标准差	平均值	标准差
公司希望每位员工都以遵守法律和职业规范为优先考量。	3.724	1.079	3.71	1.11
员工遵守公司里的规章制度是很重要的。	4.24	1.07	4.10	0.91
公司希望每位员工都能确实遵守公司的规章制度	4.34	0.76	4.30	1.08
法律或职业的伦理准则是公司行事时的主要考量因素。	3.24	0.9	3.52	0.91
对每位成员来说，控制成本是很重要的责任	3.76	0.97	3.9	0.89
公司希望每位员工都确实遵守政府法令或职业规范。	4.03	0.85	3.77	1.01
公司不允许任何有损公司利益的事情发生。	4.24	0.82	4.23	0.97
公司希望每位员工总是做对顾客和消费大众有利的事。	3.52	1.07	3.77	0.94
公司的任何决策都以是否违反法律为首要考量	3.34	1.27	3.42	1.24

在对关怀导向的伦理气候的调查中，男性和女性员工仅对“公司的每位员工，行事准则都确实遵循公司的政策”这个问题看法基本一致且得分较高，对其他问题则得分不高，比如，男性和女性员工都是对“公司的每个人都可以自行决定何者为对、何者为错”这个问题得分最低，平均分仅 2 分，说明大家并不认可这个看法。

表 9.3 关怀导向的伦理气候

衡量变项项目	男		女	
	平均值	标准差	平均值	标准差
公司很重视所有员工的整体利益。	2.48	1.07	2.77	1.24
追求对每位成员都有利的情况，是公司努力的方向	2.79	1013	3.32	1.17
公司的每个人都可以自行决定何者为对、何者为错。	2.21	1.21	2.23	0.66
凡事依据公司规章制度行事的人，较容易受到赏识。	3.03	1.1	3.03	1
公司很尊重每位员工对事情的看法	2.72	1.05	2.94	0.84
公司的成员总是先考量对公司里其他人最有利的情况。	2.28	0.83	2.48	0.84
公司的每位员工，行事准则都确实遵循公司的政策。	3.55	1.00	3.65	0.82

在对独立判断的伦理气候的调查中，男性和女性员工“公司的每位成员都很关心彼此的利益”“公司的每位成员都以保护自己的利益为优先考量”这两个问题平均得分较高，其余得分则不高。

表 9.4 独立判断的伦理气候

衡量变项项目	男		女	
	平均值	标准差	平均值	标准差
公司的每位成员都以保护自己的利益为优先考量。	3.48	1.16	3.77	1.16
公司期望每位员工都依照自己的道德理念做事。	2.62	1.22	3.39	1.16
公司的员工都依据自己的伦理准则行事。	2.9	0.92	3.45	0.94
公司的每位成员都很关心彼此的利益。	3.66	0.88	3.52	1.13

在对公司利益气候的调查中，对“公司期望员工不计任何代价，做有利于公司的事”“在公司里，以最有效率的方法处理事情就对了”这两个问题，男性和女性员工的看法有一定分歧，得分不高。

表 9.5 公司利益气候

衡量变项项目	男		女	
	平均值	标准差	平均值	标准差
公司期望员工不计任何代价，做有利于公司的事	3.24	1.16	3.39	1.24
在公司里，以最有效率的方法处理事情就对了	3.41	1.07	3.55	1.20

在对个人利益导向的伦理气候的调查中，男性和女性员工对“公司期望员工都能有效率地工作”看法基本一致且持肯定看法，而对“公司的员工只关心公司的利益，完全不关心社会的整体利益”“公司里不存在个人的道德观念或伦理准则”基本持否定观点。

表 9.6 个人利益导向的伦理气候

衡量变项项目	男		女	
	平均值	标准差	平均值	标准差
公司的员工只关心公司的利益，完全不关心社会的整体利益。	2.07	0.87	2.13	0.66
公司期望员工都能有效率地工作	4	0.45	4.29	0.58
公司里不存在个人的道德观念或伦理准则。	2.21	0.71	2.1	0.59

2. 组织承诺

组织承诺中男性和女性均以情感承诺得分最高，其后依次为持续承诺、道德承诺。其中对道德承诺的看法最为相近。

在对情感承诺的调查中，男性员工对“我不认为我是这家公司中的“大家庭的一分子”“我并没有属于这家公司一分子的感受”“我觉得这家公司很有意思”这几个问题的看法比较一致且持肯定看法。女性员工看法与男性员工看法差异不大，对“我不认为我是这家公司中的‘大家庭的一分子’”这个问题的看法比较一致，值得说明的是“我并没有属于这家公司一分子的感受”这是一个反向问题，多数被调查者认为自己都有“公司一分子的感受”。

表 9.7 情感承诺

衡量变项项目	男		女	
	平均值	标准差	平均值	标准差
我非常乐意在这份工作一直待下去	2.74	1.07	3.303	1．058
我非常乐意与圈外的人谈论这份工作的优点	2.93	1.05	3.424	0.922
我视这份工作之公司的问题如同我自己的问题一般	3.04	1	3.394	1.153
假如到别处工作，我相信在那里的人际关系不会比这里好	3.07	1.09	2.85	1.05
我不认为我是这家公司中的“大家庭的一分子”	3.67	1.33	4	0.95
就情感上而言，我并不留恋这家公司	3.26	1.11	3.24	1.20
我觉得这家公司很有意思	3.41	1.06	3.3	0.97
我并没有属于这家公司一分子的感受	3.37	1.16	3.6	1.3

在对持续承诺的调查中，男性员工对“不管愿意不愿意，目前我都得留住这份工作”“即使找不到另外的工作，现在离职也没有什么大不了”“就现在的情况而言，没有太多机会能够让我离开这份工作”“离开这份工作的后果是我会损失掉年资或者升迁机会”看法比较一致且持肯定看法。而对“如果马上离职，我的生活将会陷入困境”“如果马上离职，我的生活将会一塌糊涂”“如果马上离职，对我而言不会有太大损失”这三个问题普遍持否定看法，这与员工所在企业基本都是中小民营企业，其离职机会成本较小有关。

女性员工对“即使找不到另外的工作，现在离职也没有什么大不了”“不管愿意不愿意，目前我都得留住这份工作”看法比较一致且持肯定看法。而对其余问题普遍持否定看法，这与女性员工在就业中普遍处于弱势、再就业比较困难有关，女性员工离职的机会成本较大。

表 9.8　持续性组织承诺

衡量变项项目	男		女	
	平均值	标准差	平均值	标准差
即使找不到另外的工作，现在离职也没有什么大不了	3.19	1.39	3.576	1.13
如果马上离职，我的生活将会陷入困境	2.3	1.12	2.67	1.15
如果马上离职，我的生活将会一塌糊涂	2	1.09	2.27	1.11
如果马上离职，对我而言不会有太大损失	2.67	0.9	2.94	1.07
不管愿意不愿意，目前我都得留住这份工作	3.81	0.82	3.3	0.97
就现在的情况而言，没有太多机会能够让我离开这份工作	3.33	0.98	2.97	1.06
离开这份工作的后果是我会损失掉年资或者升迁机会	3.37	1.02	2.88	1.09
我留在这家公司的原因是其他公司并不能提供我现在的待遇。	3.11	1.03	2.70	1.03

在对道德性组织承诺的调查中，男员工对“我认为现在的员工常常离职是不应该有的现象”“对组织的忠诚度是我目前还留在这里工作的原因”两个问题持肯定看法。而对“我并不认为我的工作性质得一直在同一家公司工作”“跳槽并不是一件坏事情”“我认为我的工作性质还是终其一生待在同一家公司比较好”持否定看法。

女员工对“我认为现在的员工常常离职是不应该有的现象”“我认为我必须对这家公司很忠心”“我不认为成为这家公司的一分子是一件很重要的事情”三个问题得分较高。而对“我并不认为我的工作性质得一直在同一家公司工作”“跳槽并不是一件坏事情”“我认为我的工作性质还是终其一生待在同一家公司比较好”持否定看法。

表 9.9　道德性组织承诺

衡量变项项目				
	平均值	标准差	平均值	标准差
我认为现在的员工常常离职是不应该有的现象	3.3	1.21	3.03	1.14
我并不认为我的工作性质得一直在同一家公司工作	2.44	1.03	2.6	0.95
跳槽并不是一件坏事情	2.15	0.93	2.36	0.92
对组织的忠诚度是我目前还留在这里工作的原因	3.11	0.93	2.88	1.00
即使外头有更好的工作机会，我现在也不该离开这公司	2.52	1.26	2.52	1.10
我认为我必须对这家公司很忠心	2.89	0.83	3.24	0.92
我认为我的工作性质还是终其一生待在同一家公司比较好	2.11	0.92	2.06	0.89
我不认为成为这家公司的一分子是一件很重要的事情。	2.85	1.08	3.30	1.00

3. 组织公民行为中男女员工均以组织公益得分最高，其后依次为人际利他、坚守本分。其中对组织公益的看法最为一致。

表 9.10 组织公民行为

衡量变项项目	男		女	
	平均值	标准差	平均值	标准差
上班时间忙里偷闲一下没什么大不了。	2.44	1.07	2.47	1.22
下班时间快到时，最好不要有新工作下来。	2.41	0.83	2.26	1.07
工作时，花一点时间与同事聊天胡扯没有什么大不了。	3.11	0.99	2.97	1.22
早一点上班，晚一点下班并没有关系。	3.3	1.21	3.09	1.52
如果没有办法来上班，我会事先通知公司同僚。	4.19	0.86	4.35	0.9
工作时间内，花一点时间在与工作无关的对话上并无不可。	2.74	1.00	2.53	1.19
衡量变项项目	平均值	标准差	平均值	标准差
我愿意对公司的管理措施提出建议	3.63	0.82	3.79	0.87
我愿意担负起一些额外的工作。	3.22	1.03	3.38	1.11
我愿意参与一些有助于公司形象提升的活动。	3.81	0.90	3.74	1.04
我愿意主动加班，把还没有做完的工作做好。	3.41	1.06	3.76	1.16
我常在想一些如何充分利用时间的方法，以增加工作效率。	3.93	0.66	4.18	0.71
衡量变项项目	平均值	标准差	平均值	标准差
我愿意主动协助主管处理事务	3.74	0.75	4.06	0.73
我愿意主动帮助公司里的新手	3.7	0.85	3.91	0.85
我愿意主动帮助缺勤同事忙	3.3	0.94	3.44	1.09
我愿意帮助那些忙不过来的同事	3.63	0.87	3.82	1.01
工作再累，我认为员工也不应该借故休息。	2.7	1.21	2.85	1.22

在对坚守本分的组织公民行为调查中，员工对“如果没有办法来上班，我会事先通知公司同僚”持肯定看法。而对“上班时间忙里偷闲一下没什么大不了”“下班时间快到时，最好不要有新工作下来”普遍持否定态度。

在对组织的益处、人际利他两方面的调查中，各个问题普遍得分较高，说明在中小民营企业中员工的主人翁意识是比较强的，这也与我们在与部分公司员工座谈时得出的结论吻合。这说明，组织公民行为在民营企业中普遍比较理想。

综合上述伦理气候、组织承诺和组织公民行为等三个层面的分析，在整体认知上普遍重视组织公民行为，其次为伦理气候，最后为组织承诺。

四、建议

（一）重视企业伦理气候的建设，形成正确的企业文化，增强员工的向心力是所有员工所期望的。业伦理与企业文化关系密切，企业文化包含的内容比企业伦理广泛得多，它不仅包括精神的东西，如企业哲学、企业精神、企业价值观等，还包括物质的东西，如企业行为规范等。

（二）强化员工的组织承诺，重视男女性别差异，结合企业现状制定合理的用工制度。

本研究男女员工组织承诺中以情感承诺得分最高，这可能是由于我国传统文化注重整体精神，强调为社会、为民族、为国家的爱国主义思想，推崇仁爱原则，弘扬厚德载物和人际和谐；同时中国文化重视经验中的情感体验成分，强调滴水之恩当涌泉相报。作为中国文化主流的儒家文化更是把道德修养和道德教化作为根本，在义利关系上主张重义轻利。因此感情承诺因素对企业奉献的作用较大也在情理之中。机会承诺对工作绩效的影响虽小，但这并不意味着机会承诺不重要；它影响员工的离职率、导致人才流失往往，对企业的发展造成不利的影响。

企业在谋求高绩效的时候，希望企业员工能够具备高组织承诺。按照社会交换理论，企业也应当对员工进行高承诺，认同和信任员工，给员工提供更多的发展机会。企业的人力资源管理可以通过培训等相关制度来推动员工的组织承诺，尽量使员工的组织承诺达到内化的水平，来促使企业绩效的提升。

（三）无论对男员工还是女员工，要鼓励其组织公民行为

虽然组织公民行为一般不能受到组织正式报酬系统直接和明确的承认，但是这并不意味着企业在员工方面无所作为。企业可以通过企业文化等柔性因素影响鼓励员工的组织公民行为。因为员工在表现组织公民行为，并不是出于经济动机，所以企业对于员工的组织公民行为可以给予其他形式的承认和赞扬，鼓励员工去表现组织公民行为。这也会产生激励作用和示范效应，引导越来越多的员工表现组织公民行为，帮助企业提升绩效和推动企业的发展。

1. 企业要兑现承诺，对员工忠诚。俗话说的好，“一言既出，驷马难追”。当员工认真地履行了角色义务，出色地完成工作，企业就应按照奖惩制度，兑现承诺。如果当员工付出努力．做出成绩，而得不到他所期望的回报时，连角色内行为都无法保证，更难以产生组织公民行为。企业要承担社会责任，对顾客要诚实守信，首先要对自己的员工守信、忠诚。企业对员工守信忠诚，主要表现在：要建立科学的考核制度，按考核结果做出相应的人事决策，报酬分配要体现公平。奖惩制度要不折不扣地坚持执行，不能朝令夕改，这也要求企业管理者不能随意许愿。企业应努力为员工提供稳定的就业机会，慎重对待裁员。在企业不景气时，可以优先选择分职制、非全日制工作、削减工时等方式，分享工作机会。

2. 强调合作，营造和谐的人际氛围，“和为贵”。和谐的人际关系可以带来愉快的情绪，使人产生安全感、舒适感和满意感．从而激发员工的组织公民行为。而紧张的人际关系，常常伴随着孤独感、恐惧感和巨大的心理压力。强调合作意识、加强员工间、团队间、部门间的协调与合作，是营造和谐的人际关系的重要途径。强调合作不是不要竞争，而是要避免那种造成系统内耗的恶性竞争，鼓励那些激励人才奋进、促进人才成长、形成系统活力的良性竞争，也就是建立在公平之上的竞争。公平首先体现在机会的均等上，即每个员工都有平等的机会参与竞争；其次表现在规则的平等，即每个员工都遵循同样的标准和规则。此外．加强沟通对于增强自信心，营造和谐的人际氛围，提高组织凝聚力十分重要。另外，企业领导必须重视沟通，实行“走动式管理”，时常出现在工作现场，与员工交流，这样会给员工一种心理的安慰，拉近双方的距离。

（四）本文的研究还存在着以下不足：一是对于企业的伦理气候、员工的承诺和公民行为的测量打分均出自员工本人，并且在同一张问卷中考察，因此存在着较大的主观性，也必然会影响到二者之间的相关关系的大小；二是由于缺乏相关的研究，因此不能将本研究的结果与相关的研究结果进行大规模的比对，使得对本研究结论的推广受到限制；三是由于样本的局限性使得对结果的推广必须慎而又慎。

第二节　企业生产模式创新

一、精益生产模式下的企业市场营销

1. 精益生产的概念。精益生产（lean production，LP）是美国麻省理工学院在一项名为“国际汽车计划”的研究项目中提出来的。它们在做了基于对日本丰田生产方式的大量调查和对比后，于 1990 年提出的一种生产管理方法，其核心是追求消灭包括库存在内的一切“浪费”，并围绕此目标发展了一系列具体方法，逐渐形成了一套独具特色的生产经营管理体系。精益生产又称精良生产，其中“精”表示精良、精确、精美；“益”表示利益、效益等。就是及时制造，消灭故障，消除一切浪费，向零缺陷、零库存进军。它是对准时化生产方式的进一

步提炼。精益生产综合了大量生产与单件生产方式的优点，力求在大量生产中实现多品种和高质量产品的低成本生产。精益生产的目标被描述为“在适当的时间使适当的东西到达适当的地点，同时使浪费最小化和适应变化”。精益生产的原则使公司可以按需求交货，使库存最小化，尽可能多使用掌握多门技能的员工，使管理结构扁平化，并把资源集中于需要它们的地方。精益生产的方法论不但可以减小浪费，还能够增进产品流动和提高质量。精益生产的基本目的是要在一个企业里同时获得极高的生产率、极佳的产品质量和很大的生产柔性；在生产组织上，它与泰勒方式不同，不是强调过细的分工，而是强调企业各部门相互密切合作的综合集成。综合集成并不局限于生产过程本身，还包括重视产品开发、生产准备和生产之间的合作和集成。

精益生产不仅要求在技术上实现制造过程和信息流的自动化，更重要的是从系统工程的角度对企业的活动及其社会影响进行全面的、整体的优化。精益生产体系从企业的经营观念、管理原则到生产组织、生产计划与控制、作业管理以及对人的管理等各方面、都与传统的大量生产方式有明显的不同。首先，精益生产方式在产品质量上追求尽善尽美，保证用户在产品整个生命周期内都感到满意。其次，精益生产方式在企业内的生产组织上，充分考虑人的因素，采用灵活的小组工作方式和强调相互合作的并行工作方式。再次，精益生产方式在物料管理方面，准时的物料后勤供应和零库存目标使在制品大大减少，节约了流动资金。最后，精益生产方式在生产技术上采用适度的自动化技术又明显提高了生产效率。所有这一切，都使企业的资源能够得到合理的配置和充分的利用。此外，精益生产还反映了在重复性生产过程中的管理思想，其指导思想是：通过生产过程整体优化，改进技术，理顺各种流（Flow），杜绝超量生产，消除无效劳动与浪费，充分、有效地利用各种资源，降低成本，改善质量，达到用最少的投入实现最大产出的目的。

2．精益生产的营销方式。（1）销售系统的组织结构。多数企业的销售组织分两大层次，即生产企业的销售部和下游经销商。生产企业一般不直接面对最终用户销售产品，只负责营销管理，由经销商负责推销。精益生产方式的销售方式与大量生产不同之处在于，两个层次的隶属关系不同。大量生产方式下，各地经销商是一个个独立的小企业，生产企业为了控制经销商，销售部势必十分庞大，双方关系比较紧张，当市场不振时，互相设法转嫁危机。精益生产方式下两层次的销售机构都属于生产企业，利益完全一致。生产企业销售部可以按产品设销售渠道，如日本丰田公司最初设五个渠道，每个渠道遍布全国，经销不同车型，为不同的消费群服务，渠道之间互不干扰。销售渠道的另一任务是加强与用户的联系。在精益生产系统中，顾客需求是驱动生产的源动力，是价值流的出发点。价值流的流动要靠下游顾客来拉动，而不是依靠上游的推动，当顾客没有发出需求指令时，上游的任何部分不提供服务，而当顾客需求指令发出后，则快速提供服务。系统的生产是通过顾客需求拉动的，因此加强与顾客的沟通与联系非常重要。（2）销售方式。精益生产改变了传统的坐等顾客上门的被动销售方式，由销售人员上门推销。每销售区域组织起七八人一组的销售组，留一组在店内负责接待用户，其余的全部出去进行“地毯式”地推销。通过定期拜访，掌握销售区内每家用户的情况，根据用户情况提出贴切的建议，又把用户关于产品的信息反馈给产品开发部。产品出售后，销售组负责售后服务工作，把最终消费者列为经销网络的一名成员，定期询问产品的使用情况，随时帮助解决使用中的问题，并把问题反馈给工厂。由于与用户建立起信任关系，又详细了解用户情况，当估计用户需要新产品时就向用户主动提出建议，使竞争对手的产品很难打入。这种深度销售方式，通过主动推销接到订单，通过售出产品又拉住用户，抓住长远需求，使销售成为生产的起点。关于这种销售方式的经济性问题，有如下汽车销售例子[①]：从表面上看，美国的经销员每人每天平均销售 10 辆车，日本的经销员每人每天平均 4 辆。但由于日本的经销主动推销方式，省下市场调研费用，为企业拿到订单，使生产稳定，实现准时化生产，省下巨额库存费用。再考虑到获得的市场信息质量远远高于费时费钱的市场调查，使产品开发、生产安排更加符合市场需求，因此这种销售方式具有明显优势。（3）经销人员素质。精益生产的销售方式对经销人员的素质提出很高的要求。经销人员的素质主要表现在思想和业务两方面。首先思想上要求经销人员接受本企业的企业文化，要求员工对企业忠诚，对工作认真负责，要求培养起自我控制能力和较强的独立工作能力；要求具有碰到困难不退缩、坚忍不拔的品格。其次在业务上要求经销人员掌握销售知识和技巧；要求他们懂技术、非常熟悉自己销售的产品，对自己的产品有很强的自信，能解答用户的技术方面的问题；还要具有市场调查方面的专业知识和实践能力。

精益生产方式不仅可以应用于营销，这种生产方式已经由生产系统扩展到企业整个经营领域，它的管理思想和方法在很多工业企业以及服务行业得到了应用，是非常值得关注的一种运营方法。在实际工作中，企业的运营能力是不断变化的。不但在增加设备和人员后会产生新的生产能力，即使在企业生产规模不变的情况下，当生产人员提高了熟练程度后，也可以提高运营能力。

---

① 见龚国华、王国才编著 .《生产与运营管理——制造业和服务业》［M］. 复旦大学出版社 .2006 年 7 月第 2 版，p415

二、基于学习曲线的企业运营能力分析

企业通过“干中学”（learning by doing），可以在一定限度内降低自己的平均生产成本。学习曲线（learning curve）描绘了企业平均生产成本随累积产出的上升而下降的关系。它表示单位产品的直接劳动时间和累积产量之间成反比关系。学习曲线是 1936 年美国康奈尔大学赖特（T．P．wright）博士在飞机制造过程中，通过对大量有关资料、案例的观察、分析、研究，首先发现并提出来的。其后，学习曲线的理论和方法又为许多经营管理学家不断丰富和发展，成为企业经营管理的一个有效工具。由图 9.2 不难看出，学习曲线包括两个阶段：一是学习阶段，单位产品的生产时间随产品数量的增加逐渐减少；二是标准阶段，这时的学习效应可忽略不计，企业可以用标准时间进行生产。值得注意的是，学习曲线既可以是个人的，也可以是组织的，还可以是两种学习效应的叠加。形成这种现象的具体原因包括：工人对设备和生产技术有一个学习与熟悉的过程，生产实践越多，他们的经验越丰富，技术越熟练，完成一定生产任务所需要的时间就越短；企业的产品设计、生产工艺、生产组织会在长期的生产过程中得到完善，走向成熟，这将使产品的成本降低；企业的合作伙伴和企业的合作时间越长，他们对企业的了解越全面，提供的协作就可能更及时可靠，从而降低企业的成本。

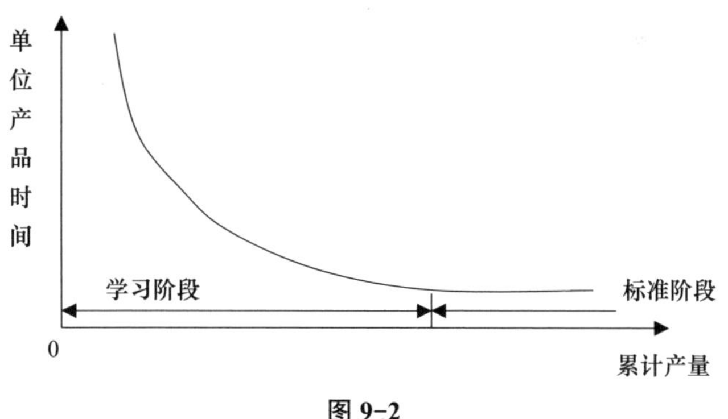

图 9-2

学习曲线现象是改进运营方法所导致的综合结果，它不仅是工人个人改进生产的结果，而且是整个企业自觉努力的结果。学习曲线的变化率取决于机器工作与人工工作的比例。实践表明，当工人的工作时间与机器工作时间的比例为 3：1 时（即人工占总生产工时的 3/4）时，学习曲线的（工时改善）变化率，简称学习率，估计为 80% 比较适当。

学习曲线可以用来估计未来的劳动力需要量和生产能力，估计成本和编制预

算，制定计划和安排作业进度。通常适用于新的手工较多的大型产品或具有很大改进潜力的生产过程，其代价是增加了系统的“刚性”。因此，只有当产品定型、需求稳定增长时，利用学习曲线来促进各部门不断提高生产效率才能够取得较好的预期效果。否则，结果将适得其反。

学习曲线有多种数学模型，其中传统的、应用比较广泛是对数线性模型，其数学模型如下：

$$Y_X=KX^{-b} \tag{1.2}$$

其中，Y_X——生产第 X 台产品的直接人工工时；

X——生产的台数；

K——生产第一台产品的直接人工工时；

b——幂指数，$b=-\ln p/\ln 2$，p 为学习率。

利用式（1.2），可以解决企业的一些实际问题。例如，某企业生产第一台产品的工时为 10000 小时，学习率为 80%，那么，它的第八台产品的工时就等于

$$Y_8=10000\times 8^{-\ln 0.8/\ln 2}=10000\times 8^{-0.322}=5120\text{（小时）}$$

又如，对一位应聘某装配线工作的求职者进行测试，求职者第一次的操作时间为 10 分钟，第二次的操作时间为 9 分钟。管理部门认为在操作 1000 次后大体可以达到稳定状态，录用标准是操作工人应该在 4 分钟以内完成这项工作，问该求职者是否可以被录用。

不难看出，该求职者的学习效率为 9/10=90%；第 1000 次操作的时候，该求职者的完成时间为：

$$Y_{1000}=10\times 1000^{-\ell n\,0.9/\ell n\,2}=10\times 0.3499=3.449\text{（分钟）}$$

因为 3.449 分钟 < 4 分钟，故可以录用该求职者。

职业教育的一种重要人才培养模式就是“干中学”，通过工学结合的人才培养模式，不断提高人才的实际操作能力，进而达到企业生产的要求，这种基于学习曲线的培养方式是职业教育的一种主流方式。

第三节　温州商人的特点及经商特性

一、温州商人特点相关研究综述

温州商人作为温州模式的一个重要组成部分，有其鲜明的特点。从 20 世纪 80 年代中期开始，学者们在总结温州模式的同时，对温州商人的特点也开始了研究，进行回顾。随着“温州模式”在 20 世纪 90 年代影响的迅速扩大和有关

"温州模式"研究的深化，许多学者开始进一步认识到，温州经济的崛起，除了经济学分析所揭示的种种因素之外，事实上还与温州人具有区域特征的人文精神有着很大的关联。20 世纪 80 年代中期，张仁寿等学者就已经论述到历史传统的影响在"温州模式"产生过程中的作用。他们指出，温州世世代代相传的工商业传统，使温州人具有经营工商业的独特优势。同时，温州还有提倡"功利"、"重商"的区域文化传统。深深地受"瓯越文化"熏陶的温州人，"重义轻利"、"崇本抑末"等因袭包袱较轻，形成了较强的讲究功利、经济进取、善于学习、敢于冒险、务实进取、敢于竞争的思想观念，注重发展工商业，具有吃苦耐劳、勤奋苦干的精神。这种文化传统，与发展商品经济所需要的观念和精神相吻合，成为推动温州农村商品经济蓬勃发展的重要的精神力量（张仁寿，1990）。上述这些观念就是企业家精神所在，有人称为之温州人精神（史晋川，2002），即温州商人精神。周晓虹（1996）、项飙（1998）、王春光（1999）等专门研究了流动在外的温温州人群体，尤其是北京的"浙江村"现象；王春光（1999）还研究了巴黎的温州人在当地社会的融入方式，李明欢（1999）则专门研究了温州人在欧洲的移民情况。王晓毅（1996）则通过对温州苍南钱库镇项东村的调查，比较研究了广东和温州两地乡村工业化发展对家族制度的影响。马津龙（1999）对家族制问题及其对民营企业的影响进行了深入的研究；朱康对（1997）、廖意如（1997）、洪振宁（1998）、蔡克骄（1999）、李庆朋（1999）、陈中权（1999）、朱长丰（2000）等则对传统区域文化对温州人文精温州商人作为温州模式的一个重要组成部分，有其鲜明的特点。从 20 世纪 80 年代中期开始，学者们在总结温州模式的同时，对温州商人的特点也开始了研究，应云进（2002）提出了温州商人已由原先的无奈闯荡天下转变为现在的乐于争闯天下的看法，并将它视为温州人精神的重要内涵加以阐述，对它的基本涵义、基本特征、精神动力和根本原因进行了探讨，从中揭示温州人争闯天下的内在机理。程庆国（2003）认为，温州发展的源动力是温州人的文化力，是享誉海内外的"温州人精神"。他从研究古代"永嘉学派"出发，从历史角度分析了"温州人精神"的渊源，他认为永嘉学派与温州经济（温州路子）具有文脉的延续和经济人文的互动因果关系，其关系在地域上、时序上和形态上均有体现，"温州人精神"的源头当属"永嘉学派"的经世致用思想。方立明等（2006）认为温州精神既有丰厚的历史传承，又有前瞻性的现代追求，是历史和现实的有机统一，是中华民族的共性与温州人的个性的有机结合，最后总结温州精神基本内涵是勇于自主、敢为人先、善于亲和、精于创业，具有凝聚功能、塑造功能、整合功能、推动功能。张喜梅等（2006）以商业文化为视角对温州人的商业精神做了分析，总结为勇于闯荡敢冒风险的开拓精神；务实功利，注重实干求实效的务实精神；不等不靠、自立自强的自主精神。方立明等（2006）对温州精神的内涵、特征及在经济社会发展中的功能作了比较详尽的归纳。“温州精神是温州的灵魂”，温州精神是由温州人集聚性群体的思维方式、生产方式、生活方式、交往方式长期积淀而成，是支配温州人的价值取向、行为方式、心理导向的精神力量，是温州历史的深厚沉淀和温州现实的集中表现；进而推导出温州人既温州商人精神的十六个字基本内涵：勇于自主，敢为人先，善于亲和，精于创业；总结了温州精神既温州商人精神具有以下几个本质特征：一是体现出勇于自主（“恋家不守土”“敢冒知进退”“低头赚钱、抬头向前”“宁做鸡头、不做凤尾”“既可以睡地板，也可以当老板，更敢与外国人叫板”等）。二是体现出敢为人先，温州人率先进行市场取向改革，率先发展家庭工业、个体私营经济、专业市场，率先探索公有制的多种实现形式和途径，这些都体现出温州人的敢为人先、开拓创新精神。三是体现出善于亲和，温州人之间既彼此竞争、单打独斗，又较为团结互助、双赢共享；温州人讲义气、重感情、会关系，血缘、婚缘、地缘、业缘，以亲生亲，以情联情，亲和乐助、抱成一团，协作联络，做优产品，做强企业，做大行业，做响地方。四是体现出精于创业，深受“永嘉学派”事功观、功利观影响和熏陶的温州人一直唯实、崇实、务实；温州人多地少，自然资源匮乏，交通闭塞，远离大城市，长期以来国家投资甚少，这一生存条件的艰难性造就和孕育了温州人自力更生、自主创业、艰苦奋斗、精于计算的精神；“温州精神”既是“温州模式”的产物，也是温州模式的重要组成内容，发挥了经济社会功能：温州精神具有凝聚功能、温州精神具有塑造功能、温州精神具有整合功能、温州精神具有推动功能。张苗荧（2007）认为温州文化很大程度上是一种海洋文化，是海洋文化与乡村文化的结合，而且是对血缘关系的高度重视的一种文化。

二、温州商人的经商特性

商业的个性、商人的个性，或者某个地域的商业个性、商人个性，本文不妨统称之为“商性”，即经商特性。研究“商性”，有利于洞察人性，从而驾驭商业，而对人性的洞察，又有利于深化我们对“商性”的理解，从而更好地经商。

（一）卓越的战略能力

王孝通（1936）在《中国商业史》中曾说“浙人性机警，有胆识，具敏活之手腕，特别之眼光，其经营商业也，不墨守成规，而能临机应变”。的确，浙商特别是温商的文化素质虽然不高，但他们具有机智敏锐的战略眼光，能把握市场规则，这是浙商也是温商总是能够走在别人前面的重要原因。温商具有敏锐的市场洞察力和超前的眼光，对潜在市场的发掘，能抓住不为常人所察觉的市场机遇，卓越的战略能力也成为温州人有别于其他人的一个特点。温州“七山二水一分田”，人多地少，且本地资源匮乏，因此只能走发展小商品的生产之路。生产这些小商品，耗能省，用料少，花工大，科技含量低，资金要求不高。温州在历史上就以手工业、商业出名。东晋南朝，温州在水稻种植、水利兴修和养蚕技术已负盛名，更有在我国制瓷史上占有重要位置的缥瓷。南宋是温州历史上的飞跃期，造船、制纸、酿酒、编织以及瓷器、漆器的制造，都有长足发展。温州人能扬长避短，利用民间能工巧匠、生产经营各类日用工业品。现在全国各地经商的温州人经营的产品大部分以服装、鞋帽、灯具、低压电器、钮扣、打火机、汽摩配、餐饮为主，这些商品投入少，适合家庭小规模生产经营，就地消化劳动力，符合温州发展市场经济的要求。

（二）娴熟的市场营销手段

温州人是天生的生意人，在温州人眼里，职业没有高低贵贱之分，能否赚钱才是最主要的。正因为如此，温州人才四处闯荡，占据了外地人不屑一顾的那些领城，不声不响地富了起来。温州人追求自主、自立，人人都想当老板，且敢冒当老板的风险。温州人做生意，注重从小处着手。温州人务实苦干，只要有一分钱赚，都会不遗余力地去干，从不好高骛远，从不好大喜功。温州人赚钱，从零做起、踏踏实实，一丝不苟。温商不但能准确地进行市场定位，而且能够迅速适应多变的市场环境，及时调整自己的产业方向。温商见到什么市场前景好，认准了立即调转枪口投资。举凡服装、皮衣、皮件、建材、陶瓷、灯具、印刷、电器等，一个温州老板在他的投资生涯中可以涉足数个不同的领域。现在的温州老板没有不敢投资的行业，只要能带来利益，没有不敢去投资的地方。同行集聚是温州人经营的一大特色。不仅农村形成了大量的一村一品、一乡一品的专业市场，而且在市区形成了一条条专业街，在全国各地形成了一个个温州商场和一条条温州街。同时商店聚集在一起所产生辐射力、吸引力更大，便于顾客购物时，能货比三家。选择自己最满意的商品。在同行业集聚的同时，又在同一产品的不同品种间实行细分化。同行业的具体商店经营范围各有侧重，尽力办出自己的特色。如服装街可分为男装、女装、童装、中老年装、西装、衬衫等店铺，极大地满足了各层次消费者的需求。

（三）独特的融资方式

温州老板做生意很少从银行贷款，他们有自己的融资渠道。一是朋友互助，温州老板老乡观念很强，极富互助精神。二是赊货变现。温州有一绝：卖人参。全国的参茸市场不在东北，反而在温州，更让人不可思议的是同等级人参，东北供货价是 2000 元 / 公斤，而在温州却只卖 1900 元 / 公斤，这样一来，由于价格关系，东北没有形成参茸市场。东北生意人做参茸生意，一般第一次订货，开口 10 吨，一手交钱，一手交货，关系熟后，先付 30% 的定金，卖掉货后再交钱，关系再熟识一些后，往往不用交定金，来年再付。温州生意人与东北生意人的看法正好相反，在他们眼中人参不是货而是现金。他们的一般做法是接到人参后，迅速在市场上销售，甚至低于进货价，变现后的一年可以做五六回其他生意。这样到年底，人参生意虽然亏了，其他买卖可赚了不少钱，盈亏相抵，利润颇丰，这样温州老板有了一个货源不断的民间银行。用这种巧妙的融资方式，来增加流动资金，再将其投入到最赚钱的地点，来增加流动资金，再将其投入到最赚钱的地方，温州生意人盘活商业资源的手法是值得称赞的。

（四）积极的务实精神

温州人以其言其行展现了温州的精华：各尽所能适者生存及个体本位。但尚未切中要害，有人认为温州的实质在于“实用，或者叫功利”。温州人不空谈，不幻想，也不怨天尤人，国家投资少，就自己建设，没有资源就搞眼镜、打火机、纽扣等小生意；科研教育水平低就开手工半手工工厂等。总之，要干事业就要改变现状，要挣钱就得面对现实，干实的，甚至，温州人不爱炒股。对此，上海人很是不明白，《解放日报》曾把“温州股票不热”当新闻：一向以头脑灵活、精明能干著称的温州人，超前意识强、勤劳而不甘落后，事事都走在国人前头。可是，唯独对股市避而远之。尤其是那些“大款”，投入资金“炒股”的更少。这问题到温州人这里解释极为简单：不熟不做、不实不干。

（五）灵活的生产组织

生产专业化、集群化。在小商品生产领域，温州人则普遍采用社会化分工、专业化生产形式。一般厂家很少从事生产某个产品全过程，而只是生产全流程中某道工序或工艺环节。这样“小而专”的生产方式，可以大大提高劳动生产率，降低产品成本；同时，加快产品花样品种更新换代的周期，以此来增强市场的竞争力。网络制（虚拟组织）组织结构的广泛应用。温州商人头脑灵活，敢于实践，网络制（虚拟组织）组织结构的广泛应用就是一个明证。网络结构，也称“虚拟企业”，是 20 世纪 80 年代中期出现并逐渐流行的一种新的组织设计形式。这是一种只有很小的中心组织，依靠其他组织以合同为基础进行制造、分销、营销或其他关键业务的经营活动的结构。它使管理者对于迅速变化的新技术、时尚，或者低成本竞争，能具有更大的适应性和应变能力。网络组织比较适合于玩具和服装制造企业，它们需要很大的灵活性以便对时尚变化做出迅速反应。网络组织也适合于那些制造活动需要低廉劳动力的公司，这些公司可以与劳动力成本低的供应商签订合同，以最好地利用资源。温州商人在国内较早的利用这种组织形式进行生产经营，取得了很好的效果。现在，一大批巧妙利用这种组织结构形式的温州企业已经是蜚声国内外了，比如高邦、美特斯邦威、生活秀（LIVEX）等。

参考文献

［1］邹非 . 性别差异下企业伦理气候组织承诺与组织公民行为分析［J］. 商业时代，2009（34）：55-56+60.
［2］邹非 . 精益生产模式下的企业市场营销［J］. 商场现代化，2008（01）：29.
［3］邹非 . 基于学习曲线的企业运营能力分析［J］. 商场现代化，2007（34）：146.
［4］刘锋 . 谈温州商人的特点及经商特性［J］. 商业时代，2009（17）：126-127.